일러두기

1. 이 책은 2014년 출간된 《대구》의 최신개정판이다.

2. 본문의 각주는 모두 번역자가 붙인 것이다.

3. 인용문 가운데 저자가 덧붙이거나 부연한 부분은 [ ]로 표시했다.

4. 어종과 선박과 장비 등의 수산업 관련 용어는 현재 우리나라에서 통용되는 표기를 따라야 맞겠지만, 이 책에서는 종종 예외를 두었다. 본래 영어로 저술된 책이라 우리나라의 용어와 정확히 일치하는 경우가 드물기도 하거니와, 일반 독자에게는 생경할 수도 있는 전문 용어를 굳이 고집할 필요가 없기 때문이다. 따라서 주요 용어는 종종 영어에서 직역했으며 우리나라에 전문 용어가 있는 경우에는 참고해 병기했다.

COD

세계의 역사를 뒤바꾼
어느 물고기의 이야기

대
구

마크 쿨란스키 지음 | 박중서 옮김 | 최재천 감수

A BIOGRAPHY
OF THE FISH
THAT CHANGED
THE WORLD

알에이치코리아

이 책에 쏟아진 찬사

천하일미 대구를 찾아 떠난 시간 여행. 그런데 이상하다. 바이킹이 나오고, 대항해 시대가 나오고, 노예무역이 나오고, 제국주의 시대가 나온다. 맛있는 생선 대구의 꼬리를 따라 힘차게 요동치고 있는 세계사의 익숙한 장면들. 이 참신한 생선 대구가 선사하는 또 다른 세계사의 맛을 음미해 보자.

최태성(한국사 강사, 《역사의 쓸모》 저자)

은빛 물살이가 어부의 그물을 벗어나 대서양을 가로지르는 무역 항로를 열고 제국을 세운다. 냄비 속에서 얼큰하게 익혀진 채 우리와 마주치는 생선 한 마리가 치밀한 조사와 매력적인 문체로 놀라운 이야기로 되살아난다. 대구의 존재가 인류에게 미친 충격은 잊을 수 없다. 대구는 전 세계를 연결하는 끈이었다. 바다와 물살이 그리고 인류의 관계를 새롭게 정의하는 책이다.

이정모(전 국립과천과학관장, 《찬란한 멸종》 저자)

누군가 역사는 위대한 제국이나 전쟁의 승자들이 남긴 기록에만 주목한다고 생각할지 모른다. 하지만 《대구》는 우리의 시선을 전혀 다른 곳으로 돌려놓는다. 거친 바다를 건넌 바이킹의 모험, 뉴잉글랜드 귀족의 탄생, 미국 독립혁명의 숨은 발판, 아이슬란드와 영국 사이의 대구 전쟁까지, 세계사의 파도 속에 대구라는 물고기가 있었다.

대구는 굶주린 흑인 노예의 생명을 지탱해 준 자연의 선물인 동시에, 유럽과 아메리카 대륙을 번영케 한 연료였으며, 한때는 전쟁의 불씨가 되기까지 했다. 바닷속 조용한 주인공이 세계사에 격동의 물결을 일으킨 과정이 궁금해진다면 망설임 없이 이 책을 펼쳐 보길 권한다. 순식간에 신선한 관점으로 역사의 한복판을 항해하는 자신을 발견하게 될 것이다.

임소미(역사 스토리텔러, 《요즘 어른을 위한 최소한의 세계사》 저자)

세계의 역사를 해부하기 위해 마크 쿨란스키는 메스 대신 대구를 들었다. 이 책은 단순히 생선 이야기가 아니라, 대구라는 생물이 어떻게 인류 역사에 깊이 자리 잡았는지를 다룬다. 마크 쿨란스키는 대구가 세계의 전쟁과 평화, 경제와 식문화에 어떤 영향을 미쳤는지 흥미롭게 풀어내며, 무분별한 남획이 남긴 결과를 통해 인류가 바다와 생태 자원들을 어떻게 대해 왔는지 생생히 보여 준다. 이 책에서 들려주는 인간과 대구의 관계는 오늘날 우리가 마주한 기후 위기와 생물다양성 감소 문제에 대해서도 다시 한번 깊이 생각해 볼 기회를 준다.

수상한생선(과학 커뮤니케이터, 《수상한생선의 진짜로 해부하는 과학책》 저자)

최재천(이화여대 에코과학부 석좌교수, 생명다양성재단 이사장)

이 책을 읽는 내내 우리나라 독자들이라면 중후한 저음의 성악가 오현명 선생의 〈명태〉가 귓가에 맴돌았을 것이다. 1952년 피난지 부산에서 열린 '한국 가곡의 밤'에서 초연되었으나 혹평을 면치 못했다가 1964년 서울 시민회관에서 열린 대학생을 위한 음악회에서 다시 불렀는데 뜻밖에 좋은 반응을 일으키며 선생의 대표곡이 되었다. 양명문의 시에 변훈이 곡을 붙인 이 노래는 이 책의 내용을 고스란히 담고 있다.

검푸른 바다 바다 밑에서
줄지어 떼지어 찬물을 호흡하고
길이나 대구리가 클 대로 컸을 때

내 사랑하는 짝들과 노상
꼬리치며 춤추며 밀려 다니다가
(…)
짝짝 찢어지어 내 몸은 없어질지라도

내 이름만 남아 있으리라 허허허

명태 허허허 명태라고 음 허허허허 쯔쯔쯔

이 세상에 남아 있으리라

명태는 북태평양에 서식하는 대구의 일종으로 서양에서는 폴락대구로 불린다. 대구는 무려 10개의 과(科)에 걸친 200종 이상의 물고기를 통칭한다. 그중에서 이 책의 주인공인 북대서양에 서식하는 대구를 비롯하여 커스크대구, 링대구, 헤이크대구, 화이팅대구, 해덕대구, 그리고 폴락대구가 대표적이다. 대구는 살에 지방이 거의 없고(겨우 0.3퍼센트), 단백질이 18퍼센트나 되며 말리면 물이 빠져 무려 80퍼센트에 달한다. 머리는 살보다 더 맛있는데 특히 '혀'와 '볼'이 일미다. 부레는 튀기거나 차우더와 스튜에 넣어 끓여 먹기도 하지만 부레풀을 만들어 산업용 접착제나 정화제로 쓴다. 알은 날로 먹거나 훈제해서 먹는다. 위, 창자, 간은 물론 이리 즉 정액까지 먹는다. 껍질도 버리지 않고 아이들 간식으로 만들어 먹거나 가죽으로 가공해 사용한다. 내장과 뼈는 밭에 뿌려 훌륭한 거름이 된다. 버릴 게 없다. 가수 강산에도 그의 자작곡 〈명태〉에서 "내장은 창난젓 알은 명란젓 / 아가미로 만든 아가미젓 / 눈알은 구워서 술안주하고 / 괴기는 국을 끓여 먹고/ 어느 하나 버릴 것 없는 명태"라고 노래한다.

유럽인이 처음 북아메리카에 도착했을 때 그곳에는 사냥감과 낚시감이 엄청나게 풍부했다. 지금은 멸종되어 단 한 마리도 남지 않은 나그네비둘기가 한번 떼 지어 날아간 뒤에는 몇 시간 동안이나 하늘이 깜깜할 정도였다고 한다. 1873년에 출간된 《요리 대사전》에서 알렉상드르 뒤마는 대구의 알이 모두 성체로 자란다면 "바다가 대구로 가득 차게 되어, 우리는 굳이 발을 적시지 않고도 대구의 등을 밟으며 대서양을 건널 수 있을 것"이라고 호언한다. 찰스 다윈을 도와 진화론 정립에 기여한 과학철학자 토머스 헨리 헉슬리가 영향력 있는 위원회를 이끌며 남획의 폐해를 주장하는 어민들을 오히려 비과학적으로 몰아붙였다는 사실은 매우 놀랍고 부끄럽다. 설화에 따르면 '오병이어의 기적' 당시 예수가 군중을 먹이기 위해 곱절로 늘렸던 생선도 바로 대구였다.

그랬던 대구가 이제 그야말로 씨가 마르고 있다. 우리나라 근해에서도 명태가 잡히지 않은 지 오래다. 수중 음파탐지기나 정찰용 비행기를 이용해 추적하고 트롤망으로 바닥을 훑고 지나가면 해저는 텅 비고 만다. 저인망이 휩쓸고 지나가면 대구는 물론 함께 헤엄치던 물고기는 모조리 잡힌다. 이를 통제할 유일한 규제 수단은 그물눈의 크기뿐인데, 실제로는 그물 뒷주머니에 이미 상당한 양의 물고기가 들어찬 상태에서 그물눈의 크기는 쓸데없는 규제로 전락한다. 그렇게 잡힌 수백만 마리의 쓸데없는 물고기들은 배 밖으로 던져지는데 대개 이미 죽은 상태이다. 헉슬리가 사망한 지 7년 뒤인 1902년에야 영국 정부는 남획 가능성을 인정하기 시작했고, 1949년에야 비로소 국제 북대서양 어업위원회가 결성되어 어업 규제 방법을 논의하기 시작했다. "검푸른 바다 바다 밑에서 줄지어 떼 지어 찬물을 호흡하"던 대구는 생물학적으로는 아직 멸종되지 않았을지 모르나 상업적으로는 이미 멸종한 상태이다. "짝짝 찢어지어 내 몸은 없어질지라도 내 이름만 남아 있으리라" 했더니 어느덧 거의 이름만 남은 상태가 되어 버렸다.

많이 늦었지만 여러 나라에서 복원 사업이 활발하게 진행되고 있다. 그러나 양식 물고기를 바다에 풀어 자연산 어족과 섞이게 하는 대부분의 복원 전략은 결코 바람직하지 않다는 게 이 책의 설명이다. 우리 정부도 지금 명태 복원을 위해 수족관에서 기른 치어를 방생하고 있지만, 질병에 대한 저항력도 없고 야생에서 살아남는 데 필요한 적응력을 갖추지 못한 양식 치어들이 큰 덩치를 활용하여 짝짓기에 성공하는 비율이 높아지면 열성 유전자가 확산되는 것을 막을 수 없다. 잠시 개체수를 늘리는 효과는 얻을지 모르지만 궁극적으로는 멸종을 부추길 수 있는 졸속 전략이다. 양명문과 강산에 모두 "이 세상에 남아 있으리라"며 노래를 마치는데, 그리하려면 우리의 보전 전략이 좀 더 현명해야 한다.

나는 책을 수십 권이나 쓴 작가지만, 이 책을 읽으며 한없는 부러움을 주체하기 어려웠다. 이 책은 그저 사람들이 즐겨 먹는 한 종의 물고기에 관한 책의 수준을 넘어선다. 읽다 보면 콜럼버스의 신대륙 발견 설화는 물론, 노예제도와 전쟁을 비롯한 사회 변화와 자본주의 경제의 변천사까지 두루 섭렵하게 된다. 책은 모름지기 이래야 한다는 전범을 보여 준다. 그 옛날 보스턴에 유학하던 시절 관공서나 중요한 유적지마다 왜 그렇게 물고기 문양 혹은 조각이 많았는지 궁금했는데, 이 책을 읽으며 대구라는 물고기가 역사적으로 중요한 매사추세츠주의 생산품이자 자랑거리였다는 사실을 배웠다. 문득 나는 명태, 즉 폴락대구에 관한 책을 쓰고 싶어졌다. 지

구 전역은 아니더라도 동북아 지역 국가들에는 의미 있는 책이 될 것이다. 일본에서도 명태(明太)는 한자를 그대로 쓰고 '멘타이(めんたい)'로 읽는다. 일본인들도 많이 먹는 '명란젓'은 '멘타이코(明太子)'라고 부른다. 중국 동북 지방에서는 조선족의 영향이겠지만 밍타이위(명태어, 明太鱼)라는 말도 사용되며 대만에서는 명태(明太)라는 단어를 그대로 쓴다. 심지어 러시아 사람들도 명태를 '민타이(минтай)'로 읽는데, 한국어가 중국 동북 지방을 거쳐 전해졌을 가능성을 배제하기 어렵다. 대구와 명태의 대서사를 적다 보면 자연스레 인류의 생태문화사를 기록하게 된다. 바다가 비어가고 있다. 이제는 우리가 지켜야 한다. 이 책을 읽고 나면 식탁 위에 오르는 생선이 예사로이 보이지 않을 것이다. 오랜만에 참으로 알차고 유익한 책을 읽은 것 같아 뿌듯하다.

대구로 보는 세계사 연대표

9세기	바이킹이 스칸디나비아를 떠나 항해를 시작하다. 말린 대구 덕분에 긴 항해가 가능해지다.
985년경	'붉은' 에이릭이 바이킹을 이끌고 아이슬란드에서 그린란드로 가다.
1000년경	바스크인들이 소금에 절인 대구의 판매 시장을 국제적인 규모로 확장하다. 북아메리카 해안에 있는 대구 어장의 위치를 바스크인들만의 비밀로 묻어 두다.
1497년	뉴펀들랜드를 항해하던 조반니 카보토가 대구 어장을 발견하다. 이때부터 바스크인들의 비밀이 밝혀지다.
1524년	조반니 다 베라차노가 뉴욕 항구와 내러갠섯만을 발견하다. 갈고리 모양의 곶에 '팔라비시노'라는 이름을 붙이다.
1534년	자크 카르티에가 세인트로렌스강(캐나다와 미국의 동쪽 국경을 흐르는 강) 하구를 발견하고, 프랑스 소유라고 주장하다. 그곳에서 바스크 어선 1000척이 고기 잡는 모습을 보다.
1602년	바솔로뮤 고스널드가 팔라비시노에 케이프코드(대구 곶)라는 이름을 붙이고, 뉴잉글랜드에 대구가 '들끓는다'고 보고하다.
1607년	영국인들이 노스버지니아(미국 메인주 브런즈윅 인근)에 정착지를 세우려고 시도하다.
1614년	존 스미스가 뉴잉글랜드 해안의 지도를 그리고, 대구 4만 7000마리를 잉글랜드와 에스파냐에 팔아 큰돈을 벌어들이다. 토착민 27명을 에스파냐에서 노예로 팔아 추가 이익을 얻다.
1620년	'나그네들'이 대구를 잡아 부자가 될 것이라는 꿈을 품고서 매사추세츠주 플리머스에 정착하다.
1623년	'나그네들'이 글로스터에 어업 기지를 만드는 데 실패하다.
1625년	'나그네들'이 잉글랜드인들로부터 대구 어업에 필요한 장비와 조언을 얻다.
1640년	매사추세츠의 베이 식민지에서 30만 마리의 대구를 전 세계 시장에 내놓다.
1645년	뉴잉글랜드인들이 삼각 무역으로 들르는 곳마다 돈을 벌어들이다.
1700년대	뉴잉글랜드가 국제적인 상업 세력으로 부상하다. 대구 어업으로 가문의 부를 쌓아 올린 '대구 귀족'이 등장하다.

1773년	1733년부터 영국 정부가 당밀 조례, 설탕 조례, 인지 조례, 타운젠드 조례 등을 제정해 뉴잉글랜드의 경제를 통제하려고 하자 화가 난 미국인들이 보스턴 항구에 차를 내다 버리다.
1775~1781년	미국 독립 전쟁이 일어나다.
1782년	영국이 그랜드뱅크스에서의 대구 어업권을 뉴잉글랜드에 넘겨주다.
1815년	프랑스가 신세계로 가는 자국의 선단에 물고기 남획의 위험이 있는 장비인 주낙을 설치하다.
1834~	인도 제도의 유럽 식민지에서 잇따른 노예제도의 폐지로 시장이 줄어들자 1849년 북아메리카의 대구 어업이 큰 타격을 입다.
1862년	토머스 헉슬리가 이끄는 영국의 한 어업위원회가 주낙으로 어획량이 감소할 가능성은 없다고 결론짓다.
1881년	영국 헐의 조선소에서 '조디악'이라는 이름의 증기 동력 트롤선을 만들다.
1892년	스코틀랜드에서 최초의 전개판 트롤 선박을 제작하다.
1893년	미국 어업위원회가 케이프코드의 어민들에게 전개판 트롤망을 대여해 주다.
1921년	뉴잉글랜드에서 생선 저미는 기계가 개발되다.
1925년	뉴욕 출신의 클래런스 버즈아이가 물고기 냉동법을 연구하고 제너럴 수산물 회사를 설립하다.
1940년대	고성능 선박, 저인망, 냉동 생선이라는 세 가지 혁신의 결합물인 공모선이 제작되다.
1946년	버즈아이가 급속 냉동 공정을 개발하다.
1949년	과도한 어업을 규제하기 위해 국제 북서대서양 어업위원회가 결성되다.
1950년대	튀김용 생선 토막이 어마어마한 상업적 성공을 거두다.
1958년	자국의 영해선을 12마일로 확대하려는 아이슬란드와 이에 반대하는 영국이 제1차 대구 전쟁을 벌이다.
1961년	영국이 12마일 영해선을 인정함으로써 제1차 대구 전쟁이 막을 내리다.
1963년	루넌버그 최후의 어업용 스쿠너선 '테레사 E. 코너호'가 선원을 구하지 못해 빈 배로 뉴펀들랜드까지 항해하다. 이로써 대구 어업에서 돛의 시대가 완전히 끝나다.
1971년	아이슬란드가 자국의 영해선을 50마일로 확장하겠다고 선포하다. 영국과 서독이 거세게 항의함으로써 제2차 대구 전쟁이 발발하다.

1973년	영국이 50마일 영해선을 인정하고, 크기가 작은 영국 트롤선에 대해서만 제한적인 조업 허가를 얻다.
1975년	아이슬란드가 대구 어족과 환경을 보호한다는 명분으로 자국의 영해선을 200마일로 확장하겠다고 선포하다. 역시 영국과 서독이 항의함으로써 제3차 대구 전쟁이 시작되다.
1976년	유럽경제공동체가 200마일 영해를 선언함으로써, 아이슬란드와 협상 중이었던 영국에 망신을 주다. 대부분의 어업 국가가 200마일 영해를 선언하다.
1992년	대구가 상업적 멸종 위기에 처하자 캐나다 정부는 뉴펀들랜드 근해, 그랜드뱅크스, 세인트로렌스만 대부분에서 해저 어업을 무기한 금지하다. 3만 명의 어부가 일자리를 잃다.
1994년	미국 국립해양수산청에서 현재 지속 가능한 어족의 숫자에 비해 어업 선단이 대략 두 배나 더 많다는 결론을 내리다. 조지스뱅크를 비롯한 근해에서 각 선박의 해저 어류 조업 가능일이 매년 139일로 제한되다.
2014년~현재	캐나다의 그랜드뱅크스 조업 금지 조치가 2026년까지로 다시 연장되었다. 미국의 조지스뱅크에서는 엄격한 규제하에 소규모 어업만 이루어지고 있다. 대서양대구의 개체 수는 여전히 회복될 기미를 보이지 않고 있다.

차례

인류에게 문제 중의 문제, 즉 모든 문제의 아래에 놓인 문제이
자 그 어떤 문제보다도 더 깊이 관심이 가는 문제가 있다면,
그것은 바로 인간이 자연에서 차지하는 위치를, 그리고 사물
의 세계와 인간의 관계를 확인하는 것이다.

| 토머스 헨리 헉슬리, 《자연에서 인간의 위치Man's Place in Nature》|

역사의 첫 번째 생물학적 교훈은 삶이 경쟁이라는 것이었다.
경쟁은 거래의 삶일 뿐만 아니라 삶의 거래이기도 했다. 식량
이 풍부하면 평화로웠고, 식량보다 입이 많으면 폭력적이었
다. 동물은 주저 없이 서로를 잡아먹는다. 문명화된 인간은 법
률이라는 절차에 따라 서로를 소비한다.

| 윌 듀런트, 에어리얼 듀런트, 《역사의 교훈The Lessons of History》 |

(아일랜드에서 아주 가까운)

돌출부의 감시원

청어도 바닷속에 예전만큼은 있지 않네.
슬프구나, 잡은 생선을 슬라이고* 시내로 팔러 가던 달구지
속 통발이 내는 요란한 소리가 더는 없으니.
내가 어렸을 때 내 가슴이 미어진 적은 결코 없었건만.

_윌리엄 버틀러 예이츠, 〈늙은 어부의 명상The Meditation of the Old Fisherman〉

그들은 북아메리카 여러 돌출부 인근에서 대구 어족을 감시하는 일을 맡은 어민이었다. 아울러 바다에는 나가지만 연필은 까먹고 가는 어민이기도 했다.

샘 리는 검정색 고무장화와 붉은색 구명조끼 차림이었다. 마침 구명조끼가 새것이어서 유난히 색깔이 더 밝았다. 그는 최신형 픽업트럭을 몰고 밤의 마지막 암흑 속을 지나서, 야트막한 낚시용 보트가 들어올 수 있을 만큼 바닷물이 육지로 깊숙이 뻗어 있는 부두

───── 아일랜드 북서부 코노트주의 항구 도시

로 내려갔다. 창고며 마을 회관이며 삭구(索具)를 파는 가게 등은 모조리 얕은 물위에 박힌 지주(支柱) 위에 세워져 있었다. 이 부두 덕분에 작지만 가파른 산맥이 바닷가 바로 앞에서 끝나면서 생긴 좁은 평지는 비로소 자유로워졌다. 과거만 해도 배를 갈라 소금에 절인 대구 수천 마리를 펼쳐 놓고 야외에서 말리는 작업을 하려면 이 평평한 지역이 필요했다.

생선을 소금에 절이는 작업이 중단된 것은 거의 30년 전이지만 페티하버*는 여전히 사람이 북적이는 작은 항구처럼 보였다. 상가 건물 몇 군데가 물가를 따라 비좁게 늘어서 있고 주택은 비탈이 시작되는 곳에 여기저기 흩어져 있었다.

부두에서 샘은 레너드 스택과 버나드 채프를 만났다. 손전등을 들고 있던 레너드와 버나드는 아직 새것인 샘의 구명조끼에 대해 농담을 하면서 그 놀라운 광채를 피해 눈을 가리는 시늉까지 해 보였다. 그러고는 어업 정책에 관해, 그리고 제한적으로나마 해저 어업을 대중에게 재개장하는 문제를 다룬 어젯밤 텔레비전 토론에 관해 투덜대면서, 레너드의 32피트(약 10미터)짜리 개방갑판식 고기잡이 보트에 올라탔다.

정말로 그 구명조끼를 입으면 물에 뜰 것 같으냐는 질문에 샘이 대답했다.

"굳이 직접 알아보고 싶지는 않아!"

이른 가을 아침, 자줏빛 배경 속에서 보트를 타고 나아가는 동안

――― 캐나다 북동부의 뉴펀들랜드섬 동부 애벌론반도의 동쪽 끝에 있는 마을

양옆으로 겨우 1미터 남짓 떨어진 곳에 펼쳐진 검은 물에 관해 이들이 한 말이라곤 이게 전부였다. 대구는 연중 이 시기의 물을 좋아하는데, 그놈들은 이게 따뜻하다고 생각하기 때문이다. 하지만 화씨 45도(섭씨 약 7도)는 어디까지나 대구가 생각하는 따뜻함일 뿐이었고, 고기잡이 보트 가장자리를 두른 난간은 높이가 겨우 약 10센티미터 정도에 불과했다. 바로 이날 다른 어촌에서는 배에서 떨어진 어부 두 명의 시신이 발견되기도 했다. 따라서 이것이야말로 어민끼리 서로 입에 담을 만한 이야기는 아니었다.

이들은 바다를 향해 나아갔다. 덩치가 작고 검은색 머리카락을 지닌 샘은 말끔하게 면도한 두 뺨에 붉은빛이 감돌았고 진홍색 구명조끼를 입고 있었다. 레너드는 작은 조타실에 들어가 있었다. 활활 타오르는 듯한 오렌지색 구명조끼를 입은 버나드는 샘과 함께 개방갑판에 서서 뭔가 생각에 잠긴 표정으로, 검고도 윤기 나는 작은 면들로 이루어진 광활한 바다를 바라보고 있었다. 해가 떠오르자 남은 구름이라고는 9월의 해안에서 아직 초록색인 바위투성이 언덕들 사이에 있는 솜사탕 모양의 안개뿐이었다.

그들은 육지의 지형지물을 이용해 자기네 어장을 찾아냈다. 예를 들어 어떤 갈색 바위가 교회 첨탑과 일직선을 이룬다거나, 어떤 주택이 처음 눈에 들어온다거나, 그들이 '귀부인'이라고 부르는 어떤 바위(이들의 상상 속에서 그 바위는 치마와 보닛을 연상시켰다) 위에 있는 흰 점이 처음 눈에 들어온다거나 하면 이들은 거기서 닻을 내리고 고기 낚을 준비를 했다.

다만 오늘은 연필을 까먹고 챙기지 않은 까닭에 우선 다른 보트로 다가갔다. 그 보트에서는 선원 세 명이 이미 손낚시로 대구를 건져 올리고 있었다. 이 딱하리만치 어린 물고기들의 크기에 관해 몇 마디 농담이 오고 간 뒤 누군가가 연필 하나를 이쪽으로 던져 주었다. 이제야 이들은 고기 낚을 준비가 되었다.

이들은 오늘날 뉴펀들랜드에서 유일하게 합법적 대구 어업인 '감시 어업단Sentinel Fishery'의 일원이었다. 1992년 7월에 캐나다 정부는 뉴펀들랜드 근해, 그랜드뱅크스, 세인트로렌스만 대부분에서 해저 어업을 금지했다. 해저 어류(그중에서도 사람들이 가장 많이 찾는 것은 바로 대구였다)는 바닷물에서도 제일 밑바닥 층에 사는 어류를 말했다. 조업 금지가 발표된 것은 한때 풍성했던 어획량이 급속히 줄어드는 것을 지켜보던 페티하버의 어민이 조치를 요구한 때로부터 이미 여러 해가 지난 다음의 일이었다. 이들은 이전부터 근해 트롤선이 대구의 씨를 거의 말리고 있다고 주장해 왔고, 이 주장은 사실로 확인되었다. 1980년대에만 해도 정부 소속 과학자들은 대구가 사라지고 있다는 해안 어민의 아우성을 깡그리 무시해 버렸다. 그리고 이런 무신경은 결국 값비싼 대가를 치러야 했다.

페티하버에서 온 두 척의 보트는 감시 어업단의 임무를 수행하는 중이었다. 이 프로그램은 과학자와 어민이 공조하도록 되어 있었다. 즉, 각각의 어촌마다 어부 몇 명이 감시원 자격으로 대구를 낚은 다음에 그들이 발견한 것을 정부 소속 과학자들에게 보고함으로써 대구 어족의 발달 여부를 측정하는 것이었다. 레너드의 보트에 탄 사람들은 최대한 많은 물고기에 인식표를 달고 놓아주는 일을 했다. 또 다른 보트에 있는 어민은 딱 100마리의 물고기를 낚은 다음, 배를 갈라 수컷인지 암컷인지 확인하고 머리에 있는 작은 뼈를 꺼내는 일을 했다. 이 뼈를 이석(耳石)이라고 하는데, 대구가 균형을 유지하도록 해 준다. 이 이석에 새겨진 테를 보면 대구의 나이를 알 수 있다.

내일 또는 더 나중에라도 날씨가 좋고 바다가 잔잔해지면 이 두 척의 보트는 임무를 교대할 것이다. 좋지 않은 날씨에 굳이 만용을 부리는 것은 아무 의미가 없었다. 어민이 각자의 보트를 몰고 이 임무를 수행하는 대가로 버는 돈은 그저 수수한 수준이지만 그래도 이들은 기쁘게 이 일을 했다. '패키지the package'라고 불리는 실업 급여를 받는 것말고도 뭔가 다른 할 일이 생기는 셈이었기 때문이다. 그들이 이 일을 하는 또 다른 이유는 어업을 재개하라는 압력을 항상 받기 때문이었다.

이번 주에만 해도 '어디까지나 식용으로만' 대구 몇 마리씩 잡는 것쯤은 모두에게 허용하자는 발상을 놓고 논의가 벌어졌다. 감시 담당 어민은 그들이 낚은 물고기가 빈약하고 크기도 작으며 나이도 어리다는 것을 증거로 삼아, 아직까지는 낚시를 허가할 만큼 대구가 충분하지 않다는 사실을 입증했다.

"중요한 사실은 이겁니다. 우리는 돌출부에 산다는 거예요."

샘은 종종 사람들에게 상기시켰다. 페티하버의 어민은 자기들이 사는 곳이 북아메리카에서도 가장 동쪽에 있는 어촌이라는 사실을 자랑스럽게 여겼다. 이 사실이야말로 페티하버를 유명하게 만든 세 가지 이유 중 첫 번째 이유였다. 이들의 작은 마을은 (바위투성이 곶을 하나 지나서 바로 옆에 있는 후미에 자리 잡은 또 다른 마을인 세인트존스와 함께) 지난 1000년 내내 대구 어장으로 명성이 자자했던 북대서양의 한 장소에서 가장 가까운 육지이기도 했다.

또한 동쪽의 돌출부에 있다는 것은 이곳이 아일랜드에서 가장 가까운 북아메리카 마을이라는 의미이기도 했다. 이것이 마을을 유명하게 만든 두 번째 이유였다. 원래 '페티하버Petty Harbour(작은 항구)'라는 마을 이름은 프랑스어 '프티petit(작은)'에서 유래했지만 이곳 주민은 아일랜드계였다. 이민 5세대인 뉴펀들랜드인은 여전히 아일랜드 남부 특유의 흥겨운 억양으로 말했다. 이 억양은 뉴펀들랜드 해안지방 전역에서 들을 수 있을 만큼 흔하기는 하지만, 페티하버는 정말로 아일랜드의 축소판이나 다름없었다. 단지 아일랜드와 비교해 위아래가 바뀌었을 뿐이다.▪

인구가 약 1000명인 이 마을은 작은 강의 어귀에 건설되었다. 이 강의 북쪽에는 가톨릭교도들이 살았고, 남쪽에는 프로테스탄트(개신교도)들이 살았다. 강을 가로지르는 작은 다리를 경계로, 양쪽 사람들은 결코 섞이지 않았다. 샘과 레너드와 버나드는 모두 가톨릭교도였다. 하지만 1950년대 말부터 1960년대 초에 자라난 이들은 적어도 놀 때만큼은 다리를 건너다닌 첫 세대이기도 했다. 결국 샘은 프로테스탄트와 결혼했다. 샘보다 다섯 살 어린, 올해 41세의 버나드도 마찬가지였다. 이 마을의 유일한 사회적 갈등은 이미 사라졌다. 물론 대구가 사라지면서 새로운 갈등이 나타나 이전의 갈

▪ 이는 다음에 나오는 것처럼 페티하버의 북쪽은 가톨릭교도 거주지, 남쪽은 프로테스탄트 거주지라는 사실을 가리킨다. 아일랜드는 이와 반대로 북쪽이 프로테스탄트, 남쪽이 가톨릭교도의 세력권이다.

등을 대신하긴 했지만 말이다. 샘의 말에 따르면 사라진 것은 단순히 대구라는 물고기만이 아니었다. 그는 수평선을 바라보며 이렇게 말했다.

"고래도 없어요. 전혀요."

여러 해 동안 그는 청어나 열빙어조차 본 적이 없었다(열빙어는 혹등고래가 쫓아다니는 먹이였다). 오징어 역시 사라진 것처럼 보였다. 예전에는 미끼로 쓸 오징어가 필요하면 그저 한 시간쯤 직접 항구에서 지그 낚시*를 하면 그만이었다. 하지만 오늘 아침 이들은 돈을 주고 구입한 냉동 오징어를 미끼로 써야 했다.

대구가 사라지기 전만 해도, 여름이면 대구가 바닷가로 워낙 가까이 다가오기 때문에 어민도 덫 그물을 이용해서 잡곤 했다. 덫 그물은 19세기에 래브라도에서 발명된 기발한 장치였다. 단단한 그물을 마치 벽처럼 바닷가에 고정해 놓으면 대구가 양옆에서 헤엄쳐 들어와 벽을 따라 움직이다가 크고 단단한 수중 방에 들어가게 된다. 이론상 대구는 그곳을 쉽게 빠져나올 수 있다. 하지만 실제로 대부분은 그렇게 하지 못한다. 미끼를 쓰지 않는 덫 그물은 7월과 8월에 설치해 놓고 하루에 두 번 건져 올린다. 여름마다 바위투성이 해안을 따라 설치된 덫 그물로 헤엄쳐 들어가는 대구는 무려 수천 마리에 달했다. 조업 금지가 내려졌을 당시만 해도 페티하버에는 어민 125명이 자기 마을 근해에 해당하는 깊은 후미에 무려 75개의 덫 그물을 설치해 두고 있었다.

_____ '지그(jig)'라는 종류의 인조 미끼를 이용하는 루어(인조 미끼) 낚시의 일종

대구

9월이 되어 대구가 근해에서 더 먼 곳으로 움직이기 시작하면 손낚시의 계절이 본격적으로 시작된다. 손낚시의 기원은 무려 철기 시대로까지 거슬러 올라간다. 낚싯바늘에 미끼를 걸고 묵직한 낚싯줄에 무게가 4온스(약 113그램) 나가는 추를 달아 바다 밑으로 내리는 것이다. 페티하버의 어장에서는 사람들이 15~30길 사이의 깊이에서 물고기를 낚아 올렸다. 어부는 낚싯줄을 한 손에 휘감은 다음, 뭔가가 잡아당기는 느낌이 들면 낚싯줄을 세게 잡아채서 낚싯바늘을 물고기의 입에 걸었다. 낚싯줄을 잡아채는 일과 끌어 올리는 일은 끊임없이 하나의 동작으로 계속 이어져야만 한다. 조금이라도 느슨해지면 물고기가 몸부림치다가 낚싯바늘을 벗어날 수 있기 때문이다. 하지만 이들 어민의 손아귀를 벗어나는 물고기는 극히 드물었다.

일단 낚싯바늘에 걸리고 나면 대구는 반항하지 않기 때문에 이때부터는 오로지 무거운 물고기를 끌어 올리는 것만이 문제가 된다. 기술은 처음의 몇 가지 순간에만 필요하다. 나머지는 오로지 힘을 써야 하는 고된 일뿐이다. 어부는 양손의 가운뎃손가락 두 개로 크게 원을 그리면서 길이가 180피트(약 50미터) 되는 낚싯줄을 재빨리 끌어 올린다. 배에서도 조류가 지나가는 한쪽 옆구리에는 두 명이, 반대쪽 옆구리에는 한 명이 붙어 조업한다. 이때 개방갑판과 낮은 난간은 거친 바다에서는 위험할지 몰라도 물고기를 끌어 올리는 데는 오히려 편리하다.

샘과 버나드, 레너드 역시 8파운드에서 30파운드(약 3.6킬로그램에서 13.6킬로그램)), 또는 그 이상에 달하는 물고기를 끌어 올리곤 했다. 그들은 온종일 쉬지도 않고 3피트(약 1미터) 깊이의 선창은 물론 갑판에도 남은 자리가 없을 때까지 물고기를 끌어 올렸다. 보트 한 척에 약 2000~3000파운드의 대구를 싣고 돌아오곤 했는데, 페티하버에서만 50척이 넘는 보트가 바다로 나섰다. 보트의 선원은 두세 명이었고 이들은 고기를 낚는 내내 이 보트에서 저 보트로 소리를 질러 농담을 주고받았다.

페티하버를 유명하게 만든 세 번째 이유는 이 어촌이 1940년대 말부터 주낙과 자망(刺網)이라는 대량 어업 기술을 금지했다는 것이다.[•] 조업 금지 이후 환경보호주의자들은 페티하버의 사례를 칭송하면서, 뉴펀들랜드에서 본격적인 환경보호 논의가 이루어진 시기보다도 무려 수십 년 앞선 조치라고 했다. 1995년 환경보전 단체 시에라 클럽에서는 자체 발행 잡지에 이렇게 썼다. "지금으로부터 한 세대를 훨씬 넘긴 시절에, 페티하버의 어민은 트롤 어업과 자망 어업 같은 파괴적인 관습을 금지했다. 페티하버는 오로지 환경보전 지향적인 어업 도구만을 허락했다. 구식의 낚싯줄과 (…) 덫 그물을 말이다."

하지만 이런 금지가 시행된 진짜 이유는 어민 125명이 똑같은 만(灣)의 입구에서 한꺼번에 일하다 보니 그런 대규모 어업을 할 수 있는 공간이 없기 때문이었다.

"지금은 모두들 그게 보전을 위해서라고 말하죠."

• 본문에 묘사된 전통적인 대구 낚시가 낚싯줄 하나로 물고기를 낚는 방법인 데 비해, 주낙은 긴 낚싯줄(모릿줄)에 달린 여러 개의 짧은 낚싯줄(아릿줄)에 미끼를 달아 물에 넣었다가 꺼내는 방법이고, 자망은 물고기가 다니는 길목에 눈이 작은 그물을 설치해 잡는 방법이다.

샘이 말했다.

"하지만 보전 따위는 없었어요. 그때만 해도 잡을 물고기는 충분히 많았어요. 다만 잡을 공간이 충분하지 않았기 때문이죠."

뉴펀들랜드 근해의 어민은 오로지 자기네 후미의 해역에서만 물고기를 낚았다. 만약 페티하버의 후미에 있는 마지막 바위 너머에서 조업을 하고 싶어 하는 페티하버의 보트가 있다면, 그 어부는 이웃 만에 있는 세인트존스의 어민에게 양해를 구해야만 했다. 하지만 이런 풍습도 예의가 살아 있던 시절, 그러니까 조업 금지 이전의 이야기였다. 모두에게 돌아갈 만큼 물고기가 충분했으며, 종교 문제를 제외하면 굳이 다툴 일은 없다고 생각하던 시절이었다.

그러다 조업 금지가 선언되자 예의라는 것은 대구보다 더 찾아보기 힘들어졌다. 페티하버의 보트 중 여섯 척은 대놓고 자망을 사용했다. 2년간의 법적 소송과 정치적 압력 끝에야 이들을 겨우 저지할 수 있었다.

원래 샘과 버나드와 레너드는 함께 고기를 잡지 않았다. 샘은 자기 형제와 함께 일했다. 버나드도 20년간 함께한 동업자가 있었지만 그 동업자는 해저 어업 면허를 비교적 쉽게 취득할 수 있었던 시절에도 애써 면허를 취득하지 않았다. 자기에겐 필요 없다고 생각했기 때문이다. 하지만 이제는 해저 어업이 재개된다 하더라도 허가증이 있는 사람만 한도 내에서 물고기를 잡을 수 있는 정책이 시행될 것이고 신규 면허는 더 이상 취득할 수 없을 것이다. 그러면 버나드는 자기 조업 할당량을 동업자와 나누는 수밖에 없고, 결국에는 두 사람 모두 충분한 수입을 얻지 못할 것이었다.

"그러니 저는 오랜 세월 함께 물고기를 잡아 온 사람에게 이렇게 말해야 하는 처지가 된 거죠. '미안하네. 이제 자네 대신 면허가 있는 다른 사람과 함께 일해야겠어.' 정부는 우리가 어업을 그만두기를 원하더군요. 하지만 우리한테 이 일 말고 뭐가 있겠어요?"

"예전에만 해도 살기 좋은 곳이었죠."

샘이 말했다.

"하지만 이제 더 이상은 아니에요."

"정말 믿을 수 없는 지경이에요."

이번에는 버나드가 말했다.

"불과 몇 년 전만 해도 사람들은 자기 일에만 신경 쓰고 다른 사람에 대해서는 전혀 신경 쓰지 않았어요. 그런데 이제는 어느 누구도 자기가 못 버는 돈을 남이 버는 걸 보고 싶어 하지 않아요. 모두가 서로 감시하고 있다고요. 이제는 방귀만 뀌어도 누군가 불평을 늘어놓는 지경이 되었다니까요."

하지만 9월의 따뜻한 햇볕과 잔잔한 바다가 펼쳐진 이 멋진 아침에, 감시 어업단 소속이라는 이들은 기분이 좋아 보였다. 이들은 지금껏 줄곧 하고 싶었던 일을 하고 있었다. 바로 어린 시절의 친구들과 함께 바다로 나가서 물고기를 낚는 일이었다.

이날의 어획량은 참담한 수준이었다.

뉴펀들랜드와 래브라도의 대구(이른바 '북부 어족'이라고 불리는)는 올리브색의 등에 호박색의 표범무늬가 있고, 배는 하얀 데다가 배와 점박이 등 사이에는 길고 새하얀 유선형의 줄무늬가 있는 예쁘장한 물고기였다. 갈색 바탕에 노란색이 뒤섞인 아이슬란드 어족보다도 훨씬 더 예쁘장했다. 어부들은 대구를 한 마리씩 낚을 때마다 그 길이를 쟀는데, 대개는 45~55센티미터 사이(약 20인치 정도)였다. 이는 결국 이 물고기들이 조업 금지 이후에 태어나 아직 연령이 2~3년밖에 되지 않은 새끼 대구^{codling}라는 뜻이었다. 다시 말해 번식할 만큼 나이를 먹지는 않은 상태였다.

마침내 레너드가 75센티미터짜리 대구를 한 마리 낚아 올렸다. 이 정도면 대략 연령이 7년쯤 되는 녀석이었고, 지금으로부터 10년 전쯤에는 흔히 볼 수 있는 크기였다. 모두들 이 물고기를 보고 농담을 한마디씩 던졌다.

"오 세상에, 저렇게 큰 물고기가 있다니! 작살 좀 가져와! 저 친구 좀 도와주라고!"

그들은 쾌활한 아일랜드 억양으로 떠들어 댔다. 그리고 더 이상은 자기들이 진정한 의미의 어부가 아니라는 식의 농담을 주고받았다. 보트의 옆구리에 작은 놀이 부딪쳐서 배가 흔들리자 샘이 앓는 소리를 냈다.

"아이구구, 나 아무래도 멀미할 것 같은데."

그러자 사람들이 크게 웃었다.

물고기를 낚아 올리는 이들의 솜씨는 훌륭했다. 하지만 뭔가 다른 점이 있었다. 이들은 대구를 갑판에 내던지고 재빨리 다시 미끼를 끼워 낚시를 드리우는 것이 아니라 낚싯바늘을 조심스레 제거하면서 최대한 물고기가 다치지 않도록 노력했다. 그리고 물고기를 바닥에 내려놓고 길이를 센티미터 단위로 측정했다. 길이를 잰 다음에는 방아쇠 장치가 달린 도구를 이용해 앞쪽 등지느러미 옆에 살이 두둑한 부분에 1인치(약 2.5센티미터)짜리 바늘을 찔러 넣어서, 끄트머리에 숫자 인식표가 달린 플라스틱 끈을 부착했다. 이렇게 섬세한 일에서만큼은 이들의 솜씨도 그리 훌륭하지는 않았다.

샘이 물고기 한 마리를 낚싯바늘에서 빼자마자, 그놈이 몸부림치며 샘의 손을 벗어나 갑판에 툭 하고 떨어졌다.

"아, 미안."

샘은 집에서 키우는 늙은 비글에게 말하듯이 나직하고도 부드러운 말투로 대구에게 말을 건넸다. 인식표 부착기가 제대로 작동하지 않자 샘은 한 번 분해했다가 다시 조립했다. 어떤 장치를 분해했다가 고쳐내는 것이야말로 어부의 기술이다. 하지만 부착기는 여전히 제대로 작동하지 않았다.

때로는 인식표 하나를 달기 위해 물고기를 서너 번이나 찔러야만 했다. 대구가 얼마나 강인한 물고기인지 보여 주는 증거다. 연어 같으면 이런 대접을 받고 절대로 살아남지 못할 것이다. 이들이 작업을 끝내고 대구를 머리부터 해서 바닷물에 집어넣으면, 그놈은 곧바로 정신을 차리고 헤엄쳐서 바다 밑바닥의 집으로 돌아갔다. 대구에게는 대양저가 곧 안전을 의미했다. 하지만 바로 그 때문에 대구는 저인망 어선에 의해 상업적으로 멸종을 당했다.

이번에는 대구 한 마리에다가 인식표를 달아 주려고 여러 명이 번갈아가며 이리저리 찔러대던 중에 물고기가 그만 죽어버리고 말았다. 하지만 아무도 아쉬워하지는 않았는데, 모두들 배가 고팠기

대구

때문이다. 버나드는 무릎을 꿇고서 선미에서 휴대용 스터노 스토브를 꺼냈다. 그리고는 날이 두꺼운 어업용 주머니칼로 돼지 비곗살과 소금에 절인 쇠고기를 썰고 감자도 껍질을 벗겨 썰었다. 딱딱한 건빵을 물에 불리더니 양파 썬 것과 함께 돼지기름에 살짝 볶은 다음, 놀랍게도 단 네 번만 칼을 옆으로 움직여 대구 살을 순식간에 발라내고 두 번의 칼질을 더해 껍질을 벗겨 냈다. 그는 생선의 나머지 부분을 바다로 던져 넣기 전에 배를 갈라 암컷임을 확인하자 알집을 떼어 냈다. 아가미를 손으로 붙잡아 난간 너머로 치켜든 채, 두 번의 재빠른 칼질로 목구멍 부분('대구의 혀')만 도려내고 나머지는 바다에 던져 넣었다.

버나드가 솥을 휘젓는 동안, 샘은 연필을 가지고서 인식표 번호와 물고기 길이를 기록했다. 선수(船首)에서는 레너드가 아무 말 없이 장갑 낀 집게손가락을 재빨리 움직이면서 어린 대구를 연이어 낚아 올리고 있었다.

"재미는 레너드 혼자서만 보고 있네."

버나드가 농담 삼아 불평을 늘어놓았다.

그는 선창 가운데 한 곳의 입구에 판자를 걸쳐 놓고, 그 위에 커다란 빵 굽는 철판을 놓은 뒤 음식을 부어 놓았다. 예전 같으면 그들은 낚은 물고기가 들어 있었을 선창에 선 채로 플라스틱 포크를 들고 음식을 밖에서 안으로 먹어 들어갔을 것이다. '어부 찌개'라고 불리는 이 음식은 온통 회색빛 일색이었다. 돼지비계도 연회색이고 감자도 연회색이었으며, 가끔 한 번씩 보이는 소금에 절인 쇠고기 조각만 색깔이 더 짙었다. 그중에서 유난히 돋보이는 것은 싱싱한 대구의 두툼한 조각이 드러내는 새하얀 색깔이었다. 이것이야말로 이들이 어려서부터 먹었던 음식이었다. 옛 친구들과 어린 시절에 먹던 음식을 먹을 때면 흔히 그렇듯이 이들 역시 옛 추억을 꺼내기 시작했다.

이들에게는 같이 이야기할 스포츠도 없었고, 고등학교 시절의 운동팀도 없었다. 심지어 이들은 캐나다 사람이라면 누구나 좋아하는 하키 팬조차도 아니었다. 어린 시절에 이들은 매일 아침 동이 트기 전부터 아버지를 따라서 물고기를 잡으러 갔다. 정오쯤 육지로 돌아오면 그제야 학교에 갔다. 그러다 먹구름이 머리 위를 지나가면 재빨리 항구로 달려가야만 했다. 소금에 절인 대구를 널어서 말리는 받침대(생선 건조용 덕)로 가서, 비를 맞아도 멀쩡한 껍질 쪽이 위로 가도록 생선을 뒤집어야 했기 때문이다.

스포츠 이야기 대신에 이들은 고기잡이에 관해서, 예전에는 얼마나 추웠는지를 이야기했다. 그 이유는 기후가 변해서가 아니었다. 예전에는 체열을 보존해 주는 가벼운 극세사 섬유도 없었고, 얼음처럼 차가운 물이 묻은 낚싯줄을 감아올릴 때 손가락을 보호해 주는 장비도 없었다. 그나마 몸을 따뜻하게 해줄 햇볕조차 드문(심지어 한낮에도 볕이 드문) 상황에서도 그 모든 작업을 해치워야만 했다. 한겨울의 낚시는 1월이 지날 때까지 이어졌다. 그러다가 1957년 12월 15일부터 어민도 실업 급여를 받을 수 있게 되었고, 이후 이 날짜는 봄이 오기 전에 맨 마지막으로 고기잡이 나가는 날이 되고 말았다. 그러다가 몇 년 뒤에는 이 날짜가 11월 15일로 앞당겨졌다.

하지만 이들은 한겨울에 고기잡이 나가던 일을 기억하고 있었다.

"젠장."

버나드가 말했다.

"그때 눈 속에서 손낚시 하던 걸 생각해 보라고. 손에 감각이 없더라니까. 우리 때는 이런 조끼도 없었다고. 그냥 모직으로 된 옷뿐이었지. 다른 동네에는 이런 조끼가 있었는지 모르겠지만 우리는 없었어."

"없었지."

레너드가 말했다.

"다른 동네에도 없었다고."

"젠장, 엄청나게 추웠지."

"그래도 선택의 여지가 없었잖아."

"소금에 절인 쇠고기도 찌개에 이렇게 많이 넣진 못했지."

대화는 뉴펀들랜드에서 자주 나오는 화제로 넘어갔다. 자기네 음식이 얼마나 건강에 좋지 않냐는 것이었다. 뉴펀들랜드의 전통적인 음식은 돼지비계가 기본으로 들어갔다. 모든 음식을 돼지비계로 요리했고, 여기에 돼지비계를 가공한 덩어리인 스크런천^{scrunchion}을 가미했다.

"동맥에 아주 좋은 음식이지."

버나드가 웃으면서 말했다.

"내 동생 녀석이 뭐라는지 알아? 그 녀석 앞에 음식을 갖다 놓으면 항상 이렇게 묻는 거야. '이거 형한테는 좋은 음식이야?' 내가 '그렇다'고 하면 그 녀석은 이러는 거야. '그럼 나는 안 먹을래.'"

이들은 식사를 마치자마자(샘과 버나드는 알집을 먹었고, 레너드는 혀를 먹었다) 항구로 배를 몰았다. 인식표를 단 대구는 겨우 40마리였고 그중에서 가장 큰 놈은 76센티미터에 불과했다. 10년 전만 해도 이 정도 크기의 대구는 평균도 안 되는 것으로 여겨졌다. 이날 잡은 40마리 가운데 세 마리만 산란을 할 수 있을 만큼 컸다.

다른 배에 탄 사람들은 세 개의 낚싯줄로 대구 100마리를 낚았으며 그 무게는 모두 합쳐 375파운드(약 170킬로그램)였다. 이는 페티하버의 어획량이 가장 많았던 해에 비해 마리당 평균 무게가 무려 6파운드(약 2.7킬로그램) 이상이나 부족하다는 뜻이었다. 예전에는 대구 300마리의 무게가 모두 합쳐 3000파운드(약 1360킬로그램)에 육박했으니 말이다.

이들은 과학자들에게 보낼 부분을 따로 챙긴 다음, 나머지 물고기를 자루에 나누어 담았다. 자루 하나당 무게는 10파운드(약 4.5킬로그램)씩이었다. 원래는 10파운드 자루 하나당 대구가 한 마리 들어 있어야 맞지만 지금은 대부분 두 마리나 세 마리가 들어 있었다. 두 척의 보트가 항구로 돌아오자 50여 명의 사람들이 얌전하게 줄을 서서 기다리고 있었다. 대부분 다른 마을에서 온 사람들이었다.

이곳은 캐나다였다. 이 사람들은 직업이 있거나 공적 지원을 받고 있었다. 현재는 대개 후자에 해당했다. 단순히 배가 고파서라기보다는 자기네 지역 특유의 맛을 보고 싶어서 여기까지 나온 사람들이었다. 대형 수산물 업체(조업 금지 이전에 대구를 하나도 남기지 않고 싹쓸이했던 저인망 어선을 보유한 회사)는 이제 아이슬란드와 러시아와 노르웨이에서 냉동 대구를 수입하고 있었다. 하지만 이들은 싱싱하고 새하얗고 잘 부서지는, 그리고 어느 어부의 딸이 한 말마따나

"아직 살아서 꿈틀거리는" 대구의 맛에 익숙한 사람들이었다. 언젠가 샘은 뉴올리언스에서 주문을 받아 대구를 보낸 적이 있었는데, 그걸 받은 요리사는 생선이 너무 싱싱해서 생선살이 자꾸 흐트러진다고 불평을 늘어놓았다. 진짜로 싱싱한(두툼하고 새하얀 살이 조각조각 흩어지는) 대구가 어떤 것이며, 또 어떤 맛인지는 오로지 어촌만이 알고 있었다.

판매하는 대구의 양을 1인당 10파운드씩으로 제한했음에도 불구하고 이날은 양이 충분하지 않았다. 결국 몇 사람은 생선을 못 사고 발길을 돌려야 했다. 누군가 어부에게 이렇게 물었다.

"도대체 나머지 물고기는 다들 어디로 가버린 걸까요?"

북아메리카의 돌출부에 자리 잡은 페티하버에 사는 사람들의 문제란, 이들이 지난 1000년간 흥청망청 이어진 어업에서도 하필이면 제일 끝물에 있었다는 사실이었다.

뚱뚱하고 생기 없는

모습의 여자 상인들이 파는 (…)

소금절임대구.

그 모습에 (…)

그는 먼 여행을

떠나는 꿈을 꾸게 되었다.

에밀 졸라, 《파리의 뱃속The Belly of Paris》, 1873년

어느 물고기의 이야기

01

COD:

A BIOGRAPHY OF THE FISH THAT CHANGED THE WORLD

대구가 있는 땅을 찾아서

> 그의 말에 따르면 오늘은 금요일이었다. 이날 그가 판매할 수 있는 음식은 생선 요리뿐이었는데, 그 생선으로 말하자면 카스티야에서는 폴락대구pollock(명태)라고, 안달루시아에서는 '소금절임대구'라 불리는 것이었다.
>
> _미겔 데 세르반테스, 《돈키호테》, 1605~1616년

이런 이야기가 있다. 중세에 한 어부가 길이가 3피트(약 1미터) 되는 대구를 낚아 올렸다. 당시에는 이 정도 길이가 충분히 일반적이었다. 그 대구는 말을 할 수 있었는데, 이 사실조차도 놀라운 것은 아니었다. 정말로 놀라운 건 그 대구가 차마 알아들을 수 없는 언어로 말을 했다는 점이다. 그놈은 '바스크어'로 말을 했던 것이다!

바스크 지방에서 내려오는 이 민담은 그들의 언어(다른 나라 사람들은 해독 불가능한 까닭에 일종의 고아 신세인)에 대한 바스크인의 애착뿐 아니라 대서양대구Atlantic cod와 바스크인 사이의 유대 역시 보여 준다. 대서양대구의 학명은 '가두스 모루아Gadus morhua'이다. 그런데 이

물고기는 바스크 지방의 근해는 물론 에스파냐의 근해에서도 전혀 찾아볼 수가 없다.

바스크인은 그 존재 자체가 수수께끼다. 이들은 오늘날의 에스파냐 북서쪽 한 모퉁이, 그리고 프랑스의 남서쪽 한 모퉁이에 해당하는 영토에 살고 있으며 현존하는 어떤 역사의 기록보다도 더 오랫동안 그렇게 살아왔다. 하지만 이 민족의 기원 자체는 여전히 수수께끼로 남아 있다. 한 가지 이론에 따르면, 뺨이 불그레하고 검은 머리카락에 긴 코를 지닌 이 민족은 본래 이베리아반도의 원주민이었는데 훗날 침입자들에게 쫓겨 피레네산맥과 칸타브리아산맥과 비스케이만 사이에 있는 이 산지의 한 모퉁이로 오게 되었다는 것이다. 하지만 어쩌면 이들은 처음부터 이 지역에 살았는지도 모른다.

이들은 차마 오를 수 없을 것 같은 가파른 초록의 산비탈에서 양떼를 기른다. 이 산은 보기 드문 험난한 지형에서 비롯되는 아름다움 때문에 오싹함마저 느껴지는 곳이다. 이들은 자기네만의 노래를 부르고, 자기네만의 언어인 '에우스카라^{Euskara}'로 자기네만의 문학을 쓴다.

유럽의 현존 언어 중에서는 가장 오래된 것으로 여겨지는 에우스카라는 유럽어 중에서 인도-유럽어족에 속하지 않은 네 개의 언어 중 하나다(나머지는 에스토니아어, 핀란드어, 헝가리어다). 이들은 자기네만의 스포츠도 갖고 있는데, 그중에서도 특히 주목할 만한 것은

바스크 지방의 실내 스포츠. '세스타'라는 바구니 모양의 채를 손에 끼고서 벽에 맞고 튀어나온 공을 번갈아 가며 친다는 점에서 스쿼시와도 유사하다.

하이알라이^{jai alai}다. 심지어 이들은 자기네만의 모자도 갖고 있다. '바스크 베레모'라 불리는 이 모자는 다른 여느 베레모보다 더 큰 게 특징이다.

이들의 현재 영토는 프랑스의 세 개 지방, 에스파냐의 네 개 지방에 걸쳐 있다. 하지만 바스크인은 그들이 어엿한 국가를 보유하고 있다고 항상 주장해 왔으며 그 국가의 이름을 '에우스카디^{Euskadi}'라 부른다.

켈트족과 로마인을 비롯해 아키텐, 나바라, 아라곤, 카스티야의 왕가들, 그리고 나중에는 에스파냐와 프랑스의 왕정과 독재정과 공화정에 이르기까지 주변의 강력한 세력들은 이들을 정복하고 동화하려 시도했지만 모조리 실패하고 말았다.

1960년대에는 독재자 프란시스코 프랑코가 이들의 언어를 불법화하는 바람에 그 유구한 역사를 지닌 언어를 몰래몰래 말해야 했던 시기도 있었다. 하지만 그 시기에 이들은 자기네 말의 사용을 넓히기 위해 남몰래 현대화했고, 그리하여 지금은 바스크어 사용자가 전 세계에 80만 명에 불과함에도 불구하고 매년 1000종의 서적이 에우스카라로 간행된다. 그중 약 3분의 1은 바스크인 작가의 작품이고 나머지는 번역 작품이다.

나는 지킬 것이다
내 아버지의 집을.
늑대들에 대항하여
Nire aitaren etxea

defendituko dut.

Otsoen kontra

이는 현대화된 에우스카라의 창시자이자 20세기 최고의 바스크 작가인 가브리엘 아레스티가 쓴 유명한 시의 첫 행이다. 바스크인이 숱한 압력과 전쟁 속에서도 이처럼 고집스럽게 독립 상태를 유지할 수 있었던 까닭은 이들이 여러 세기에 걸쳐 강력한 경제력을 유지해 왔기 때문이다. 바스크인은 목자일 뿐만 아니라 선원이기도 했으며 특히 상업 분야에서의 성공으로 유명했다. 중세 내내 유럽인이 막대한 양의 고래고기를 먹을 때, 바스크인은 머나먼 미지의 해역으로 나가 고래를 잡아 왔다. 이들이 그처럼 멀리까지 다녀올 수 있었던 데에는 이유가 있다. 이들은 엄청난 대구 어족을 발견했고, 그걸 잡아서 소금에 절였다. 그래서 긴 항해에도 불구하고 상하지 않고 영양가도 높은 식품을 먹을 수 있었다.

그렇다고 해서 바스크인이 사상 최초로 대구를 소금에 절인 것은 아니었다. 그보다 여러 세기 전에 노르웨이에서 출발한 바이킹이 아이슬란드와 그린란드를 거쳐 캐나다에 도착했는데 이 경로가 대서양대구의 서식 범위와 정확히 같았던 것은 우연의 일치가 아니었다. 10세기에 토르발드와 그의 고집스러운 아들 '붉은' 에이릭은 살인죄로 노르웨이에서 쫓겨나 아이슬란드로 갔다. 하지만 그곳에서도 더 많은 사람을 죽인 까닭에 또다시 쫓겨나게 되었다. 서기 985년경 이들은 소수의 선원들과 함께 작고 갑판도 없는 배를 타고 아이슬란드의 검은 화산암 해안을 떠나게 되었다. 한여름이었다. 게

다가 백야로 인해 밤이 찾아오지 않는 날이 지속되었고 바다는 회색빛의 높은 파도로 그들을 위협했다. 하지만 그들은 오직 돛과 노를 가지고 빙하와 바위로 이루어진 땅에 도착했다.

그곳의 바다는 청록색으로 빛나는 빙산 때문에 위험하기 짝이 없었다. 봄과 여름에는 빙하에서 얼음 덩어리가 떨어져 나와 천둥 같은 소리를 내며 바다로 떨어졌다. 그럴 때면 피오르에는 메아리가 울리고 바다에는 커다란 파도가 일었다. 이 땅을 식민화하고자 희망했던 에이릭은 이곳을 더욱 매력적인 곳으로 여기려는 생각에서 '초록의 섬(그린란드)'이라는 이름을 붙였다.

그로부터 약 1000년 뒤에 뉴잉글랜드의 고래잡이들은 이런 노래를 불렀다.

> 오, 그린란드는 황폐한 곳이지
> 초록이라고는 없는 곳이지
> 그곳에는 얼음과 눈이 있고
> 고래란 놈들이 물을 뿜지만
> 한낮의 빛이라곤 거의 안 보이지

에이릭은 이 황량한 땅을 식민지로 삼은 다음, 다시 새로운 발견을 위해 떠나려 했다. 하지만 그는 발을 다쳐 뒤에 남을 수밖에 없었다. 대신 아들인 레이퓌르, 즉 훗날의 레이프 에이릭손이 항해를 떠나 '돌의 땅'이라는 곳에 도착했는데, 아마도 바위투성이의 황량한 래브라도 해안이었을 것이다. "흙이라고는 수레 하나 분량조차도 찾아볼 수 없었다. 여러 곳에 상륙했는데도 말이다.”그로부터 6세기 뒤에 이 해안을 방문한 자크 카르티에*의 말이다. 레이프 일행은 바로 그곳에서 남쪽으로 가서 '나무의 땅'을 발견했고, 나중에는 '포도나무의 땅'을 발견했다. 그런데 이 두 장소가 정확히 어디인지는 불분명하다. 일단 나무의 땅은 아마도 뉴펀들랜드나 노바스코샤나 메인주일 가능성이 있는데, 세 지역 모두 나무가 우거진 곳이다. 하지만 이들이 야생 포도를 발견했다던 포도나무의 땅이 어디인지는 모호하다. 위의 세 지역에서는 포도가 전혀 발견된 적이 없기 때문이다.

뉴펀들랜드에서는 훗날 바이킹 거주지의 유적이 발견되었다. 그나마 좀 더 기후가 온화했던 이곳에서 바이킹은 원주민과 맞닥뜨렸을 것이다. 그런데 원주민들이 어찌나 폭력적이고 적대적인지 결국 정주하기가 불가능하다고 생각했던 모양이다. 습관적으로 살인을 저질러 고국에서 종종 추방되곤 했던 이들에게서 이런 판단이 나왔다는 것은 놀라운 일이 아닐 수 없다. 이때부터 악명을 떨친 뉴펀들랜드의 베오투크족은 그로부터 500년 뒤에 존 캐벗이 자기 배에서 석궁 화살이 닿을 만한 범위 너머로는 탐험을 하지 못했던 원인이기도 했다. 유럽인을 적대시한 베오투크족의 선견지명은 틀리지 않았다. 캐벗이 다녀간 지 얼마 되지 않아 베오투크족은 포르투갈인에게 정복당해 노예로 전락했으며, 내륙으로 내몰린 뒤에는 프랑스

_____ 1491~1557년. 프랑스의 항해가이자 탐험가. 1534년 뉴펀들랜드에 도달한 이래 여러 차례의 탐사를 통해 프랑스의 캐나다 지배를 위한 기반을 닦았다.

인과 영국인에게 사냥당했고 급기야는 수십 년 만에 절멸했기 때문이다.

그렇다면 바이킹은 초록이라곤 없는 초록의 섬이나 흙이라곤 없는 돌의 땅에서 어떻게 살아남았을까? 어떻게 그들은 거기서 또다시 나무의 땅과 포도나무의 땅까지 갈 수 있는 양식을 조달했을까? 감히 내륙으로 들어가 식량을 마련할 수도 없는 상황에서 어떻게 그들은 다시 돌아올 수 있었을까? 아이슬란드의 사가saga에 기록된 것처럼, 985~1011년 사이에 있었던 다섯 번의 원정 동안에 이 스칸디나비아인들은 과연 무엇을 먹었던 것일까?

바이킹들이 그처럼 멀고도 황량한 바다까지 여행할 수 있었던 까닭은 대구를 보존하는 방법을 배웠기 때문이다. 이 물고기를 추운 공기 속에 매달아 놓으면 무게가 5분의 1로 줄어들면서 나무처럼 딱딱한 판자 형태가 된다. 이를 잘게 부숴서 씹으면 마치 건빵처럼 먹을 수 있다. 에이릭이 살던 시대보다 더 앞선 9세기에 이미 스칸디나비아인은 말린 대구를 가공하는 공장을 아이슬란드와 노르웨이에 세웠으며, 남는 물건은 북유럽에 가져가 무역하기도 했다.

바이킹과 달리 바스크인에게는 소금이란 것이 있었다. 소금에 절인 생선은 말린 생선보다 더 오래갔기 때문에 바스크인은 바이킹보다 더 멀리까지 여행할 수 있었다. 이는 또 다른 이득을 가져왔다. 더 오래가는 제품일수록 무역도 더 쉽기 마련이다. 1000년경 바스크인은 대구 시장을 크게 확장했고 이 시장은 대구의 북부 서식지에서 멀리 떨어진 곳까지 미침으로써 진정 국제적인 규모가 되었다.

중세에는 소금 광산뿐만 아니라 바닷소금을 생산할 수 있을 만큼 강력한 햇볕도 있었다. 따라서 식품을 보존하기 위해 소금을 뿌리는 일은 새로운 발상까지도 아니었다. 고전 시대 이전에도 이집트인과 로마인은 생선을 소금에 절였고, 이를 매매하는 큰 시장도 있었다. 소금에 절인 육지 고기도 인기가 좋았으며 로마 치하의 갈리아 지방은 소금에 절이거나 훈제한 햄의 산지로 유명했다. 바스크인 역시 대구로 관심을 돌리기 전에는 소금에 절인 고래고기를 생산했다. 소금에 절인 고래고기는 콩을 곁들이면 좋은 요리로 알려졌고, 고래에서도 최고로 치는 부위인 혀 역시 종종 소금에 절인 상태로 유통되었다.

20세기에 이르러 냉장고가 나오기 전까지 상한 식품은 만성적인 문제였으며 여러 가지 상품의 무역을 심각하게 제한했다. 생선의 경우는 특히나 그랬다. 과거에는 고래에만 사용했던 소금 절임 기법을 대구에 적용한 바스크 고래잡이들은 이것이야말로 정말로 훌륭한 결합이라는 사실을 발견했다. 대구는 사실상 기름이 전혀 없었기 때문에 소금에 절이고 잘 말리기만 하면 거의 상하는 법이 없었다. 소금에 절인 대구는 붉은색의 고래고기보다 더 오래갔고, 중세 북부 국가에서 소금에 절인 식품으로 인기 있었던 기름진 청어보다 더 오래갔다.

물론 덥고 습한 날씨에 오래 보관하다 보면 소금에 절여서 말린 대구도 변질되기는 한다. 하지만 중세에는 이 정도만 해도 놀라우리만치 오래가는 셈이었다(그 당시에는 이것이야말로 20세기 급속 냉동 처리의 발명에 비견할 만한 기적이었다. 사실 급속 냉동 역시 대구 덕분에 세상에 등장한 기술이다). 대구는 소금에 절인 다른 생선보다도 더 오래갔을

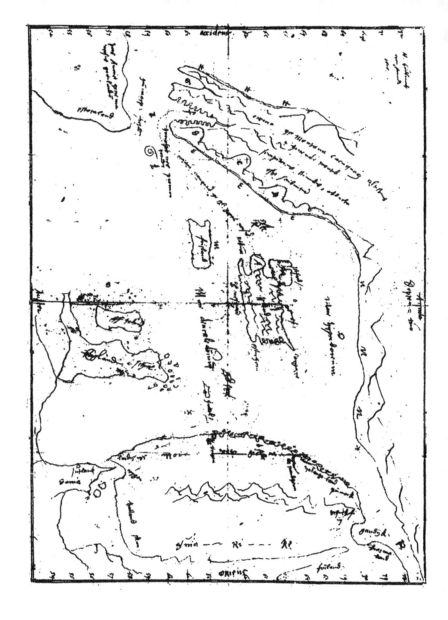

1606년 귀드브란뒤르 토를라욱손Gudbrandur Thorláksson■은 북대서양을 위와 같은 선화(線畵)로 표현했다. 이 지도에서 그린란드는 마치 이빨이 가득한 입을 벌린 사나운 용과 유사한 형태로 묘사되었다. 현대의 지도에 따르면 그린란드의 모습과는 전혀 비슷한 데가 없지만, 그린란드 남부에 있는 피오르의 모습과는 정확히 일치한다. 그곳에는 톱니 모양의 피오르가 높은 산이 있는 곳까지 수 마일에 걸쳐 깊이 파고드는 형태로 되어 있다.

———— 1541~1627년. 아이슬란드의 성직자 겸 저술가. 성서 번역과 수학 연구, 지도 제작 등으로 명성을 얻었다.

뿐만 아니라 맛도 더 좋았다. 말린 대구나 소금에 절인 대구, 또는 소금에 절여서 말린 대구를 다시 물에 불려서 복원하면 잘 부서지는 그 살은 신선한 대구의 부드럽고 새하얀 살보다도 맛이 훨씬 더 좋다. 이는 급속 냉장이 일반화된 오늘날에도 마찬가지다. 당시 신선한 생선을 먹을 기회가 드물었던 가난한 사람들에게 대구는 저렴하고도 품질이 좋은 자양 식품이었다.

가톨릭교회는 바스크인에게 큰 기회를 제공했다. 중세의 교회에서 부과한 금식일에는 성교는 물론이고 동물의 살을 먹는 것도 금지되었다. 하지만 '차가운' 식품을 먹는 것만큼은 허용되었다. 생선은 물에서 나오는 것이기 때문에 차가운 식품으로 간주되었고, 물새와 고래도 마찬가지로 여겨졌다. 하지만 육지 고기는 뜨거운 식품으로 간주되었다. 바스크인은 이미 금식일마다 가톨릭교도에게 고래고기를 팔고 있었다. 금요일은 예수가 십자가에 달린 당일로 여겨졌기 때문에 이날은 모두 금식을 해야 했다. 아울러 사순절(四旬節)* 기간인 40일과 종교력에 표시된 다른 여러 기념일도 금식일이었다. 이를 모두 합치면 육지 고기를 금지하는 날은 한 해의 거의 절반을 차지했다. 이런 금식일은 결국 소금에 절인 대구를 먹는 날이 되고 말았다. 대구는 거의 종교적인 상징이 되다시피 했다. 기독교인의 의무 준수를 위한 전설적인 십자군이 된 셈이다.

_____ 기독교의 절기 가운데 하나로 '재의 수요일'부터 부활절까지 40일(四旬)간 금욕과 회개를 하는 기간이다. 시작과 끝에 해당하는 두 절기의 날짜가 매년 다르기 때문에 사순절 역시 매년 날짜가 다르다.

대구

잉글랜드 노퍽주의 북해 인근 도시 킹스린에 위치한 세인트 니콜라스 예배당에 있는 회중석 옆의 장식. 1415년경 작품으로 추정되며 대구 어업을 묘사하고 있다. 런던 소재 빅토리아 앤드 앨버트 박물관 소장.

바스크인은 매주 금요일마다 점점 더 부유해졌다. 하지만 그 많은 대구는 도대체 어디서 나오는 것일까? 바스크인은 대구의 출처에 관해서 입도 뻥긋하지 않은 채 비밀을 지켰다. 그러나 15세기가 되자 그들도 더 이상 비밀을 지키기가 어려워졌다. 대구가 수익성 높은 상품으로 널리 인식되면서 유럽 전역의 상인들이 앞을 다투어 새로운 대구 어장을 찾아 나선 것이다. 아이슬란드 근해와 북해에는 대구가 있긴 했지만 그 해역에서 수천 년 동안이나 대구를 잡아 온 스칸디나비아인들은 바스크 어민을 본 적이 없었다. 로마 시대부터 근해에서 대구를 잡아 온 영국인들 역시 바스크 어민과 맞닥뜨린 적이 없었으며, 심지어 영국 어민이 아이슬란드 근해로까지 진출한 14세기에도 사정은 마찬가지였다. 이때 바스크인들을 뒤따르려 시도했던 브르타뉴인들이 바다 건너의 땅에 관해 이야기하기 시작했다.

1480년대에 브리스틀의 상인들과 한자 동맹 사이에 갈등이 끓어오르고 있었다. 13세기 뤼벡에서 결성된 한자 동맹은 독일 북부 여러 도시의 상인 계급의 이익을 대변하고 무역을 규제하는 목적을 지니고 있었다. '한자Hansa'는 중세 고지 독일어로 '단체'라는 뜻이다. 이 단체는 점차 여러 도시에 걸쳐 조직되었으며 런던을 포함한 유럽 북부에 널리 퍼졌다. 라인강에서 비스와강에 이르기까지 유럽 중부에서 북부로 흐르는 주요 강의 하구를 모조리 통제함으로써 한자 동맹은 유럽의 무역 상당 부분, 그중에서도 특히 발트해 인근의 무역을 좌우할 수 있었다. 14세기에 이르러 한자 동맹의 지부는 북쪽으로는 아이슬란드, 동쪽으로는 라트비아의 리가, 남쪽으로 우크라이나, 서쪽으로 베네치아에까지 이르렀다.

오랜 세월 동안 한자 동맹은 유럽 북부에서 바람직한 세력으로 간주되었다. 군주의 권력 남용에 대항하고 해적 행위를 중단시켰으며 운하를 준설하고 등대를 만드는 등 다양한 일을 했기 때문이다. 잉글랜드에서는 한자 동맹의 회원들을 '이스털링Easterlings(동쪽에서 온 사람들)'이라고 불렀는데, 실제로 이들이 동쪽에서 왔기 때문이었다. 이들에 대한 좋은 평판은 '스털링sterling(純銀)'이라는 단어에 반영되어 있다. 이 단어는 '가치가 보증되었다'라는 뜻이다.

하지만 한자 동맹은 점차 그 권력을 남용했고 무역 독점을 유지하기 위해 무자비하게 변해갔다. 1381년 잉글랜드에서는 급기야 폭도가 난동을 일으켜 한자 동맹 회원들을 추적했다. 이들은 심지어 '브레드 앤드 치즈bread and cheese(빵과 치즈)'를 영어 억양으로 정확히 읽지 못하는 사람은 외국인으로 간주하고 모조리 죽이기에 이르렀다.

한자 동맹 회원들은 발트해의 청어 무역을 독점했을 뿐 아니라 15세기에는 말린 대구에 대해서도 독점을 시도했다. 그즈음에 말린 대구는 브리스틀의 중요한 생산품이 되어 있었다. 매우 안전하지만 운항은 어려운 것으로 알려진 브리스틀의 항구는 당시 무역 중심지로 크게 확장된 상태였다. 그 이유는 이곳이 아이슬란드와 지중해의 중간에 자리 잡고 있었기 때문이다. 결국 브리스틀은 아이슬란드에서 오는 말린 대구, 에스파냐에서 오는 와인(특히 셰리주)이 거쳐 가는 주요 항구가 되었다. 하지만 1475년에 한자 동맹이 아이슬란드산 대구를 매입하면서 브리스틀 상인들을 배제시켜 버렸다.

브리스틀의 부유한 세관원이었던 토머스 크로프트는 새로운 대구 어장을 찾기 위해 존 제이와 손을 잡았다. 브리스틀의 상인이었던 제이는 당시 모든 브리스틀인에게 있었던 강박관념을 가지고 있었는데, 바로 대서양 어딘가에 '하이브라질Hy-Brasil'이라는 섬이 있다는 믿음이었다.

1480년 제이는 이 섬을 찾기 위해 첫 번째 선박을 파견했다. 그는 이 섬을 발견한다면 새로운 대구 어업 기지로 이용할 수 있으리라 생각했다. 그리고 이듬해 제이와 크로프트는 트리니티호와 조지호라는 두 척의 선박을 더 파견하기 위해 준비했다. 이 모험의 결과에 대한 기록은 아쉽게도 전해지지 않는다. 크로프트와 제이 역시 바스크인과 마찬가지로 침묵을 지켰던 것이다. 이들은 하이브라질의 발견에 대해 아무런 발표도 하지 않았으며, 역사는 이들의 항해를 실패로 간주하고 지워버렸다. 하지만 이들은 실제로 많은 대구를 발견했다. 1490년 한자 동맹이 아이슬란드 무역을 재개장하기 위한 협상을 제안했지만 크로프트와 제이는 더 이상 그쪽에 관심을 보이지 않았을 정도였다.

그렇다면 이들이 잡은 대구는 어디에서 온 것이었을까? 그 대구는 말린 상태로 브리스틀에 도착했는데, 생선을 말리는 작업은 선상에서 할 수가 없다. 게다가 이들의 선박은 브리스틀 해협을 빠져나가 아일랜드에서 더 서쪽으로 항해했는데, 그 당시만 해도 아일랜드의 서쪽에는 생선을 말릴 만한 육지가 없다고 간주되었기 때문에(아울러 제이는 여전히 하이브라질을 발견하지 못했다고 여겨졌기 때문에) 사람들은 크로프트와 제이가 다른 어디선가 대구를 사 오는 모양이라고 넘겨짚었다. 세관원이 외국과 무역을 벌이는 것은 불법이라

크로프트는 결국 기소되었다. 그러나 그는 자기가 잡은 대구가 대서양 멀리에서 가져온 것이라고 주장함으로써 비밀을 드러내지 않은 상태로 무죄방면되었다.

최근에 영국 언론이 기뻐할 만한 일이 있었는데 바로 오래된 편지 하나가 발굴된 것이다. 이 편지는 브리스틀에서 크로프트와 관련된 사건이 벌어진 지 10년 뒤에 크리스토퍼 콜럼버스 앞으로 보내진 것이었다. 당시 콜럼버스는 아메리카의 발견으로 세간의 격찬을 받고 있었다. 브리스틀의 상인들이 보낸 이 편지에는, 그들이 아메리카에 이미 다녀간 적이 있음을 콜럼버스도 잘 알고 있을 것이라는 주장이 들어있었다. 콜럼버스가 이 편지에 답장했는지는 알려지지 않았다. 그로선 굳이 그럴 필요가 없었을 것이다. 어민은 비밀을 지켰던 반면, 탐험가들은 그들이 발견한 사실을 세계에 알렸다. 콜럼버스는 새로운 세계가 에스파냐의 소유라고 주장했다.

그러다 1497년, 그러니까 콜럼버스가 아시아의 향신료 생산지로 가는 서쪽 항로를 찾아 나섰다가 우연히 카리브해에 들어선 해로부터 5년이 지나서야, 이번에는 조반니 카보토$^{Giovanni\ Caboto}$가 브리스틀에서 항해를 시작했다. 그의 목적은 브리스틀의 비밀을 찾아내는 것이 아니라 콜럼버스가 놓쳤던 아시아로의 항로를 찾아내는 것이었다. 제노바인인 카보토는 훗날 영어식 이름인 '존 캐벗$^{John\ Cabot}$'으로 기억되었는데, 이는 그가 잉글랜드 국왕 헨리 7세의 후원으로 항해를 수행했기 때문이다. 당시 유럽에서도 북쪽에 있던 잉글랜드인은 향신료 무역 항로에서 멀리 떨어져 있었다. 그래서 향신료를 구입하려면 예외적으로 높은 가격을 지불해야 했다. 캐벗은 북부의 향신료 무역 항로를 개척하는 사업에 대해서라면 영국 정부와 브리스틀 상인들이 기꺼이 자금을 지원하리라 생각했고 그의 예측은 정확했다.

바다에 나선 지 겨우 35일이 지난 1497년 6월에 캐벗은 육지를 발견했다. 하지만 그곳은 아시아가 아니었다. 방대하고도 바위투성이인 해안은 생선을 소금에 절이고 말리기에 이상적이었으며 인근 바다에는 대구가 한가득했다. 캐벗은 대구에 관해 보고하면서 이것이야말로 새로운 땅의 부를 보여 주는 증거라고 주장했다. 그는 이 '새로 발견한 땅New Found Land', 즉 오늘날의 뉴펀들랜드Newfoundland가 잉글랜드의 소유임을 주장했다.

그로부터 37년 뒤에 자크 카르티에가 뉴펀들랜드에 도착했고 세인트로렌스강의 하구를 '발견'했다는 공적을 인정받았다. 그는 가스페반도에 십자가를 꽂고 이 지역 전부가 프랑스의 소유라고 주장했다. 또한 그는 바스크 어선 1000척이 이미 그곳에 와 있었다고 기록했다. 하지만 바스크인은 그들의 영업 비밀을 계속 유지하고 싶었기에 결코 그곳이 자기네 땅이라고 소유권을 주장하지 않았다.

대구는 천 개의 알을 낳고
암탉은 알뜰히 한 개만 낳지.
대구는 제가 한 일을 알리려
꼬꼬댁거리는 일마저 없다네.
그래서 우리는 대구를 깔보고
겸손한 암탉을 좋게 여긴다지.

대구

결국 뭐든지 선전을 해야지만

수지가 맞을 거란 이야기라네.

— 미국 동요, 작자 미상

중세의
대구 열풍

소금에 절인 대구는 겨자 소스를 곁들여 먹든가, 아니면 신선
한 버터를 녹여서 그 위에 발라 먹는다.

| 기욤 티렐, 일명 '타이유방Taillevent', 《요리책Le Viandier》, 1375년 |

프랑스 샤를 5세의 주방장이었던 타이유방(기욤 티렐)은 두루마리
필사본 형태로 이 저서를 남겼다. 그는 이후 등장한 거의 모든 요리
사들과 마찬가지로 소금에 절인 대구가 입에 껄끄러운 식품이라 기
름기를 넣어 풍부하게 만들 필요가 있다고 보았다. 이에 비해 신선
한 대구는 부드러운 식품이므로 양념으로 활기를 더해야 한다고 여
겼다. 그는 신선한 대구의 조리법과 '장스Jance'의 조리법도 몇 가지
소개하고 있다. 장스는 당시 향신료 열풍을 반영한 소스를 말한다.

프랑스식 조리법: 신선한 대구

노랑촉수와 마찬가지로 손질해서 조리하며 와인을 곁들여 조리한다.
장스를 곁들여 먹는다. 취향에 따라 마늘을 곁들이기도 한다.

장스의 조리법

우유 장스   간 생강과 계란 노른자를 우유에 넣고 끓인다.

마늘 장스   간 후추, 마늘, 아몬드를 신 과즙에 넣고 끓인다. (원하는 경우) 화이트 와인을 넣는다.

생강 장스   간 생강과 아몬드만 쓰고 마늘은 쓰지 않는다. 이 재료를 신 과즙에 집어넣고 끓인다. 어떤 사람들은 화이트 와인을 넣는다. [신 과즙은 원래 수영sorrel(마디풀과의 여러해살이풀로 어린잎과 줄기는 식용하며 뿌리는 약용하기도 한다)의 산성 즙을 가지고 만들었지만 나중에는 설익은 자두의 과즙을 가지고 만들었다.]

잉글랜드식 조리법: 새끼 대구 토막

중세 영어로 작성된 다음의 조리법에서는 우선 새끼 대구를 꼬막 크기의 작은 토막으로 썰어 놓는다.

새끼 대구를 작게 자른다. 신선한 생선 또는 신선한 연어로 우려낸 물에 넣고 가열한다. 팔팔 끓인다. 우유를 넣고 빵 껍질을 넣은 다음 백단, 사프란, 설탕, 후춧가루를 넣는다. 다른 생선(자르고 다진 넙치, 창꼬치, 연어 등)과 함께 식탁에 낸다. 식초와 소금으로 간을 한다.

— 12~15세기 사이의 것으로 추정되는 저자 불명의 필사본 중에서[설탕이 사용되므로 15세기에 무게가 실린다]. 예일대학교 바이네케 도서관 소장

입을 크게 벌린 채로

만일 알들이 부화하는 것을 막는 사고가 전혀 없어서 모든 알이 성체로 자라난다고 가정해 보자. 계산에 따르면 불과 3년이면 바다가 대구로 가득 차게 되어, 우리는 굳이 발을 적시지 않고도 대구의 등을 밟으며 대서양을 건널 수 있을 것이다.

| 알렉상드르 뒤마, 《요리 대사전Grand Dictionnaire de cuisine》, 1873년 |

우리의 주인공인 가두스 모루아(대서양대구)는 착한 녀석까지는 아니다.

이놈들은 생존을 위해 만들어졌다. 다산을 할 뿐 아니라 질병과 추위에 강하고 거의 모든 식량 자원을 섭취할 수 있다. 게다가 얕은 물로 찾아가서 해안에 가까이 살아 그야말로 완벽한 상업용 물고기였다. 바스크인은 운 좋게도 이놈들이 풍부한 어장을 발견했던 것이다. 대구는 잘하면 영원히 살아남을 수 있었으며 아주 오랜 세월 동안 그럴 것이라고 추정되었다. 비교적 최근인 1885년에만 해도 캐나다 농업부에서는 이렇게 말할 정도였다. "자연의 질서가 전복되지 않는 한 앞으로 여러 세기 동안 우리 어업은 계속해서 풍요를 누릴 것이다."

대구는 잡식성이다. 다시 말해 그놈은 뭐든지 먹는다. 입을 벌린 채로 헤엄치면서 입에 들어가는 것은 무엇이든 먹어 치운다. 심지어 어린 대구까지도. 이 사실을 알았던 뉴잉글랜드와 캐나다 연해주의 레저 낚시꾼들은 지그로 대구를 낚았다. 지그란 미끼를 사용하지 않는 낚시 방법을 말하는데, 여기서는 잡고자 하는 물고기가 좋아하는 먹이의 외양이나 움직임을 똑같이 흉내 내는 가짜 미끼(루어)가 사용된다. 대구 낚시에 사용하는 가짜 미끼인 지거^{jigger}는 납덩어리이며 때로는 청어와 유사한 모양으로 만들기도 하지만, 대개는 어린 대구의 모양으로 만든다.

하지만 대구는 어쩌면 아무런 장식도 없는 납덩어리에도 충분히 입을 벌리고 달려들지 모른다. 잉글랜드 낚시꾼들의 말에 따르면 도버 해협에서 누군가가 내버린 스티로폼 컵이 대구의 뱃속에서 발견된 경우도 있었다고 하니까.

대구의 이런 탐욕스러운 성질 때문에 잡기가 쉬운 것은 사실이지만, 레저 낚시꾼에게 이 물고기는 그리 재미있는 상대가 아니다. 대구는 일단 낚시에 걸리고 나면 자유를 얻기 위해 굳이 싸우려 들지 않는다. 그저 낚아 올리기만 하면 그만이다. 다만 크고 무거워서 낚아 올리기가 힘들 뿐이다. 그래서 뉴잉글랜드의 낚시꾼들은 대구보다 차라리 블루피시^{bluefish}를 낚는 쪽을 훨씬 더 선호한다. 블루피시는 적극적인 사냥꾼이자 격렬한 싸움꾼이기도 해서 일단 낚시에 걸렸다 하더라도 낚싯줄을 감아 올리는 과정에서 분투가 벌어진다.

하지만 블루피시 낚시꾼이 집에 가져온 생선은 대구와 달리 검고 기름진 살을 갖고 있는데, 이는 중간 수심에서 근육을 이용해 힘차게 헤엄쳐 다니는 물고기의 특징이기도 하다.

이에 비해 대구는 그 살이 하얗다는 사실 때문에 격찬을 받는다. 그 살은 흰 살 생선 중에서도 가장 하얀 편으로, 이것이야말로 대구 목(目)의 특징이다. 이 살은 워낙 순수하게 하얀색이어서 커다란 덩어리 같은 경우는 접시 위에서 반짝이며 빛을 발할 정도다. 하얀색은 거의 무중력 상태의 바다 밑바닥 환경에서 서식하는 물고기들이 지닌 느리게 움직이는 근육 조직에 나타나는 특성이다. 그런 대구라 하더라도 자기에게 다가오는 트롤망 앞에서는 헤엄쳐 벗어나려 시도하겠지만 그 상태가 불과 10분만 지속되어도 지쳐서 그물 뒷주머니에 몸을 맡기고 만다. 하얀색의 근육은 힘을 쓰기 위한 것이 아니라 재빠르게 동작을 취하기 위한 것이다. 즉, 천천히 헤엄치던 대구가 갑자기 먹이에 달려들 때 속도를 내기 위한 것이다.

대구의 살에는 지방이 사실상 없고(겨우 0.3퍼센트에 불과하다) 단백질이 무려 18퍼센트 이상이어서 물고기 중에서도 유별나게 높은 편이다. 대구를 말리면 그 살의 80퍼센트 이상을 차지하는 물이 증발하여 결국 농축 단백질이 된다. 그래서 말린 대구는 단백질이 거의 80퍼센트에 달한다.

대구는 거의 버릴 게 없다. 머리는 몸보다도 더 맛이 좋으며 흔히 '혀'라고 불리는 목구멍과 양옆에 '볼'이라고 불리는 작은 원반 모양의 살이 특히 그렇다. 부레(등뼈에 붙어 있는 긴 관(管)으로 이곳에 기체를 채우거나 방출함으로써 헤엄치는 깊이를 조절한다)로는 부레풀을 만든다. 이는 산업용 원료로 쓰여 정화제나 일부 접착제에 사용된다. 하지만 대구를 낚는 사람들은 부레를 튀겨서 먹거나 차우더* 또는 스튜에 넣어 끓여 먹는다.

알은 날것 또는 훈제로 먹는다. 뉴펀들랜드의 어민은 암컷의 생식선을 일품으로 치는데, 두 개의 길쭉한 기관이 우리가 입는 바지와 닮았다는 이유로 '바지ᵇʳⁱᵗᶜʰᵉˢ'라고 부른다. 이 바지는 부레와 마찬가지로 튀겨 먹는다. 아이슬란드인은 과거에 대구의 유장(乳漿)에 들어 있는 이리, 즉 정액을 먹곤 했다. 일본인은 지금도 대구의 이리를 먹는다. 위와 창자, 간도 먹을 수 있으며 특히 간유ˡⁱᵛᵉʳ ᵒⁱˡ는 비타민 때문에 높은 가치를 자랑한다.

아이슬란드인은 대구의 위에 대구의 간을 채워 넣은 다음, 물렁물렁해질 때까지 삶아서 마치 소시지처럼 만들어 먹었다. 이 요리는 스코틀랜드 고지대에서도 만들어 먹었지만 '리버(肝)머기ᴸⁱᵛᵉʳ⁻ᴹᵘᵍᵍⁱᵉ' 또는 '크래핑머기ᶜʳᵃᵖᵖⁱⁿ⁻ᴹᵘᵍᵍⁱᵉ'라는 그 지역 특유의 명칭은 음식의 인기에 별다른 도움이 되지 못했다.** 대구의 창자는 지중해 인근에서도 음식으로 만들어 먹었다.

대구의 껍질도 먹거나 가죽으로 가공했다. 아이슬란드인은 대구 껍질을 굽고 버터를 발라서 아이들에게 주었다. 여기까지 쓰고도 아직 남은 내장과 뼈는 훌륭한 거름이 되었다. 물론 20세기까지

농도가 진한 해산물 수프의 일종.

머기(muggie 또는 moggie)는 위(胃)를 가리키는 스코틀랜드 방언이다. 크랩(crap)은 쓰레기나 배설물을 가리키는 속어인데, 아마도 생선의 간과 위로 만든 요리의 색깔을 지칭하는 표현이었을 것으로 추정된다.

만 해도 아이슬란드인은 대구 뼈를 신 우유에 집어넣어 물렁물렁하게 만들어 먹었지만 말이다.

'대구cod'라는 말의 기원은 알 수가 없다. 또한 성행위를 삼가야 하는 날에 신앙심 깊은 가톨릭교도들이 먹는 식품으로 세상에 알려졌음에도 불구하고, 몇몇 언어에서 소금에 절인 대구를 지칭하는 단어가 어째서 성적인 암시를 얻게 되었는지도 불분명하다. 영어를 사용하는 서인도 제도에서는 소금에 절인 대구를 '소금 절임 생선saltfish'이라고 부른다. 여기서 소금 절임 생선은 속어로 여성의 성기를 의미한다. 카리브해의 노래에서 소금 절임 생선, 예를 들면 마이티 스패로•의 노래 〈소금 절임 생선〉과 같이 이 단어가 자주 등장하게 된 까닭은 아마도 이 별도의 의미와 관계가 있을 것이다.

중세 영어에서 코드cod는 자루 또는 부대를 의미했으며 여기서 미루어 음낭을 의미하기도 했다. 16세기에 남자들이 거대하고 장식적인 성기의 모습을 나타내기 위해 사타구니에 착용했던 희한한 주머니를 '코드피스codpiece(샅주머니)'라고 부른 이유도 그래서이다. 새뮤얼 존슨이 1755년에 펴낸 사전에서는 코드를 가리켜 '씨앗이 보관되는 온갖 용기 또는 꼬투리'라고 정의한다. 그렇다면 이 정의가 대구와 모종의 관계가 있을까? 학자 대부분이 의구심을 품고 있지만 이를 제외하면 이 단어의 기원에 대한 다른 설명이 없다. 헨리 데이비드 소로는 이 물고기의 이름이 그 씨앗 꼬투리에서 따온 것이라

───── 1935년생. 본명은 '슬링어 프란시스코'이며 트리니다드 토바고의 칼립소 가수다.

고 추측했는데, 대구의 암컷은 수백만 개에 달하는 많은 알을 낳기 때문이다.

대구와 주머니 사이에는 다른 관계들도 있다. 퀘벡주 가스페 반도의 프랑스인들은 셰익스피어가 태어나기 전부터 대구를 낚아 왔다. 지금도 이곳에서는 대구의 모든 부분을 여전히 활용하고 있어서 그 껍질을 일종의 가죽처럼 가공하여 주머니를 만들기도 한다. 아이슬란드에서도 이와 똑같이 한다. 어쩌면 이 물고기의 이름은 물고기가 걸려드는 그물 뒷주머니에서 따온 것일 수도 있다. 현대식 트롤선에서도 그물의 이 부분은 여전히 '코드 엔드$^{cod\ end}$(끝주머니)'라고 불린다.

영국에서는 19세기부터 코드가 농담 또는 장난을 의미했다. 이는 코드피스의 크기에 비해 실제 그 부분의 크기가 항상 더 작았다는 사실과 관계가 있을지도 모른다. 하지만 덴마크어에서 대구를 가리키는 토르스크^{torsk}는 '바보'라는 구어적 의미를 갖고 있다.

프랑스어에서 대구를 가리키는 모뤼^{morue}는 대서양대구를 가리키는 라틴어 학명 'Gadus morhua'에서 두 번째 단어의 기원이기도 하다. 흥미롭게도 19세기의 어느 때에 이르자 영국에서 코드는 '장난'이란 뜻이 되었고 프랑스에서 모뤼는 '매춘부'를 가리키게 되었다. 하지만 권위 있는 프랑스어 사전들을 뒤져도 이 사실에 관한 설명은 나와 있지 않다. 다만 파리에 있는 레알 시장의 노점상들이 이런 의인화를 (특히 물고기를 이용해서) 시작했을 가능성이 있다. 예를 들어 뚜쟁이는 고등어에 비유되는데 이는 고등어가 기름진 포식자 물고기이기 때문이다.

19세기에 들어서자 소금에 절인 대구는 고삐 풀린 상업주의를 무엇보다도 잘 상징하는 것이 되었다. 즉, 모뤼는 상업에 의해 격하된 뭔가를 의미했다. "그래, 그래. 너한테서 소금기를 없애 주마. 이 대구grande morue야!" 에밀 졸라의 소설 《목로주점》에 나오는 대사다. 루이 페르디낭 셀린*은 언젠가 별들이 "투 모뤼tout morue(너무나 대구 같은)"하다고 쓴 적이 있는데, 이는 별들이 소금에 절인 대구로 만들어졌다는 뜻이 아니라 우주가 값싸지고 뒤틀렸다는 뜻이다.

현대 프랑스어에서 신선한 대구는 '카비요cabillaud'라고 부른다. 이 단어는 네덜란드어의 '카벨라우kabeljauw'에서 온 것이다. 프랑스인은 별로 관심을 두지 않는 신선한 생선을 지칭하는 데는 외국어를 차용한 반면, 그들이 좋아하는 소금에 절인 대구를 지칭하는 프랑스어 '모뤼'는 그대로 간직했다. 모뤼는 카비요보다 더 오래된 말이다. 퀘벡주에서는 19세기 이래로 거의 변하지 않은 프랑스어를 사용해서 카비요라는 단어는 아예 알려지지도 않았다. 그래서 퀘벡인은 신선한 대구나 소금에 절인 대구 모두를 모뤼라고 부른다.

이에 비해 에스파냐인, 이탈리아인, 포르투갈인에게 신선한 대구란 아예 존재하지도 않는 셈이어서 이를 지칭하는 단어도 실제로는 없다. 따라서 굳이 부르려면 '신선한 소금절임대구'라고 하는 수밖에 없다. 소금에 절인 대구를 이탈리아어로는 '바칼라baccalà'라고 하고, 포르투갈어로는 '바칼랴우bacalhau'라고 하는데, 양쪽 모두 에스파냐어 '바칼라오bacalao'에서 비롯되었다. 바로 이 대목에서 이베리아

───── 1894~1961년. 프랑스의 소설가로 반역적이고 풍자적인 소설을 발표했다.

반도에서 흔히 볼 수 있는 논란이 생겨난다. 즉, 바스크인과 카탈루냐인은 이 단어가 자기네 언어에서 비롯되었다고 주장하고, 나머지 에스파냐인들은 이들의 주장에 반대하는 것이다.

카탈루냐의 전설에는 대구가 물고기 중에서도 자부심이 큰 왕이었으며, 항상 허풍을 떨었기 때문에 하느님의 노여움을 샀다고 한다.

급기야 하느님은 대구를 향해 카탈루냐어로 "바 칼라!$^{Va\ callar!}$", 즉 "조용히 좀 하시지!"라고 말했고 여기서 대구의 어원이 생겨났다. 그러나 이 단어의 유래가 무엇이든지 간에 에스파냐에서 '로 케 코르타 엘 바칼라오$^{lo\ que\ corta\ el\ bacalao}$(소금에 절인 대구를 자르는 사람)'는 어떤 일의 책임자를 일컫는 구어(口語)다.

대구는 10개 과(科)에 걸쳐 200개 이상의 종(種)으로 분류된다.

그 대부분은 북반구의 차가운 바닷물 속에 살고 있다. 대구가 지금과 같은 형태로 발달한 것은 지금으로부터 1억 2000만 년 전에 테티스해에서였을 것으로 추정된다. 테티스해는 과거 지구에서 동서 방향으로 펼쳐지며 다른 모든 바다와 연결되었던 열대 바다를 말하는데, 결국에는 북쪽의 바다와도 합쳐져 대구는 북대서양에 사는 물고기가 되었다. 나중에 아시아와 북아메리카를 잇는 육교가 끊어지자 대구는 북태평양으로도 진출하게 되었다.

대구목 물고기는 지느러미에서 진화의 흔적을 살펴볼 수 있다. 커스크대구^{cusk}는 몸 주위에 연속적으로 이어지는 하나의 지느러미를 갖고 있으며 꼬리도 거의 구분되지 않는다. 링대구^{ling}는 뚜렷한 꼬리를 지니고 있으며 작은 두 번째 등지느러미를 갖고 있다. 헤이크대구^{hake}는 앞쪽 등지느러미가 다른 종류보다 더 뚜렷하다. 화이팅대구whiting는 세 개의 등지느러미가 있으며 배 쪽에는 두 개의 뚜렷한 지느러미가 발달해 있다. 가장 발달한 대구목 물고기, 즉 대구, 해덕대구haddock, 폴락대구는 이 세 개의 등지느러미와 두 개의 뒷지느러미가 크고도 뚜렷이 구분되어 있다.

　따뜻한 물에서 유래한 물고기이긴 하지만 열대성 대구는 단 한 종만 남아 있다. 바로 크기가 작은 날개멸bregmaceros인데, 상업적 가치가 전혀 없어 그 습성도 거의 알려져 있지 않다. 또한 남대서양에 서식하는 대구도 한 가지 종이 있고, 민물에 서식하는 대구도 모오케burbot라고 불리는 한 가지 종이 있다. 모오케의 하얀 살은 비록 대서양대구의 품질에 비할 바는 아니지만 알래스카, 오대호, 뉴잉글랜드, 스칸디나비아 등지의 호수 낚시꾼들이 즐겨 먹는다. 노르웨이인은 모오케의 간이 특히 맛있다고 생각한다. 비록 상업적 가치는 없지만 그래도 먹기에는 좋은 대구목의 물고기들도 여럿 있다. 레저 낚시꾼들은 롱아일랜드와 뉴잉글랜드의 해안에서 지그를 이용해 작은 물고기인 톰대구tomcod를 낚는데, 태평양에도 이와 비슷한 종류가 살고 있다.

　하지만 상업적 어민에게 대구목이라고 하면 예나 지금이나 오로지 다섯 가지 종류뿐이다. 바로 대서양대구, 해덕대구, 폴락대구, 화이팅대구, 헤이크대구였다. 그런데 시간이 흐르면서 또 한 가지 종류가 여기에 덧붙여지지 않을 수 없게 되었는데 바로 태평양대구인 '가두스 마크로케팔루스Gadus macrocephalus'였다. 이놈은 대서양대구의 더 작은 버전에 해당하며 그 살도 대서양대구에 비해 아주 약간만 못한 것으로 평가된다.

《자딘 박물학 총서Jardine's Naturalist's Library》▪에 수록된 윌리엄 라이저스의 판화, 1833년.

───── 스코틀랜드의 박물학자인 윌리엄 자딘 경(1800~1874년)이 1833년에서 1843년까지 전 40권으로 간행한 박물지 시리즈.

하지만 이 중에서도 가장 크고 가장 하얀 살을 지닌 것은 바로 대서양대구였다. 물속에서 다섯 개의 지느러미를 펼치고 헤엄치는 이놈의 모습은 양옆에 구불구불한 흰 줄무늬까지 나 있어서 우아하기 그지없다. 이놈의 외관상 특징으로는 갈라지지 않고 정사각형에 가까운 꼬리와 턱에 달린 기묘하고 작은 부속기관을 들 수 있다. 생물학자들은 이 부속기관이 대양저를 감지하는 데 사용된다고 추측한다.

해덕대구는 대서양대구보다 더 작으며 등의 색깔도 갈색과 호박색이 점점이 박혀 있는 대서양대구와 달리 회흑색이다. 이놈은 양옆의 가슴지느러미 위에 검은 점이 하나씩 찍혀 있다. 줄무늬는 흰색이 아니라 검은색이다. 뉴잉글랜드에서는 대서양대구와 해덕대구의 차이에 대해 전통적으로 내려오는 설명이 있다. 그 설명에서 대구는 때때로 '성스러운 대구 the sacred cod'라고 불린다. 이런 이름이 붙은 까닭은 사실 이 물고기가 뉴잉글랜드인에게 워낙 귀한 돈을 벌어 주었기 때문이지만, 뉴잉글랜드의 민간 설화는 다르게 표현하고 있다. 설화에 따르면 '오병이어의 기적' 당시 예수가 군중을 먹이기 위해 곱절로 늘렸던 생선이 바로 대구였다. 이에 사탄도 똑같은 기적을 행하려고 시도했지만 그의 손이 불타는 듯 뜨거웠기 때문에 생선이 몸부림쳐 빠져나갔다. 이때 사탄의 엄지와 검지가 닿은 부분에 검정색 줄무늬가 생겼는데, 이것이 바로 해덕대구의 기원이라는 것이다.

이 이야기는 대구와 해덕대구의 차이를 잘 보여 준다. 두 물고기는 단순히 줄무늬가 다를 뿐만 아니라 각자가 갖는 위상도 다르

대구

다. 영국과 아이슬란드의 어민은 대구 조업 할당량을 다 채우고 나면 비로소 마지못해 하면서 해덕대구를 잡는다. 둘 중에서는 항상 대구 쪽이 더 좋은 값을 받기 때문이다. 하지만 아이슬란드인은 자기네가 먹을 생선으로는 해덕대구를 선호하며 말린 것을 제외하면 대구는 거의 먹지 않는다. 그 이유를 물어보았더니, 레이캬비크에서 활동하는 요리사 울파르 에이스테인손은 이렇게 말했다. "우리는 돈을 먹지는 않거든요."

별들은 '투 모뤼' 하고, 대구는 곧 돈이다. 그에 비하면 해덕대구는 단순히 식품일 뿐이다. 노바스코샤 사람들은 그 이름에 걸맞게 해덕대구를 선호하며* 심지어 피시 앤드 칩스fish-and-chips의 재료로도 사용한다. 이런 음식이라면 뉴펀들랜드에서는 엉터리로 간주되었을 것이고, 잉글랜드 남부에서는 아예 가짜로 여겨졌을 것이다. 하지만 잉글랜드 북부나 스코틀랜드에서는 해덕대구를 선호한다.

대서양대구의 서식 범위에서 멀리 떨어진 장소에서는 헤이크대구가 대체품으로 사용되었다. 북반구와 남반구 모두에서 발견된다는 점에서 예외적인 이 대구목 물고기는 칠레, 아르헨티나, 뉴질랜드, 특히 남아프리카 근해에서 (신선한 상태로나 가공한 상태로나 모두) 인기가 높다. 소금에 절인 대구를 다른 어떤 물고기보다도 더 높이 평가하는 바스크인조차도, 워낙 드물었던 신선한 대구를 먹기보다는 차라리 신선한 헤이크대구를 먹었을 것이다. 헤이크대구는 에스파냐에 가까운 해역에서도 발견되었고 심지어 지중해에서도 발견

_____ 노바스코샤(Nova Scotia)는 라틴어로 '새로운 스코틀랜드'라는 의미이므로, 그 이름의 기원지인 스코틀랜드와 마찬가지로 해덕대구를 좋아한다는 뜻이다.*

되었기 때문에 세월이 흐르면서 '대구'라는 단어는 '가공되었다'는 의미로, '헤이크대구'라는 단어는 '신선하다'는 의미로 사용되었다. 바스크의 요리사 일부는 대구의 혀보다 헤이크대구의 혀를 더 선호한다고 말하는데, 사실 이들의 본심은 가공된 혀보다 신선한 혀를 선호한다는 뜻일 것이다.

가공에 사용되는 물고기라면 물론 대구가 첫손에 꼽힌다. 하지만 다른 대구목 물고기도 가공되기는 마찬가지이고, 지금은 비교적 저렴한 대구 대체품으로 종종 이용된다. 소금에 절인 링대구는 스코틀랜드의 전통 음식이고, 화이팅대구를 바람에 말리는 과정에서 바닷물을 가미해 독특한 맛을 낸 스펠딩spelding은 18세기에 애버딘 북부에서 지역 특산품이 되었다. 이와 동시에 애버딘 남부의 핀던에서는 어민 아낙네들이 해덕대구를 바닷가에서 말린 다음, 토탄과 해초를 태워 만든 불에 훈제했다. 이것이 바로 지금까지도 격찬을 받고 있는 '피넌해디finnanhaddie'■의 기원이다. 이 식품은 워낙 명성을 얻었기 때문에 미국에서는 때때로 가짜 훈제 대구가 피넌해디로 둔갑해서 유통된다. 어쩌면 소금에 절인 해덕대구가 소금에 절인 대구로 둔갑해서 유통되고 있는지도 모르겠다.

때때로 지역적인 선호도가 다르기는 하지만 그래도 세계 시장에서 으뜸가는 물고기는 바로 대구다. 이는 과거 여러 세기 동안 사실이었다. 대구야말로 저렴하고도 오래가는 영양 공급원으로서 원체 수요가 많았다. 이는 나날이 가격이 오르는 진미로 평가되는 지

─────── ■ '피넌의 해덕대구'라는 뜻이다. '피넌(Finnan)'은 그 생산지인 핀던(Findon)의 다른 이름이다.

금도 여전히 사실이다. 비록 그랜드뱅크스가 폐쇄되기는 했지만 전세계적으로 매년 600만 톤 이상의 대구목 물고기가 잡히며 그중 절반은 가두스 모루아, 즉 대서양대구다. 극도로 전통을 고수하려는 어민의 입장에서는 대구를 낚는 것이 위신과도 직결된다. 자부심이 큰 어민이라면 대구를 낚다 말고 더 못한 종으로 간주했던 물고기를 낚는 쪽으로 조업을 전환하라는 제안에 아마도 분개했거나 최소한 서글픔을 느꼈으리라.

대구는 요리로 만들었을 때의 특징뿐만 아니라 극도로 잡기가 쉽다는 특징도 있다. 이놈들은 얕은 물을 좋아해서 수심 1800피트(약 550미터)까지 내려가는 경우는 매우 드물고 대개는 120피트(20길, 약 36미터)나 그 이하의 깊이에서 발견된다. 그리고 산란을 위해 이동할 때는 해안에 가까운 얕은 해역으로 가서 더 따뜻한 산란장을 찾기 때문에 잡기가 더 쉬워진다.

대구는 여러 아종(亞種)으로 나뉘는데, 그 각각은 특정 지역에 적응해서 살아가며 크기와 색깔도 노란색에서 갈색, 녹색, 회색에 이르기까지 각 지역의 상태에 따라 다양하다. 아이슬란드 근해의 물색깔이 검은 해역에서는 갈색 바탕에 노란 반점이 나타나지만, 이놈들을 잡아다가 아이슬란드 근해 베스트만나에이야르 제도의 조명 밝은 수조에 넣어 두면 불과 이틀 만에 색깔이 창백해져서 마치 알비노처럼 보이는 대구가 나타난다. 북부 어족은 뉴펀들랜드와 래브라도 근해의 대구를 말하는데, 물이 더 따뜻한 매사추세츠 근해의 대구에 비해서는 같은 연령이라도 크기는 더 작다. 비록 항상 차가운 물에 사는 물고기이긴 하지만 화씨 34~50도(섭씨 1~10도) 사이의 따뜻한 기온을 선호해서 서식 범위에서도 더 따뜻한 물이 있는 곳에서 더 빨리 자란다. 최근에는 남획으로 사정이 달라졌지만, 역사적으로 매사추세츠 근해의 대구 어족이 전 세계에서 가장 크고 살이 많은 놈들이다.

대구가 만들어 내는 단백질 가운데 하나는 부동액 역할을 해서 물이 얼어붙을 만큼 낮은 기온에서도 살아남을 수 있게 해 준다. 만일 얼어붙은 바닷물에서 어부가 대구를 낚아 올리면(물론 이런 경우는 드물다. 바닷물이 얼어붙을 날씨라면 그놈들은 얼음 밑에 있을 것이기 때문이다) 이 단백질은 기능을 멈추어 곧바로 딱딱하게 얼어붙을 것이다.

대구는 따뜻한 해류와 차가운 해류가 만나는 지점에 모여든 해양 생물을 먹고 산다. 바로 멕시코 만류가 북아메리카 근해의 래브라도 해류를 스쳐 지나가는 곳, 그리고 이 해류가 또다시 영국 제도와 스칸디나비아, 러시아 근해에서 북극권 해류와 만나는 곳이다. 태평양대구는 알래스카 근해에서 발견되는데, 여기는 따뜻한 일본 해류가 북극권 해류와 만난다. 실제로 대구는 이 따뜻한 해류와 차가운 해류의 가장자리를 워낙 꾸준하게 따라다녀, 어떤 과학자들은 어부가 대구를 발견하는 지점을 파악하기만 해도 기후 패턴의 추이를 감시할 수 있다고 믿는다. 대구의 개체군은 원래부터 차가운 북쪽의 물이 더 차가워지면 남쪽으로 움직이고, 더 따뜻한 해에는 북쪽으로 움직인다.

뉴펀들랜드에서 뉴잉글랜드 남부 지역에 이르는 바다에는 '뱅크 bank'라고 불리는 일련의 좁은 영역이 있다. 그중에서도 가장 남쪽에 있는 뱅크는 매사추세츠주 근해의 조지스뱅크인데, 이곳은 메사추세츠주보다도 면적이 더 넓다. 그리고 뉴펀들랜드와 래브라도 근해의 커다란 뱅크 몇 개를 합쳐 그랜드뱅크스라고 부른다. 그랜드뱅크스 중에서도 가장 큰 그랜드뱅크는 뉴펀들랜드보다도 면적이 더 넓다.* 이런 곳들은 북아메리카 대륙붕의 가장자리에 있는 커다란 여울이라고 할 수 있다.

이 지역에는 식물성 플랑크톤이 많은데, 해류가 만나서 생성된 질산염 때문에 그 성장이 원활한 탓이다. 작은 바다 생물인 동물성 플랑크톤은 바로 이 식물성 플랑크톤을 먹고 산다. 그리고 새우와 유사한 모습에 자유 유영을 하는 작은 바다 생물 크릴^{krill}은 바로 이 동물성 플랑크톤을 먹고 산다. 청어와 다른 중간 수심 생물은 크릴을 먹기 위해 바다 표면으로 올라오고, 바닷새는 이런 물고기들과 크릴 모두를 먹기 위해 바다 표면으로 뛰어든다. 혹등고래도 역시나 크릴을 먹는다. 대구는 바로 이런 뱅크라는 특수한 환경 속에서 수백만 년 동안 살아왔다. 북해의 여러 뱅크에서도 대구 어장이 발견되기는 하지만 멕시코 만류의 물이 북극권 그린란드의 해류와 만나는 북아메리카의 여러 뱅크야말로 대구의 밀도가 유럽 그 어디보다도 더 높은 곳이다. 바스크인들의 '비밀'은 바로 이곳이었다.

게다가 어민에게는 여전히 더 좋은 소식이 있었으니, 바로 길이가 40인치(약 1미터) 되는 암컷 대구 한 마리는 한 번 산란할 때마다 300만 개의 알을 낳을 수 있다는 점이다. 그보다 10인치(약 25센티미터)가 더 긴 암컷은 900만 개의 알을 낳을 수 있다. 대구는 보통 20년

────── 그랜드뱅크스(Grand Banks)는 뉴잉글랜드 근해의 여러 군데 뱅크를 말하며, 그랜드뱅크(Grand Bank)는 그중 한 군데 뱅크를 가리킨다.

에서 많게는 30년까지도 살 수 있지만 다산성을 결정하는 요인은 나이가 아니라 크기다. 모든 알이 부화할 경우 인간이 대구의 등을 밟고 대양을 걸어서 건널 수 있으리라는 뒤마의 상상은 그만큼 이 종이 풍부하다는 사실에 관한 19세기적 열광이었다.

하지만 현실에서는 그런 일이 벌어지지 않는다. 자연의 질서에 따르면 대구 한 마리가 그토록 막대한 양의 알을 낳는 까닭은 성숙기에 도달하는 대구의 숫자 자체가 워낙 적기 때문이다. 자유 유영을 하는 알들은 대양의 표면에 흩어지자마자 대부분 파괴되거나 다른 종의 먹이가 되어 자취를 감춘다. 세상에 나온 지 2주가 지나면 소수의 살아남은 알들만 부화되어 곧 게걸스레 먹이를 먹어 댄다. 처음에는 식물성 플랑크톤을 먹고, 머지않아 동물성 플랑크톤을 먹고, 이어 크릴도 먹는다. 물론 이놈들이 다른 물고기나 새나 고래보다 한발 앞서 이런 먹이를 발견하고 다가갈 수 있는 경우에만 그렇다.

태어난 지 3주가 지나면 다른 생물의 먹이가 되거나 굶어 죽어 사라질 운명을 모면한 소수의 대구 유생은 길이 1인치 반으로 자라난다. 이 작고 투명한 물고기, 즉 치어는 이제 위쪽 바다를 떠나 바닥에서 삶을 시작한다. 그곳에서 자갈과 울퉁불퉁한 표면을 찾아낸 다음, 그곳에 숨어 수많은 포식자들을(그중에는 배고픈 성체 대구도 포함된다) 피할 것이다.

생물학자들의 말마따나 치어의 건강한 계층을 만들기 위해서는 막대한 양의 알을 낳는 것이 필수적이다. 암컷 대구 한 마리가 낳는 수백만 개의 알 가운데 치어를 거쳐 성적으로 성숙한 성체가 된 녀석이 두 마리만 있으면 그 개체군은 안정적이다. 첫해가 가장 살

대구

아남기 힘들다. 하지만 이 시기가 지나면 대구의 삶에서는 포식자가 드물고 먹이는 무수히 많다. 대구는 무엇이든지 먹어 치울 수 있어 각 지역의 환경에 맞춰 먹이에도 적응한다. 예를 들어 메인만에서는 연체동물을 먹고 세인트로렌스만에서는 청어와 열빙어와 오징어를 먹는 식이다. 대서양대구는 특히 기생충과 질병에 저항력이 강하며, 그런 면에서는 해덕대구와 화이팅대구를 훨씬 능가한다.

만일 인내하기 위해 태어난 물고기가 있다면 그건 바로 대서양대구일 것이다. 이놈은 지극히 흔한 물고기였다. 하지만 그 포식자 중에 인간이 있었으니, 이 종으로 말하자면 대구보다도 더 탐욕스럽게 입을 벌린 종이었다.

잘 익힌

대구 머리

해나 글래스의 요리법은 영국의 요리 기법, 특히 불에 굽는 기술이 얼마나 많이 사라졌는지를 보여 준다. 글래스보다 한 세기 뒤에 프랑스의 식품저술가인 장 앙텔므 브리야사바랭은 이렇게 썼다. "설령 당신이 타고난 요리사라 하더라도 불에 굽는 방법만큼은 반드시 배워야만 한다."

대구 머리를 불에 굽는 방법

재료를 아주 깨끗하게 씻은 다음, 칼로 칼집을 내고 그 위에 소금을 약간 뿌린다. 불 앞에 놓은 스튜 팬에 재료를 넣고 뒤를 막아서 재료가 불의 열기에 구워지도록 한다. 처음 반 시간 동안 흘러나오는 물은 버린다. 그런 다음 곱게 간 육두구, 정향, 메이스(육두구화), 소금을 재료에 뿌린다. 재료에 밀가루를 뿌리고 버터를 바른다. 한동안 놓아 두었다가 재료를 뒤집어서 반대편에도 마찬가지로 양념을 뿌리고 버터를 바른다. 자주 뒤집어 주면서 버터를 바르고 빵가루를 뿌린다. 대구 머리가 클 경우에는 굽는 데 4~5시간이 걸린다. 녹은 버터에 안초비를 섞은 다음, 생선 간을 삶아 곱게 간 것을 버터와 잘 섞는다. 계란 노른자 두 개를 잘 휘저은 후 버터와 섞고 체에 걸러 소스 팬에 넣는다. 여기에 새우나 식초에 절인 꼬막 몇 개, 레드 와인 두 큰술, 레몬즙을 곁들인다. 대구 머리를 구운 팬에 소스를 붓고 재료를 잘 섞은 다음, 다시 재료를 소스 팬에 붓고 계속 잘 섞어 주면서 끓인다. 요리를 큰 그릇에 담는다. 대구 머리에 생선튀김, 레몬, 양고추냉이로 장식한다. 커다란 양철 오븐이 있다면 더 나을 것이다.

— 해나 글래스, 《요리의 기술: '평이'하고 '쉽게' 서술했으며 여성이 출간한 어떤 책보다도 훨씬 뛰어난 책The Art of Cookery: Made PLAIN and EASY which far exceeds any Thing of the Kind ever yet Published BY A LADY》, 런던, 1747년

글래스는 대구 머리 삶는 법과 오븐에 굽는 법에 관해서도 위와 마찬가지로 정교한 요리법을 소개하고 있다.

※318~322쪽을 참고하라.

대구 열풍

> 대구가 우리를 버리면 우리는 무엇을 잡아야 하는가? 대체 무엇을 베르겐*으로 가져와서 황금과 바꿀 수 있을까?
>
> | 페터 다스, 《노를란의 나팔Trumpet of Nordland》,** 노르웨이, 1735년 |

바스크인의 비밀은 폭로되고 말았다. 런던 주재 밀라노 공사였던 라이몬도 디 손치노는 1497년 12월 18일 밀라노 공작에게 쓴 편지에서 존 캐벗이 그해 8월 6일에 돌아왔음을 알렸다.

> 그곳의 바다에는 물고기가 득실거려서 그물뿐만 아니라 돌멩이가 담긴 바구니를 바닷속에 넣어서도 퍼 올릴 수 있다고 합니다. 이 '미스터 존'의 이야기는 워낙 많이 들었습니다. 다른

--- 노르웨이 서부 연안의 항구 도시.

=== 시인 페터 다스(1647~1707년)가 조국인 노르웨이 북부 노를란 지방의 자연과 인물에 관해 노래한 시들을 모은 작품집.

영국인들도 엄청나게 많은 물고기를 가져올 수 있을 정도여서, 막대한 양의 장대건조생선을 가져오던 아이슬란드가 이제는 필요 없게 되었다고 말했습니다.

이 서술을 근거로 역사가들은 존 캐벗의 부하들이 추를 단 바구니를 물속에 넣는 방식으로 손쉽게 대구를 퍼 올렸다고 결론 내린다. 물론 캐벗이 정말 이런 말을 했다는 증거는 전혀 없으며, 디 손치노가 얻은 정보의 출처가 얼마나 믿을 만한지 여부도 알려지지 않았다. 하지만 이후 몇 가지 설명에 따르면 북아메리카 해안에는 그때까지 유럽 역사에서는 한 번도 기록된 적이 없었던 큰 대구가, 그것도 유례없을 정도의 밀도를 자랑하며 득실거렸던 것이 분명하다.

유럽인이 처음 북아메리카에 도착했을 때 그곳에는 차마 유럽과 비교할 수 없을 정도로 사냥감과 낚시감이 풍부했다. 물고기뿐 아니라 새도 마찬가지여서, 지금은 멸종된 나그네비둘기가 무리 지어 날아가면 하늘이 몇 시간 동안이나 깜깜해질 정도였다. 1649년 뉴암스테르담의 식민지 총독이었던 아드리아엔 반 데르 동크가 쓴 글에 따르면 오늘날 뉴욕 근해에 6피트(약 1.8미터) 길이의 바닷가재가 살았다고 한다.

캐벗의 시대로부터 한 세기가 지난 뒤에도 영국인들은 여전히 메인주 근해에서 5피트(약 1.5미터) 길이의 대구를 낚았으며, 캐나다에서도 "사람만큼 커다란 대구"를 낚았다는 기록이 꾸준히 등장한다. 1838년에는 조지스뱅크에서 무게 180파운드(약 82킬로그램)짜리가 잡혔고 1895년 5월에는 매사추세츠 근해에서 길이 6피트(약 1.8미터)

에 무게 211파운드(약 96킬로그램)짜리 대구가 낚싯줄에 걸려 올라왔다. 캐벗의 대원들은 말 그대로 바구니만 가지고도 대구를 바다에서 퍼 올릴 수 있었을 것이다.

솜씨 있고 숙련된 항해자였던 캐벗은 1497년에 항해를 떠나기불과 2년 전에 아내와 아들을 데리고 브리스틀로 이주했다. 콜럼버스의 성공을 보며 좌절하는 한편으로 그 스스로 영광을 얻고자 했다. 콜럼버스와 캐벗 모두 제노바 출신이었고 태어난 해도 비슷했으며, 두 사람 모두 후원자를 찾아 지중해를 살살이 누비고 다녔다. 어쩌면 두 사람은 서로 아는 사이였을지 모른다. 그리고 캐벗은 콜럼버스의 의기양양한 환영식을 직접 보면서 부러움을 견뎌야 했을지도 모른다. 바르셀로나에 공식 입성한 제노바 동포를 향해 군중이 환호성을 지르던 1493년 4월, 캐벗은 아마 그곳에 있었던 것 같다.

북아메리카 항해를 마치고 잉글랜드로 돌아간 캐벗은 콜럼버스가 에스파냐에서 누렸던 것과 유사한 종류의 환영을 받았다. 잉글랜드에서 캐벗은 센세이션의 주인공이었고, 잠깐이지만 이름을 떨쳤다. 브리스틀과 런던의 거리에서 사람들이 그를 쫓아다녔던 모습은 마치

오늘날의 록 스타를 쫓아다니는 팬들의 모습과 같았다. 하지만 잠시 스쳐 지나갈 뿐인 영광에 도취할 시간은 없었다. 콜럼버스가 머지않아 세 번째 항해를 떠날 예정이었고, 캐벗은 갑작스러운 성공 덕분에 두 번째 항해에 필요한 자금을 쉽게 마련할 수 있었다. 다섯 척의 배가 동원된 이 항해에서 한 척은 금방 돌아왔지만 나머지 네 척과 캐벗의 소식은 영영 돌아오지 않았다. 이는 이후 이어진

유사한 재난 중에서도 최초의 재난이었다.

포르투갈인 역시 북아메리카를 탐험하고 지도를 작성했다. 1502년에 나온 지도는 뉴펀들랜드를 가리켜 '포르투갈 국왕의 땅'이라고 했으며, 지금까지도 상당수의 포르투갈인은 뉴펀들랜드를 포르투갈이 발견했다고 여긴다. 초창기의 뉴펀들랜드 지도 상당수에는 포르투갈어 지명이 나와 있기도 하다. 이런 이름은 여전히 남아 있지만 더는 뚜렷하게 포르투갈어 느낌이 나지 않는다. 예를 들어 세인트존스와 페티하버 사이에 있는 돌출 지형인 카부 드 이스페라Cabo de Espera(희망의 곳)는 현재 케이프 스피어Cape Spear(작살곶)가 되었고 카부 하수Cabo Raso(헐벗은 곳)는 케이프 레이스Cape Race(레이스곶)로 바뀌었다. 그리고 이슬라 도스 바칼랴우Isla dos Baccalhao(소금절임대구섬)는 현재 바칼루 아일랜드Baccalieu Island(소금절임대구섬)가 되었다.

1500년 뉴펀들랜드에 온 가스파르 코르테레알은 이곳을 '초록의 섬Terra Verde'이라고 명명했다. 그의 아버지인 조앙 바스 코르테레알은 아조레스 제도의 독재자였는데, 일부 사람들의 주장에 따르면 콜럼버스보다 먼저 아메리카에 도달했다고 여겨지는 또 한 명의 뱃사람이었다. 1501년 가스파르는 두 번째 여행 중에 베오투크족 57명을 견본품 노예로 본국에 돌려보냈으며 이후 캐벗과 마찬가지로 선박 및 선원과 함께 사라져 버렸다. 이듬해에는 그의 형제인 미구엘도 기함 및 선원과 함께 자취를 감추었다.

이처럼 불운했던 초기의 탐험 기록에도 불구하고 어민은 아랑곳하지 않았다. 뉴펀들랜드의 어업은 마치 골드러시에 못지않은 열광과 함께 시작되었다. 1508년 포르투갈의 항구 도시 도루와 미뉴에서 판매되는 생선의 10퍼센트는 뉴펀들랜드산 소금에 절인 대구였다. 프랑스에서는 브르타뉴인과 노르망디인이 이득을 보았으니, 당시에 주된 시장은 인근의 도시들인 루앙과 파리였기 때문이다. 1510년에 이르자 소금에 절인 대구는 노르망디의 분주한 루앙 시장에서 주산물이 되었다. 16세기 중반에는 유럽에서 소비되는 생선의 60퍼센트가 대구였으며 이 비율은 이후 2세기 동안 꾸준히 유지되었다.

16세기 뉴펀들랜드 대구 무역은 시장을 변화시키고 항구를 건설했다. 프랑스의 대서양 연안에 위치한 라로셸은 강의 하구에 자리 잡고 있지 않아서 오랫동안 2류 항구로 여겨지고 있었다(상품이 강을 통해 운송되던 시절에 이는 치명적인 결점이었다). 그러나 라로셸은 풍파에도 안전한 항구였고, 결연한 의지를 지닌 프로테스탄트 상인 계층이 있었다. 이 프로테스탄트 상인들은 뉴펀들랜드산 대구에서 상업적 기회를 발견했다. 결국 라로셸은 유럽에서도 주된 뉴펀들랜드 어업 항구가 되었다. 캐벗의 첫 항해 때부터 1550년까지 뉴펀들랜드로 향한 128회의 어업 원정 중 절반 이상은 다름 아닌 라로셸에서 출발했다.

이 시절에는 프랑스인이 이 업계를 지배해서, 뉴펀들랜드로 향한 128회의 어업 원정 중 93회는 프랑스인의 원정이었다. 나머지는 영국인, 에스파냐인, 포르투갈인 등의 원정이었다. 바스크인에 관한 숫자는 그들의 운명이 그랬던 것처럼 프랑스와 에스파냐의 통계 속에 파묻혀 버렸다. 하지만 프랑스의 바스크 지방 항구인 바욘과 생장드뤼즈는 이 세기의 전반기 동안 중요하게 여겨졌다.

캐벗은 북아메리카가 잉글랜드의 것이라고 권리 주장을 했지만 영국의 어민은 대구 열풍에 곧바로 가담하지 않았다. 아이슬란드에서도 어획량이 괜찮았기 때문이다. 로마 시대 이전부터 잉글랜드인이 안전한 근해를 떠나 멀리까지 항해했던 이유는 바로 대구였다. 15세기 초에는 돛대가 두세 개 달리고 키가 장착된 범선이 아이슬란드와 페로 제도로 향했다. 이것이야말로 당시로선 최고의 어선이었으며, 아이슬란드인이 이와 같은 선박을 타고 자기네 땅 근해에서 물고기를 낚게 된 것은 무려 20세기에 들어서였다.

하지만 아이슬란드산 대구에 대한 권리를 둘러싸고 잉글랜드인과 한자 동맹 소속 독일인 사이의 갈등은 악화되기만 했다. 1532년에 영국인인 '덩치 좋은' 존^{John 'the Broad'}이 그린다비크에 있는 아이슬란드 어업 기지에서 피살되는 사건이 발생했다. 영국이 관여한 아이슬란드 대구 전쟁은 20세기에 발생했다고 여겨지지만 최초의 충돌은 그린다비크의 살인 사건에서 시작되었다. 그리고 이때 영국의 상대는 당시 식민화되어 유순했던 아이슬란드가 아니라 독자적인 해군을 보유하고 있던 한자 동맹이었다. 그런데 영국은 어쩐지 평소와는 다르게 짧은 전투를 벌인 다음 아이슬란드 어장에서 그냥 철수해 버렸다. 디 손치노가 예견한 것처럼 영국은 더 이상 아이슬란드가 필요하지 않았던 것이다.

뉴펀들랜드에서 어업이 시작되면서 영국의 서부 지방에는 대규모 어업 항구가 생겨나기 시작했다. 항해 속도가 느리던 시절에는 서쪽이라는 입지가 어마어마하게 큰 이득을 주었는데 그럴 경우 항해 거리가 감축되었기 때문이다. 지지리도 가난했기에 원양 어선단

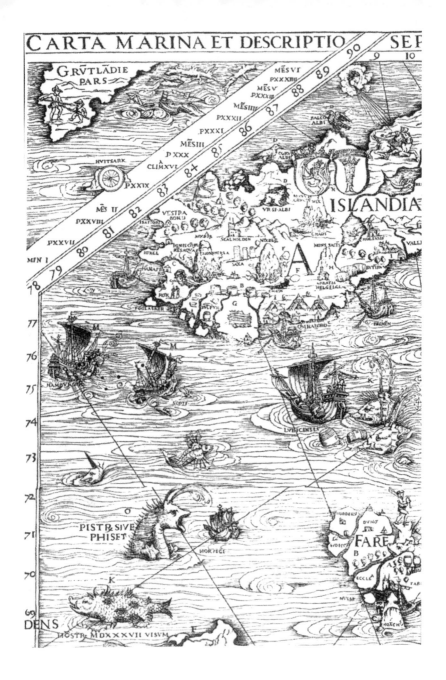

1532년 그린다비크 연안에서 벌어진 대구 전쟁을 그린 그림의 세부. 올라우스 마그누스[■], 〈카르타 마리나(海圖)〉, 1539년. 웁살라 소재 웁살라대학교 도서관 소장.

_____ 1490~1557년. 스웨덴의 성직자이자 저술가.

을 보유할 수 없었던 아일랜드를 제외하면 이런 서쪽의 항구들이야말로(브르타뉴반도의 생말로, 에스파냐 북서쪽 끄트머리에 있는 비고 등) 20세기 중반까지 뉴펀들랜드의 어업에 중요한 장소로 남아 있었다. 이 지역들은 뉴펀들랜드에서 가장 가까운 유럽 땅이었다.

에스파냐의 바스크 도시 빌바오는 대구 무역으로 생겨난 조선업 분야의 폭발적인 발전과 함께 성장한 항구로서 이곳의 철공업은 유럽 배들의 닻과 기타 금속 부품을 제공했다. 역사가 새뮤얼 엘리엇 모리슨에 따르면 1530~1600년 동안은 가라앉은 선박을 대체할 새로운 선박을 주문하는 수요가 역사의 어떤 시기보다도, 심지어 제2차 세계대전 때보다도 더 높았다고 한다. 한마디로, 유럽의 야심은 기술을 앞질렀다. 더 뛰어난 선박과 항해술이 발전되기 전까지 난파와 실종은 이 새로운 모험에서 일상적으로 일어나는 일이었다.

이처럼 급속도로 확장된 상업 세계에서 영국인은 프랑스인, 에스파냐인, 포르투갈인에 비해 한 가지 크나큰 불이익을 감수해야 했다. 바로 영국의 소금 생산량이 풍부하지 않다는 점이었다. 소금이 부족한 까닭에 대부분의 북부 국가는 겨울철 생선을 소금에 절이지 않은 채로 말려서 팔았다. 이를 '장대건조생선stockfish'이라고 하는데, 네덜란드에서 '스톡stok'은 '장대'라는 뜻이다. 장대건조생선은 물고기를 한 쌍씩 서로 꼬리를 묶어 장대 위에 걸쳐서 말린다. 지금도 아이슬란드에서는 매년 겨울마다 화산암 벌판 위에서 여전히 같은 일을 하고 있다.

하지만 잉글랜드인은 자라나는 시장을 위해 연중 계속해서 대구를 생산하고 싶어 했고, 북해나 아이슬란드 모두 여름에 생선을 말

릴 수 있을 정도로 춥지는 않아서 결국 소금에 절이는 방법에 의존
할 수밖에 없었다. 일부 생선은 단순히 소금에 절이기만 하고 말리
지는 않은 상태에서 판매되었는데, 이런 생선은 '파릇하다'고 표현
되었다. 이는 생선의 색깔 때문이 아니라 말린 생선보다 더 자연적
인 상태라고 간주되었기 때문이다. 하지만 한정된 소금을 보존하기
위해 영국인이 고안한 또 다른 생선 제품이 이후 여러 세기 동안 지
중해와 카리브해 시장에서 인기를 끌었다. 바로 소금에 살짝 절이
고 말린 대구였다. 노르웨이인은 이를 가리켜 '테라노바 피스크terranova
fisk(뉴펀들랜드 생선)'라고 부르다가 나중에는 '클립피스크klipfisk(바위 생
선)'라고 불렸는데, 생선을 바위투성이 해안에서 말렸기 때문이다.

파릇한 생선과 소금에 절이고 말린 생선이 시장에 나오자, 곧 소
금에 절이지 않은 생선보다 더 인기를 끌었고 따라서 훨씬 더 높은
가격에 판매되었다. 영국인들은 또다시 새로운 제품들을 만들어 냈
다. 예를 들면 그랜드뱅크스에서 잡아 여름에 가공하고 말린 대구
인 하바딘Habardine 또는 푸어존Poor John이 그것이다. 셰익스피어의 희곡
《폭풍》을 보면 트린쿨로가 해변에서 발견한 칼리반*을 가리켜 이렇
게 말한다. "그놈에게서는 물고기 같은 냄새가 나더군요. 아주 오래
된 물고기 같은 냄새가요. 마치 아주 신선하지는 않은 푸어존 같은
종류의 냄새였어요."

대구는 겨울에 가공한 것이 최상품으로 여겨졌다. 그리고 다른
변종들도 개발되었다. 일부 생선은 직접 소금에 절였고, 일부는 바

_____ 셰익스피어 희곡에 등장하는 프로스페로 공작을 섬기는 반인반수의 노예.

닷물이 담긴 통에 담가 절였다. 이렇게 바닷물에 담가 절인 대구 일부와 파릇한 대구 일부는 나중에 다시 말려서 더 오래 가게 만들었다. 가공된 뉴펀들랜드산 대구 제품들은 선택의 여지가 다양했을 뿐만 아니라 품질도 매우 다양했던 것이 분명하다. 왕립어업회사의 회계관이었던 존 콜린스*는 저서인 《소금과 어업Salt and Fisheries》에서 이렇게 썼다. "그 품질로 말하자면 그중 상당수는 냄새가 고약하다. 생선이나 고기를 제대로 가공하지 않고 먼저 소금에 절여 두지 않으면 원래 상태로 회복될 수가 없다."

왕립어업회사의 회계관이 1682년에 소금에 관한 책을 펴냈던 것은 우연이 아니었다. 그때까지도 영국의 어업은 이미 몇 세기에 걸쳐 소금 문제와 씨름하고 있었다. 콜린스는 잉글랜드 곳곳의 소금기 머금은 민물을 끓이면 바닷물을 증발시킬 때보다 더 많은 소금을 만들어 낼 수 있다고 지적했다. 그는 소금의 상대적인 품질을 논의하면서 더 품질 좋은 영국산 소금을 만드는 한 가지 제조법을 제공했다.

(…) 낸트위치에서 소금물을 끓여 소금을 만드는 방법이 있다. 가로 세로 3피트(약 1미터)에 깊이 6인치(약 15센티미터)인 철제 프라이팬에 물을 넣고 끓이는 것이다. 스태퍼드셔의 석탄을 때워 불을 지핀다. 더 작은 프라이팬으로 할 경우 두 시간이면

―――― 17세기에 활동한 영국의 수학자로 뉴턴, 라이프니츠 등과 교분이 있었으며 말년에 왕립어업회사에 근무하며 어업 및 소금 등에 관한 정책을 제안했다.

다 끓는다.

소금을 맑게 하고 찌꺼기를 위로 떠울 때는 송아지와 암소, 양의 피를 이용한다. 〈철학 회보Philosophical Transaction〉 142호에 따르면 이런 찌꺼기는 소금에 불쾌한 맛을 남긴다고 한다.

앵글로색슨어에서 '위치wich'는 '소금을 보유한 장소'라는 뜻이다. 잉글랜드의 도시 중 '-위치'로 끝나는 이름을 가진 곳은 한때 소금 생산지였다. 하지만 이런 도시조차도 뉴펀들랜드의 대구 어업에 충분할 만큼 소금을 생산하지는 못했다.

콜린스는 프랑스의 소금에 대해 경고하면서 이 수입 소금은 건강에 좋지 않다고 주장했다. 그가 이런 말을 하게 된 데는 단순히 프랑스에 대한 일반적인 증오 외에도 몇 가지 이유가 더 있는 것으로 보인다. 영국에서 프랑스산 밀수품은 오래 역사를 자랑하는데, 그중에서도 소금은 특히 선호된 물품이었다. 프랑스인은 소금세를 (그리고 다른 대부분의 세금도) 거의 강박적으로 회피하려 들었기 때문이다. 그래서 소금세 징수원은 "오, 비가 내려서 다 씻겨 없어졌습니다", "누군가가 훔쳐 간 것이 분명합니다" 같은 핑계를 흔히 듣곤 했다. 이는 영국도 마찬가지여서, 혹시 불법 소금이 있는지 확인하는 단속반이 가정집을 수색하는 일도 있었다.

'가벨gabelle'이라 불리는 프랑스의 소금세는 특히 증오의 대상이었으며, 이는 프랑스 혁명으로 귀결되는 여러 가지 불만의 원인 가운데 하나이기도 했다. 혁명으로 인한 여러 가지 개혁 중에서도 소금세의 철폐는 겨우 15년간 지속되었고 이후 다시 원래대로 돌아와

1945년까지 유지되었다. 이 소금세를 회피하는 한 가지 방법은 소금기 있는 물로 소금을 직접 만드는 것이었는데, 그런 까닭에 잉글랜드로 밀수되는 불법 소금 상당수는 콜린스의 말마따나 건강에 좋지 않았을 것이다.

하지만 프랑스령 '테르뇌브^{Terreneuve}(신세계)'의 상인들은 자기네 선창에 합법적이고 품질도 좋은 프랑스산 소금을 가득 채운 다음, 이를 바닥짐(밸러스트)으로 삼아 뉴펀들랜드까지 항해했다. 목적지에 도착하면 소금이 들어 있었던 선창에 이제는 소금에 절인 대구를 가득 싣고 돌아왔다.

소금은 브르타뉴인에게 대단한 이득을 주었다. 브르타뉴 공국이 프랑스의 일부가 되기로 한 조약에 의거하여 브르타뉴인은 '가벨'에서 면제되었다. 16세기 이후로는 증발의 원리를 이용해 소금을 만들었기 때문에 대개는 남쪽에 있는 국가에서 생산했는데, 마침 브르타뉴 남부는 서유럽에서도 소금 제조가 상업적으로 유리한 곳으로서는 최북단 지역에 해당했다.

이처럼 가까운 곳에 있는 브르타뉴인이라면 영국인이 필요로 하는 소금을 충분히 공급할 수 있었겠지만 프랑스인은 영국인의 적이었다. 당시에 유럽에서 가장 좋은 소금이 생산되는 곳은 포르투갈의 아베이루였다(이곳이 포르투갈 내에서 소금에 절인 대구를 생산하는 중심지가 되어 지금까지도 그렇게 남아 있는 것은 물론 우연이 아니었다). 브리스틀의 상인들은 포르투갈인과 함께 수많은 합작 사업에 나섰다. 영국 정부는 소금을 받는 대가로 포르투갈 선박을 프랑스 선박으로부터 보호해 주었다. 1510년 포르투갈 국왕이 프랑스 국왕에게 보낸 항의 서한에 따르면 지난 10년 동안 프랑스 선박들이 300척의 포르투갈 선박들을 나포한 바 있었다.

서로에게 이득이 되었던 영국과 포르투갈의 협력은 1581년 포르투갈이 에스파냐와 합병되면서 끝나게 되었다. 어떤 해양 국가든지 간에 하필이면 에스파냐와 운명을 같이해야 한다는 것이야말로 좋지 않은 상황일 수밖에 없었다. 1585년 영국 선박들은 에스파냐의 조업 선단을 공격해서 파괴했으며 에스파냐 해군 함대는 잉글랜드를 침공하려는 위험천만한 시도를 하다가 급기야 파괴되는 재난을 맞이하고 말았다. 에스파냐의 선단과 함께 포르투갈의 선단도 궤멸을 면치 못했다. 포르투갈인은 1986년에 캐나다 정부에 의해 추방될 때까지 그랜드뱅크스에서 어업을 계속했지만, 에스파냐와의 짧은 합병으로 영국과의 동맹이 깨진 이후로는 두 번 다시 뉴펀들랜드의 어업에서 지배적인 세력의 지위로 올라서지는 못했다.

잉글랜드와 포르투갈의 동맹이 깨질 무렵, 즉 캐벗의 첫 번째 항해 때부터 불과 한 세기도 지나지 않은 시기에 뉴펀들랜드산 대구는 영국인에게 단순히 상품 이상의 의미를 갖게 되었다. 이것이야말로 전략적 물품이기도 했다. 16세기 후반 영국인이 뉴펀들랜드 어업에서 지배적인 세력이 된 까닭은, 프랑스와 싸우는 영국 해군의 전함에 막대한 양의 말린(그러나 소금에 절이지는 않은) 대구를 제공했기 때문이었다. 대구를 낚아서 해군을 먹여 살리고 나머지는 내다 팔았던 것이다.

하지만 잉글랜드인은 물고기를 낚는 일에는 빨랐어도 정작 유럽 시장을 이해하는 데는 느렸으며, 자기네가 낚은 생선을 지중해 여러 국가에(이들 국가에서는 소금에 절인 생선과 말린 생선 모두에서 품질 좋은 물건을 요구하는 인구가 많았다) 내다 파는 일에도 어려움이 있었다. 덕분에 대구 어장이 한 세기 동안이나 무료나 마찬가지로 개방되고 나서도(즉, 비밀이 세상에 노출되고 나서도) 에스파냐의 바스크인은 지중해 지역에 지배적인 생선 공급업자로 다시 대두할 수 있었다.

영국의 법률은 자국의 무역 시도에 도리어 큰 장애물이 되었다. 뉴펀들랜드산 대구가 전략적 물품이 된 이후로 이 생선과 관련된 상업은 엄격한 규제를 받았으니, 마치 대구가 전쟁 무기라도 된다는 듯한 투였다. 에스파냐인과 포르투갈인 역시 대구를 전략적 물품으로 간주하고 있었는데, 신세계로의 열대 항해가 더 늘어나면서 대구가 선원들을 먹여 살리는 식량이 되었기 때문이다. 하지만 이베리아반도 사람들은 가공한 대구를 소비하는 어마어마한 자국 시장 또한 갖고 있었다. 이에 비해 잉글랜드는 대구 어업 국가 중에서도 가공한 대구를 소비하는 시장으로는 가장 작았다. 생선을 비교적 덜 먹었던 잉글랜드인은 그 나름대로 고도로 발달한 근해 어업을 보유하고 있었다. 하지만 영국 정부는 대구의 해외 무역을 금지했으며 영국 선박이 유럽의 항구에 가서 대구를 직접 판매하는 것조차 금지했다.

영국인은 당시로서는 어마어마한 양의 생선을 하역하고 있었다. 서쪽의 항구들은 점점 더 규모가 커졌다. 새로운 땅이 있는 서쪽으로 뻗은 콘월반도에 자리 잡은 플리머스는 점점 더 중요한 항구가 되었다. 플리머스 한 곳에 주둔하는 뉴펀들랜드 어선만 해도 50척에 달했는데, 이에 관해 1595년 월터 롤리 경은 이렇게 적었다. "만일 이 배들이 실종된다면 이것이야말로 잉글랜드가 받은 가장 큰 타격이 될 것이다."

1597년 이 50척의 선단은 그랜드뱅크스에서 돌아와 콘월 해안 남쪽을 따라 항해하여 플리머스로 들어왔다. 이는 우리 시대에는 알려지지 않은 광경으로서, 200개 정도 되는 돛으로 하늘을 가득 메운 선단이 데번의 초록색 쪽모이 세공 같은 언덕을 배경 삼아 풍파에도 안전한 항구 안으로 들어갔다. 열댓 명의 선원이 여러 달 동안 거주하며 일하는 이 돛대 두 개짜리 선박은 길이가 100피트(약 30미터)에 불과했다. 상인들이라면 더 큰 선창을 보유한 커다란 선박을 선호했을지 모르지만, 선원들은 저 변화무쌍하고 암초투성이 세계를 항해해야 했기에 차라리 작은 선박을 원했다. 네덜란드, 프랑스, 아일랜드에서 온 상인들은 이 작은 항구 도시에 집결하여 플리머스의 선단을 기다렸다. 그래야만 저마다 생선을 구입해서 다시 유럽의 여러 시장으로 배송할 수 있기 때문이었다.

영국인은 좋은 상업적 기회를 계속해서 놓치기만 했다. 1598년에는 뉴펀들랜드에서 온 조업 선단이 사우샘프턴에 들어와서 자기네가 잡은 대구의 대부분을 프랑스 상인들에게 판매했는데, 프랑스 상인들은 이를 또다시 에스파냐에 팔았다. 당시 프랑스에서는 가톨릭교도와 위그노(라로셸에 있는 프로테스탄트) 간에 종교 전쟁이 일어나 프랑스의 조업 선단 숫자가 줄어든 상태였다. 포르투갈, 에스파냐, 프랑스의 조업 선단 모두가 감소하는 상황에서 영국인은 뉴펀들랜드 어업의 상업적 잠재력을 비로소 이해하게 되었다. 16세기 말이 되자 영국의 선박들은 마침내 뉴펀들랜드산 대구를 직접 해외 항구에 가져갈 수 있는 허가를 받아 냈다. 새로이 자유로워진 영국의 무역업자들은 대구의 개방 무역을 주장했으며, 다른 무역도 이 모범을 따르게 되었다.

하지만 나중에 돌아보면 이런 무역의 개막은 오히려 사소한 일처럼 보인다. 이런 무역이 갓 시작된 17세기 초에는 세계 무역에서 이보다 더 중요한 변화가 시작되고 있었기 때문이다. 잉글랜드를 떠난 소수의 비(非)국교도들은 네덜란드에 있던 자기네 거주지에서 어떤 지도를 들여다보다가, 흥미로운 이름이 붙어 있는 갈고리 모양의 좁은 땅 하나를 발견했다. 그곳은 바로 케이프코드였다.

부끄러운
일

장대건조생선

나무 메로 반 시간 또는 그 이상 잘 두들긴 다음, 젖은 채로 사흘간 놓아두었다가 은근한 불에 한 시간쯤 끓이되 재료가 덮일 정도로 충분히 물을 넣어서 부드러워지게 한다. 그런 다음 건져서 버터와 계란과 겨자 섞은 소스를 바른다. 또는 감자(종묘상에 가면 연중 언제나 구할 수 있다)가 아주 물러질 때까지 삶은 다음 껍질을 벗겨 썰어 버터를 두껍게 바르고 생선 위에 올려서 식탁에 내놓는다. 어떤 사람은 감자 대신 설탕당근(파스닙)을 이용한다.

하버딘(하바딘)과 푸어존처럼 더 좋은 재료의 경우, 만일 더 나은 조리법이 없다면 이 조리법이라도 부끄럽지만 응용할 수 있다. 파릇한 생선이나 나무통 대구^{barreled Cod}*의 경우 삶기 전에 물에 씻고 물에 담그라는 말 이외에는 굳이 다른 말을 할 필요가 없으리라 본다.

— 존 콜린스, 《소금과 어업》, 런던, 1682년

※311~317쪽을 참고하라.

_____ 아마도 나무통에 담겨 판매되는 신선한 대구를 말하는 듯하다.

1620년: 바위와 대구

비린내 나는 장소 중에서도 가장 비린내가 진동하는 곳은 바로 트라이포츠^{Try Pots}였는데, 정말 그 이름에 걸맞은 곳이었다. 그곳의 솥에는 항상 차우더가 끓고 있었다. 아침에도 차우더, 점심에도 차우더, 저녁에도 차우더를 먹다 보면 나중에는 생선뼈가 옷을 뚫고 들어오는 것처럼 느껴진다. 이 가게 앞에 있는 땅에는 대합조개가 바닥에 깔려 있다. 허시 부인은 대구 등뼈로 만든 윤기 나는 목걸이를 걸고 있었고, 호시아 허시는 품질 좋고 오래된 상어 가죽으로 장정한 장부를 가지고 있었다. 여기서는 우유에서도 비린 맛이 났는데, 어째서인지는 나도 알 수가 없었다. 그러던 어느 날 우연히 바닷가의 낚싯배 사이를 어슬렁거리다가 호시아의 얼룩빼기암소가 생선 찌꺼기를 먹어 치우는 것을 보았다. 모래밭을 따라가는 그놈의 발마다 잘려나간 대구의 대가리가 박혀 몹시 지저분한 모양새를 한 것을 보고서야, 비로소 어쩌된 영문인지를 이해했다.

| 낸터컷에 관한 허먼 멜빌의 묘사 중, 《모비 딕, 또는 고래Moby Dick, or The Whale》, 1851년 |

유럽인의 입장에서는 16세기에 이르러 자기들이 아는 세상이 두 배로 늘어난 셈이 되었다. 그래서 네덜란드인이 잉글랜드 출신 청교도 망명자들에게 망명 장소로 제공할 선택지도 두 가지나 되었다. 그중 하나는 맨해튼이라는 섬의 끄트머리에 자리 잡은, 작지만 풍파에 안전한 항구였다. 다른 하나는 남아메리카의 어깨 부분에 자리 잡은 기아나였다.

처음에는 둘 중에서도 기아나 쪽이 더 나은 기회를 제공하는 것처럼 보였다. 사실 그보다 50년도 더 전에 후안 마르티네스라는 에스파냐인이 사형 선고를 받고 기아나로 추방된 적이 있었다. 화약 창고가 폭발하는 사건에서 그의 과실이 밝혀지는 바람에, 당국은 부주의에 대한 처벌로 그를 카누에 태워 식량조차도 주지 않고 남아메리카 북동쪽 해안에 버려두고 말았다. 그가 탄 카누를 발견한 토착민들은 난생처음 보는 이 유럽인의 두 눈을 가린 다음 궁전이 있는 위풍당당한 도시로 데려갔다. 마르티네스는 7개월간 그곳에 머물면서 황금을 잔뜩 얻었고 다시 눈을 가린 채 그곳을 떠나왔다. 트리니다드에 도착했을 때 마르티네스가 내놓은 이야기에 따르면 그랬다.

마르티네스가 눈을 가린 채 황금을 가져온 도시는 머지않아 '엘도라도El Dorado'라는 이름으로 유명해졌다. 그는 얼마 후 푸에르토리코에서 죽었는데, 이후 여러 세기 동안 구전되는 이야기에 따르면 그가 가져온 기아나의 황금에 저주가 깃들어 있기 때문이라고 했다. 1600년대 초에는 이 엘도라도라는 전설의 도시를 찾아 나선 원정마다(심지어 위대한 월터 롤리 경의 원정조차도) 항상 재난으로 끝난다

대구

는 사실이 널리 알려져 있었다. 하지만 이미 그때는 신세계로의 항해가 워낙 많이 이루어진 다음이었다.

이처럼 크게 확대된 세계, 또 얼핏 보기에는 텅 비고 알려지지 않은 것 같은 세계를 맞이하여 탐색은 유럽 특유의 열정이 되다시피 했다. 어떤 이는 영양가 높은 가공 대구에 의지해 황금을 찾아 남아메리카로 향했다. 또 어떤 이는 대구를 찾아 북아메리카로 향했다. 하지만 이 지역들로 향한 사람들 대부분이 정말로 찾아 헤맸던 대상은 바로 아시아였다. 16세기에만 해도 뉴펀들랜드는 중국 근해의 섬으로 지도에 그려져 있었다. 유럽인은 거기서 출발해 메인주의 펀디만이 있는 남쪽까지 최대한 내려갔지만 중국으로 가는 길을 발견하지는 못했다. 에스파냐인과 포르투갈인은 플로리다에서 출발해서 남극권에 해당하는 파타고니아의 끄트머리까지 갔지만 거기서도 길을 발견하지는 못했다. 하지만 중국으로 가는 길이 있다는 생각은 이후로도 사라지지 않았다.

리옹의 비단 상인들의 후원을 받아 프랑스 정부는 피렌체 출신의 조반니 다 베라차노에게 중국까지 가는 단거리의 서쪽 항로 탐사를 의뢰했다. 하지만 프랑스의 후원을 받은 이 이탈리아인은 그보다 먼저 에스파냐와 잉글랜드의 후원을 받은 다른 이탈리아인들과 매한가지로 실패하고 말았다.

1524년의 항해에서 베라차노는 북쪽으로 방향을 돌려 오늘날의 노스캐롤라이나에 있는 케이프피어에서 시작되는 끝도 없는 해안선을 따라 올라갔다. 그는 이곳의 토착민이 "재빠르고, 달리기를 잘한다"고 적었고 이것이야말로 중국 사람들의 특징이라며 낙관적인 언급도 남겨 놓았다. 그는 해안을 따라간 끝에 뉴욕 항구와 내려갠 섯만을 발견했으며, 마치 사람의 팔처럼 생긴 갈고리 모양의 땅을 발견하고는 당시 이탈리아의 장군 이름을 따 '팔라비시노Pallavisino'라고 명명했다. 이어서 메인주의 해안을 따라 계속 위로 올라갔는데, 메인주를 가리켜서는 '나쁜 사람들의 땅'이라고 명명하면서 그곳이 "과거 영국인에 의해 발견된 땅"이라고 주장했다.

결국 식량이 모두 떨어지고 "7000리그(약 3만 킬로미터)에 달하는 새로운 해안선"을 발견했음에도 불구하고 여전히 중국으로 가는 길을 발견하지 못하자, 베라차노는 결국 탐사를 포기하고 프랑스로 돌아갔다. 그는 돌아온 후에도 저 밖의 어디엔가는 완벽한 신세계가 아직 남아 있다고 주장했다.

이처럼 이상(理想)은 사실 앞에서도 쉽게 기세가 꺾이지 않는 법이다. 그로부터 78년이 지난 뒤에도 바솔로뮤 고스널드라는 영국의 항해가가 여전히 아시아로 가는 길을 찾고 있었다. 1602년에 고스널드는 노바스코샤 너머로 항해했으며 해안선을 따라 남쪽의 뉴잉글랜드까지 갔다. 그의 목적은 아시아로 가는 길을 찾는 것이었으며, 아시아에 도착하면 사사프라스sassafras를 구입할 생각이었다. 식물에서 채취하는 이 약재는 한때 매독을 치료할 수 있다고 여겨져서 매우 귀중하게 취급되었다.

북아메리카에는 사사프라스가 풍부했다. 아메리카 인디언은 그 잎사귀를 이용해 묽은 수프를 걸쭉하게 만들었다. 이 약재는 사실 매독 치료에 효과가 없었지만 그 뿌리는 훗날 '루트비어root beer'라고 알려진 훌륭한 음료의 재료가 되었다. 고스널드는 결국 중국을 발견하지 못하고 대신 사사프라스를 가지고 잉글랜드로 돌아왔다. "사사프라스의 분말로 우리 중 한 사람이 병이 나았다." 고스널드의 한 부하는 이렇게 말했다. "그는 매우 맛있는 물고기인 돔발상어의 위(胃)를 먹고 나서 크게 탈이 났었다."

아시아로 가는 길을 가로막고 있는 이 장애물이 얼마나 큰지를 유럽인은 여전히 이해하지 못했다. 그런데 얼핏 보기에는 성공을 거두지 못했던 고스널드의 1602년 항해는 의외로 역사책에 잠깐씩 등장한다. 그가 팔라비시노를 '케이프코드(대구 곶)'라고 다시 명명했기 때문이다. 그런 이름을 붙인 이유는 그가 탄 배의 주변에 이 물고기가 항상 "들끓었던" 데 있었다.

3월과 4월과 5월 동안은 이 해안이 고기잡이에는 더 낫고, 그 양도 뉴펀들랜드만큼이나 어마어마하게 많다. (…) 게다가 이 장소는 깊이가 불과 일곱 길이고 해안과의 거리는 1리그(약 5킬로미터)도 채 되지 않는다. 반면 뉴펀들랜드에서는 깊이가 40~50길은 되고 해안에서도 멀리 나와야 한다.

유럽인의 관점에서 보면 '발견의 시대'에 고스널드는 뉴잉글랜드를 '발견'한 셈이었다. 그렇다. 이곳은 그 이전에도 발견된 적이 있었지만 최초의 발견으로부터 무려 75년 이상이 흐른 뒤에는 어느 누구도 팔라비시노에 관심을 갖지 않았던 것이다. 고스널드가 명명한 '케이프코드'는 남아메리카의 어느 곳에 붙여진 엘도라도라는 이름과 마찬가지로 이 새로운 영토를 세상에 소개한 셈이 되었다.

1603년 브리스틀의 상인들은 고스널드의 이야기를 실제로 확인했고, 이곳에 풍부한 대구 어족이 있을 뿐만 아니라 (오늘날의 메인주에) 생선을 말리기에 최적인 바위투성이 해안도 있다는 사실을 알아냈다. 조지 웨이머스라는 상인은 메인주의 해안을 직접 보고 나서 이렇게 보고했다. "거대하고 풍부한 대구 떼가 있다. 일부는 길이가 5피트(약 1.5미터)에 둘레가 3피트(약 1미터)나 된다." 그가 사사프라스의 존재도 확인했다는 사실은 아마 잊혀진 듯하다.

이 새로운 지역에는 '노스버지니아'라는 이름이 붙었다. 1607년 이곳(오늘날의 메인주 브런즈윅 인근)에 정착지를 만들려는 시도가 있었는데, 그 결과 뉴잉글랜드 최초의 항해용 선박이 제작되었다. 이 배는 원래 식민지 개척자들이 겨울을 한 번 나자마자 잉글랜드로 다시 도망치기 위해 만든 것이었다. 노스버지니아는 "과도하게 추운" 곳이어서 사람이 살 수 없다는 것이 이들의 설명이었다.

고스널드의 지도는 사라져 버렸지만, 영국의 존 스미스 대위는 그 지도를 직접 보았거나 최소한 고스널드의 항해에서 일부 세부적인 사항을 알고 있었던 것으로 보인다. '나그네들(필그림)'*이 갈 곳을 결정했을 즈음 스미스는 이미 유명한 인물이었다. 버지니아 남부에 식민지를 건립해서 유명하기도 했지만 1614년에 무척이나 추운 노스버지니아로 항해를 떠나 결국 대구로 부를 쌓았기 때문에 더욱 명성을 떨쳤다. 원래 스미스는 고래와 황금과 구리를 발견해

_____ 플리머스 식민지에 처음 정착한 청교도들을 '나그네들(Pilgrims)'이라고 일컫는다. 이는 신약성서의 히브리서 11장 13절에서 기독교인을 가리켜 "땅에서는 외국인과 나그네"에 해당한다고 말한 구절에서 가져온 명칭이다.

부를 쌓을 수 있으리라 기대했다. 하지만 정작 이런 것들은 전혀 발견하지 못했다. 롤리 경이 황금을 발견하지 못하고 고스널드가 중국을 발견하지 못한 것처럼 말이다. 대신 스미스는 선원들을 시켜 배의 선창에 소금에 절인 대구를 잔뜩 실었다.

그는 낚시 자체를 대놓고 싫어해서, 부하들이 그 일을 하는 사이에 몇몇 선원을 데리고 작은 보트에 올라타 해안을 탐사하러 다녀왔다. 그렇게 체사피크만의 후미를 무려 3000마일(약 4828킬로미터)에 걸쳐 탐사한 적도 있었다. 그는 페놉스코트만에서부터 메인에 이르는 해안선을 지도에 그렸으며, 직접 조사한 25개의 "탁월하게 훌륭한 항구들"을 포함시킨 지도를 만들었다. 하지만 어떤 이유에선지 글로스터의 항구는 거기에 포함되지 않았다.

스미스는 오늘날 글로스터가 자리 잡은 곳을 지도에 그렸으며 터키에서 군인으로 근무하던 시절에 좋은 추억을 제공했던 터키인 여성의 이름을 따서 지명을 붙였다. 하지만 그가 이 지도를 가지고 잉글랜드로 돌아왔을 때는 찰스 왕자**가 이미 그 곳에 자기 어머니의 이름을 붙인 후였다. 그 후로 이곳은 '케이프앤Cape Ann(앤곶)'이 되어버렸다. 스미스는 터키 시절의 추억에서 가져온 이름을 다른 몇몇 지역에도 붙였는데, 아쉽게도 그런 이름들은 오늘날 하나도 남아 있지 않다. 물론 그가 노스버지니아에 새로 붙인 이름인 '뉴잉글랜드'는 그보다 좀 더 오래 지속되었지만 말이다.

===== 훗날의 찰스 1세(재위 1625~1649년)를 말한다. 아버지는 제임스 1세였고 어머니는 덴마크의 공주 안나(앤)였다.

스미스는 가져온 생선 중에서 파릇한 대구 7000마리를 잉글랜드에서 팔았고, 장대건조 대구 4만 마리를 에스파냐의 말라가에서 팔았다(그때는 잉글랜드가 유럽과의 무역을 개시한 다음이었다). 매사추세츠 총독 윌리엄 브래드퍼드의 연대기에 따르면 '나그네들'은 스미스가 실제보다도 더 많은 생선, 무려 6만 마리의 대구를 팔았다는 와전된 소식을 듣게 되었다. 물론 청교도 가운데 어느 누구도 언급하지 않았던 또 한 가지 사실은, 스미스가 토착민 27명을 배로 끌어들여 선창에 감금했다가 에스파냐에서 노예로 팔아넘겨 추가 이익을 얻었다는 것이다.

1616년 스미스는 향후 식민지 정착민들의 관심을 끌고자 자기가 만든 지도와 뉴잉글랜드에 관한 설명서를 간행했다. 이 유명한 탐험가의 지도를 자세히 살펴본 '나그네들'은 케이프코드가 있는 노스버지니아에 토지를 할양해 달라고 잉글랜드에 요청하기로 작정했다. 브래드퍼드의 기록에 따르면 "그들 중 다수는 플리머스로 가고자 했는데, 바로 그 지역에서 발견되는 생선으로 이득을 얻고자 했기 때문이다." 영국 법원에서 그들에게 토지를 할양하면 무슨 수익 활동에 종사할 것이냐고 묻자, 그들은 어업이라고 대답했다.

이 시대에 있었던 아메리카의 믿기 힘든 성공담 중에서도 가장 믿기 힘든 것은 바로 '나그네들'의 성공담이다. 이들은 애초에 자기네 종교를 믿기 위해, 그리고 신세계에서 어업에 종사하기 위해 닻을 올렸다. 하지만 그들이 다름 아닌 겨울의 시작에 맞춰 그곳에 도착했다는 것이야말로 정작 이들이 생존에 관해서는 얼마나 아는 바가 없었는지를 보여 주는 첫 번째 증거였다. 그래도 이들은 농업이 아니라 어업을 위해 뉴잉글랜드로 간 것이었으며, (아마도 이것까지는 미리 염두에 두지 않았겠지만) 운 좋게도 뉴잉글랜드에서는 뉴펀들랜드와 달리 겨울에 근해 어업이 가능했다. 그렇다면 '나그네들'은 도대체 무엇 때문에 역사상 가장 풍부한 어장에서 쫄쫄 굶어야 했던 것일까?

아마도 이 종교적 열성분자들은 정작 어업 용구를 많이 가져와야 한다는 데까지는 생각이 미치지 못했던 것 같다. 어쩌면 어업 용구를 사용하는 방법조차도 몰랐을 가능성이 없지 않다. 그들은 어업에 관해 아무것도 몰랐던 것이다. 1616년에 뉴잉글랜드에서 어업에 종사한 잉글랜드 선박은 겨우 네댓 척에 불과했다. 플리머스에 상륙한 이듬해인 1621년 '나그네들'은 거의 굶고 있었던 반면, 영국 선박 10척은 뉴잉글랜드 해역에서 대구를 낚아 수익을 올리고 있었다. 이듬해에는 37척의 선박이 어업에 나섰다. 1624년이 되자 50척의 영국 어선이 근해에서 물고기를 낚고 있었다.

'나그네들'이 겪어야 했던 또 다른 문제는 정착민들이 계속해서 찾아오고 있다는 것이었다. 두 번째 해에는 35명이 도착했고, 1622년에는 67명이 도착했다. 이들 모두는 종교적 열성으로 똘똘 뭉쳐 있었다. 하지만 이들은 낚시하는 법도 모르고 사냥하는 법도 몰랐다. 농사짓는 일에도 서투르기 짝이 없었다. 실제로 이들이 많은 농작물을 수확한 것은 대구 낚는 법을 배우고 생선 찌꺼기를 거름으로 밭에 뿌리는 법을 터득한 뒤의 일이었다. 초기 몇 년 동안 이들이 보유했던 가장 뛰어난 식량 채집 기술은 아마도 인근의 토착민들이 감춰 놓은 막대한 양의 식량을 찾아내는 능력이었던 것처럼 보인다.

문제를 더욱 악화시킨 요인 하나는 이들이 전형적인 잉글랜드인이었던 까닭에 뭔가 친숙하지 않은 식품은 아예 먹으려 들지 않았다는 것이다. 당시에 뉴잉글랜드의 토착민은 매사추세츠 부족 국가 산하의 놈케그Naumkeag 부족이었다. 놈케그는 '낚시 장소'라는 뜻으로 이 부족이 그 장소를 가리킬 때 쓰는 말이었다. 놈케그족은 식물의 섬유를 가지고 낚싯줄과 그물을 만들었으며 짐승의 뼈로 낚싯바늘을 만들었다. 이들은 해안에 접근하는 대구와 다른 물고기를 낚는 것은 물론 강에서 6피트(약 1.8미터) 길이의 철갑상어를 작살로 잡았고 뱀장어도 잡았다. 그리고 바닷가에서 수확하는 대합조개에는 반색했는데, 크고 껍질이 단단한 대합조개의 껍질을 여는 방법을 '나그네들'에게 알려 주기도 했다. 놈케그족은 그보다 더 작고 껍질도 얇은 종류의 대합조개를 특히 좋아했다. 오늘날 뉴잉글랜드 사람들은 이를 '스티머스steamers'라고 부른다.

"오, 이런." 아마도 '나그네들'은 겁에 질린 얼굴로 이렇게 말했을 것이다. 그들은 이런 식품을 먹지 않았다. 풍부하기 짝이 없는 홍합조차도 먹지 않았으며 1980년대까지도 뉴잉글랜드 사람들은 줄곧 이 식품을 외면했다. 이곳에는 바닷가재도 무척이나 풍부해서, 말 그대로 바다에서 기어 나온 녀석들이 바닷가에 잔뜩 쌓여 있을 정도였다. 하지만 '나그네들'은 이 커다랗고 덜그럭거리고 몸에 반점이 새겨진 바다괴물을 먹지 않았다(지금까지도 미국에 사는 대부분이 그렇다). 그러다 자포자기의 심정으로 결국 바닷가재를 먹기에 이르렀다. 1622년 브래드퍼드는 정착민의 상황이 워낙 나쁘다면서 다음

대구

과 같이 부끄러움을 담아 보고했다. "그들이 친구에게 대접할 수 있는 유일한 음식이라곤 바닷가재뿐이다."

그렇다면 개방적인 마음가짐으로 유명하진 않았던 이 사람들은 도대체 무엇을 먹고 싶어 했던 것일까? 놈케그족은 이들을 '킨숀kinshon'이라는 별명으로 불렀는데, 이는 '물고기'라는 뜻이다. '나그네들'은 물고기를 낚는 기술은 갖지 못했지만 적어도 분명한 목표는 있었다. 1623년 이들은 글로스터에 어업 기지를 만들었다가 실패했다.

그리고 2년 뒤에 다시 시도했을 때는 약간 더 성공을 거두었다. 이들은 장비와 조언을 얻기 위해 잉글랜드로 돌아갔고 '상인 모험가들'이라 불리는 잉글랜드인들로부터 도움을 얻었다. 그러면서 점차 어엿한 어민이 되어갔다.

세일럼, 도체스터, 마블헤드, 페놉스코트만에도 어업 기지가 생겨났다. 썰물 웅덩이에 들어 있는 바닷물을 이용하면 어업에 필요한 소금을 만들 수 있었다. 이들은 주로 에스파냐의 바스크 항구인 빌바오와 무역을 했으며 머지않아 그 대가로 에스파냐산 소금을 선창에 싣고 돌아왔다. 또한 이들은 서인도 제도의 설탕 생산 식민지들과도 무역을 시작했다. 비교적 이른 시기인 1638년에도 토르투가섬*에서 소금을 싣고 돌아온 선박이 있었다. 뉴잉글랜드인들은 무역을 통해 소금 문제를 해결했는데, 사실 이것이야말로 영국인이 외교를 통해 결코 해결하지 못했던 문제였다.

───── 베네수엘라 북부 연안에 있는 작은 섬으로, 16세기 중반부터 네덜란드인이 이곳에 찾아와 바닷물을 증발시켜 소금을 생산했다.

매사추세츠주 마블헤드에서 생선 건조용 덕에 대구를 널어 말리는 광경. 〈스키너스 헤드의 정경 View of Skinner's Head〉의 세부 장면. 〈글리슨 화보Gleason's Pictorial〉■제6권, 1854년. 매사추세츠주 세일럼 소재 피바디 에식스 박물관 소장.

───── 미국의 출판업자 프레더릭 글리슨(1817~1896년)이 1851년에 창간한 주간 잡지.

세일럼에서는 청교도 목사인 프랜시스 히겐슨이 1629년에 다음과 같이 썼다. "바닷고기의 풍부함은 거의 믿기가 힘들 정도다." 그 세기말에 이르러 세일럼은 여기서 벌어진 집단 히스테리 덕분에 더 오랫동안 명성을 유지했지만 원래 이곳은 대구 어업으로 유명한 곳이었다. 1692년 이곳에는 악명 높은 고등 형사 재판소가 설립되었는데, 수백 명의 무고한 여성을 마녀 행위 용의자로 지목해 무려 19명을 교수형에 처했던 이 재판소의 인장(印章)에도 대구가 새겨져 있다.

존 스미스가 낚은 4만 7000마리의 물고기가 6만 마리의 물고기로 터무니없이 과장되어 전해진 때부터 불과 한 세대도 지나지 않은 1640년, 매사추세츠의 베이 식민지에서는 무려 30만 마리의 대구를 전 세계 시장에 내다 팔고 있었다.

이 시기가 되자 북쪽으로는 캐나다의 동부 지방들, 남쪽으로는 미국의 뉴잉글랜드 여러 주를 지배하는 뚜렷한 어업 전통이 수립되었다. 뉴펀들랜드, 그랜드뱅크스, 세인트로렌스만 등은 모두 여름에 어업이 이루어졌다. 매년 4월이면 생선을 실은 배들이 유럽에서 출발했는데, 이 시기에는 편동풍이 잘 불었기 때문이다. 대서양을 횡단하는 선박은 선미(船尾)에 바람을 정통으로 받기를 바랐다. 그래야만 그 바람을 받고 달리면서도 동일한 위도를 유지할 수 있었다. 이 방법을 '편동항행(偏東航行)'과 '편서항행(偏西航行)'이라고 부른다. 콜럼버스, 캐벗을 포함해 여러 사람이 이 방법으로 항해했다. 경도의 경우 18세기까지도 이를 측정하는 신뢰할 만한 방법은 전혀 없었다. 이는 바하마제도에서 뉴펀들랜드에 이르는 여러 지역의 육지에 상륙한 수많은 사람이 아시아에 가까이 왔다고 착각한 이유를 설명해 준다. 반면 위도는 16세기에 사용된 몇 가지 천문 항법 가운데 하나인, 북극성이나 태양과의 상대적 위치를 측정하는 방법으로 알아낼 수 있었다.

브리스틀에서 출발한 선박은 편서항행으로 래브라도 해안까지 갔다가 거기서 다시 뉴펀들랜드로 내려갔다. 브르타뉴인은 그랜드 뱅크와 세인트존스까지 곧장 갔다. 라로셸을 떠난 선박은 우선 이 항구를 풍파에도 안전하게 보호하는 두 개의 섬 아래로 내려간 다음, 그 위도를 그대로 유지하며 항해하면 결국 케이프브레턴섬에 도달할 수 있었다. 이 섬에는 라로셸의 선박들이 쉽게 발견할 수 있도록 프랑스의 어업기지 루이부르*가 설립되어 있었다.

매년 봄마다 유럽인들은 북쪽의 여러 뱅크에 와서 물고기를 낚았으며 잡은 물고기를 말리기 위해 최적의 바닷가 공간을 차지하려고 북적였는데, 이런 곳을 가리켜 '생선 건조장'이라고 불렀다. 여기서의 전통은 '먼저 온 사람 우선'이었다. 물고기는 가문비나무 가지에 얹어 말렸다. 키가 작은 북부의 소나무 숲은 천천히 자라났기 때문에 이 섬은 매년 봄마다 새로운 건조장이 생겨나면서 산림의 벌채가 심해졌다. 유럽인들은 여름 내내 물고기를 낚은 다음, 얼음이 단단해지기 전에 좋은 가을 편서풍을 받으며 유럽 시장으로 돌아갔다. 배들이 떠나고 난 자리에는 관리인이 한 명 남아서 겨우내 그곳에서 건조장을 지켰다. 이 관리인은 지금까지 생겨난 직업 중에서도 가장 외로운 직업 가운데 하나가 분명하다. 뉴펀들랜드야말로

———— 현재는 '루이스버그'라고 영어식으로 읽는다.

　　　　　　　　　　　　　　　　　　대구

정착민이 매력을 느낄 만한 땅이 전혀 아니었기 때문이다.

이 섬에 관한 매우 설득력 있는 사실 한 가지는 주도(州都)인 세인트존스가 자리한 육지의 돌출부가 (케이프스피어의 다른 한쪽에 있는 페티하버와 마찬가지로) 캐나다와 북아메리카의 나머지 지역에서는 가장 멀리 떨어진 곳인 동시에 유럽에서는 가장 가까운 곳이라는 점이다. 뉴펀들랜드의 경제는 유럽인이 찾아와서 몇 달 동안 물고기를 낚고 이를 유럽으로 가져가는 일에 전적으로 의존하고 있었다.

뉴잉글랜드의 겨울은 이보다 좀 더 따뜻했다. 항구에는 얼음이 얼지 않았고 식물의 성장 계절도 더 길었으며 땅도 경작에 알맞았다.

초창기에는 이보다 더 중요한 사실이 있었으니, 바로 겨울의 산란 시기에 대구가 다른 곳에 비해 해안으로 더 가까이 다가온다는 점이었다.

대구는 물의 온도가 화씨 40~45도(섭씨 4~7도)쯤 되는 곳에서 산란하는 것이 이상적이다. 실험에 따르면 화씨 47도(섭씨 8도)의 물에서는 알이 10~11일 사이에 부화한다. 화씨 38~39도(섭씨 3도)의 물에서는 알이 20~23일 사이에 부화한다. 화씨 47도의 물을 찾는 습성 때문에 대구는 한겨울에 뉴잉글랜드 남부에서, 봄이 가까워질 무렵에는 메인주 근해에서, 그리고 여름에는 뉴펀들랜드에서 산란한다.

북대서양에서는 농업과 어업이 전통적으로 결합되어 있었다. 뉴펀들랜드와 마찬가지로 경작이 가능한 땅이 거의 없고 식물의 성장 기간이 매우 짧은 아이슬란드에서는 사람들이 어업과 농업 또는 최소한 어업과 목축업을 결합시킬 수 있었다. 농부가 할 일이 거의 없는 어두운 겨울이면 아이슬란드의 해안으로 대구가 몰려왔기 때문이다. 하지만 20세기가 시작된 지 한참이 지났을 무렵에도 아이슬란드인 가운데 자신을 어민으로 여기는 사람은 극소수였다. 대부분은 농업을 자신의 주업으로 간주했다. 반면 뉴펀들랜드에서는 여름에 대구가 몰려들다 보니, 어민이 짧은 계절 동안 나쁜 땅에서 농장을 운영하고 있다고 해도 농사짓는 계절과 고기 잡는 계절이 겹칠 수밖에 없었다.

하지만 대서양대구의 남방 한계 어장인 뉴잉글랜드에서는 겨울마다 해안에서 고기를 잡고 여름이면 근해에서 고기를 잡을 수 있었다. 게다가 이곳에는 농사짓기 좋은 땅도 있었다. 뉴펀들랜드가 여름철에만 운영되는 생선 건조장이 있는 변경으로 남아 있는 사이, 매사추세츠에는 주민들이 모여들었다. 머지않아 이들이 필요로 하던 통 제조업자, 대장장이, 제과업자, 선박 제조업자 등도 모여들었고 이런 직업에 종사하던 사람들이 저마다 가족을 데려오면서 어촌이 건설되었다. 정착민들은 어업뿐 아니라 농업도 겸했으며, 번창하는 해안 시장에 내다 팔 상품을 생산할 기름진 땅을 찾아 매사추세츠 서쪽으로 더 멀리 나아갔다.

버지니아 북쪽에 있는 아메리카의 공동체 중에서 가장 번창했던 뉴잉글랜드는 무역에 최적인 완벽한 위치에 자리하고 있었다. 이곳에는 유럽과 유럽의 식민지들이 원하던 상품인 대구가 있었으며, 이 대구 덕분에 유럽산 상품을 열망하며 상당한 소비력을 보유한 인구가 생겨나게 되었다. 그로 인해 생겨난 도시가 바로 훗날의 보스턴이다.

대구

뉴펀들랜드와 노바스코샤의 경제는 뉴잉글랜드의 경제와 발맞춰 성장하기는커녕 오히려 그로 인해 고갈되어 버렸다. 인구와 내수 시장이 없어 결국 보스턴의 어업 기지 노릇을 할 수밖에 없었던 것이다.

4월부터 9월 사이에 뉴펀들랜드의 어획량은 그곳에 모여든 어선이 실을 수 있는 것보다도 더 많았다. 잉글랜드에서 온 무역선(이런 배를 '색선$^{sack\ ship}$'이라고 불렀는데 이는 뱅 섹$^{vin\ sec}$, 즉 프랑스산 드라이 화이트 와인이 주된 화물이었기 때문이다)은 대구를 싣고 에스파냐로 갔다가, 거기서 와인과 다른 남유럽 제품들을 싣고 잉글랜드로 돌아왔다. 이런 배들은 무역용 상품을 잉글랜드로 싣고 가기는 했지만 노바스코샤나 뉴펀들랜드로 상품을 싣고 오지는 않았다.

보스턴이 삼각 무역을 통해 성장하면서부터 색선들은 뉴펀들랜드와 보스턴 사이에서 무역을 시작했다. 뉴펀들랜드산 대구를 보스턴에서 판매하고 그 대가로 옥수수와 소 같은 매사추세츠의 농업 생산품을 실어 뉴펀들랜드로 돌아오는 것이었다. 1992년의 조업 금지 조치 이전까지만 해도, 뉴펀들랜드의 어민 상당수는 자기가 잡은 대구를 보스턴에 판매했다. 따라서 뉴잉글랜드가 성장함에 따라 북부의 어업 식민지들은 여전히 규모도 작고 인구도 희박한 바깥의 변경으로 남아 있었다. 이런 식민지들에서의 삶이 너무나 힘들다는 사실이 확인되자 정착민의 상당수는 뉴잉글랜드에 있는 번성하는 자매 식민지로 이주했다.

그사이 뉴잉글랜드 사람들은 상업 전문가가 되었다. 이들은 독립적이고도 부유했으며 독점을 싫어했다. 서인도 제도의 설탕 생산업자들이 보호 시장에 의존하여 부유해졌던 것과 달리, 뉴잉글랜드인은 자유무역 자본주의에 의존하여 부유해졌다. 이들의 신조는 '개인에 대한 존중'이었으며 상업은 뉴잉글랜드의 종교가 되다시피 했다. 심지어 어민조차도 개인 사업가들이었고 봉급을 받고 일하는 것이 아니라 (지금도 세계 대부분에서 그렇게 하는 것처럼) 어획량에 따라 배당을 받았다. 18세기 경제학자인 애덤 스미스는 자본주의에 관한 초창기 저서인 《국부론》에서 뉴잉글랜드의 어업을 격찬했다. 스미스가 보기에는 어업이야말로 개인에게 무제한적인 상업 환경이 주어질 경우 경제가 어떻게 번영할 수 있는지를 보여 주는 흥미진진한 사례였다.

영국 정부는 이런 자유를 부여할 의도가 전혀 없었으며, 식민지는 더 이상 종주국을 필요로 하지 않게 되었다. 이것이야말로 제국의 한가운데 있는 위험한 선례였다.

대구

차우더와
대니얼 웹스터

대니얼 웹스터[*]는 언젠가 미국 상원에서 차우더의 미덕에 관해 긴 연설을 했을 정도로, 이 주제에 관해 권위자로 여겨진다.

파티용 차우더

10파운드(약 4.5킬로그램)짜리 대구 한 마리를 잘 씻고 껍질은 그대로 둔다. 1파운드 반(약 0.7킬로그램) 두께의 조각들로 썰고 머리는 통째로 보존한다. 깨끗하고 기름기 많은 소금 절임 돼지고기 1파운드 반을 얇은 조각으로 썬다. 감자 12개도 똑같이 한다. 갖고 있는 솥 중에서 가장 큰 것을 꺼낸다. 먼저 돼지고기를 볶은 다음, 고기 조각들을 도로 꺼내서 고기 국물만 남긴다. 여기에 물을 세 배 넣고 생선 조각들을 솥 바닥이 뒤덮일 정도로 깐다. 그다음에는 감자를 한 층 깔고 소금을 두 큰술, 후추를 한 큰술 뿌린다. 다시 돼지고기를 한 층 깔고 생선을 한 층 깐 다음 남은 감자들을 넣는다.

1782~1852년. 미국의 정치가 겸 법조인.

솥에 물을 더 부어서 재료가 모두 잠기게 한다. 불을 활활 지핀다. 차우더를 25분간 끓인다. 그렇게 하고 나면 끓는 우유 한 쿼트(약 1리터)를 준비하고, 단단한 크래커 10개를 쪼개 차가운 물에 담가 놓는다. 우유와 크래커를 넣는다. 모든 재료를 5분간 끓인다. 이 레시피를 따르면 최상급의 차우더가 준비될 것이다. 양파를 좋아하는 사람이라면 하나쯤 넣어도 좋다.

이 차우더는 대규모 낚시 파티에 잘 어울린다.

— 대니얼 웹스터,《뉴잉글랜드 양키 요리책The New England Yankee Cookbook》, 이모진 울콧 편저, 1939년

대니얼 웹스터가 만들었다고 전해지는 차우더 조리법은 여러 가지가 있다. S. P. 라이먼 장군이 그를 회고한 글에도 웹스터가 설명한 조리법 한 가지가 인용되어 있다. "상쾌한 운동을 즐기며 긴 오전 시간을 보낸 다음, 이런 요리가 뜨거운 김을 내뿜으며 자네 앞에 놓이면 자네는 더 이상 신들이 부럽지 않을 걸세."

※333∼339쪽을 참고하라.

어떤 불가분의 권리·

청컨대 귀하, 세상에 그 무엇을 이에 비할 수 있겠습니까? 다른 부분은 일단 젖혀 두고 뉴잉글랜드 사람들이 최근 그들의 어업에서 보이는 태도를 좀 보시기 바랍니다. 우리는 이들을 따라 무너져 내리는 얼음산 사이로 들어가서 이들이 허드슨만과 데이비스 해협의 가장 깊은 후미까지 관통해 들어가는 모습을 지켜봅니다. 우리는 이들을 찾아 북극권 너머로까지 가서 이들이 북극의 추위를 뚫고 반대 지역으로까지 들어갔다는 이야기를 듣습니다. (…) 그 어떤 바다도 이들의 어업 때문에 괴로움을 받지 않은 적이 없었고, 그 어떤 기후도 이들의 노고를 목격하지 않은 적이 없었습니다. 네덜란드의 인내심도, 프랑스의 활기도, 잉글랜드의 사업에서 발휘되는 교묘하고 확고한 총명함도, 이들처럼 가장 위험천만한 유형의 기운찬 근면함을 밀어붙인 적은 한 번도 없었습니다.

| 에드먼드 버크, 영국 하원에서의 발언, 1775년 3월 |

———— 원문은 'Certain Inalienable Rights'이며, 미국 독립 선언서의 한 구절이다.

18세기에 이르러 대구는 한때 굶주리는 정착민이 사는 머나먼 식민지였던 뉴잉글랜드를 국제적인 상업 세력으로 격상시켰다. 또한 대구는 매사추세츠에서 단순한 일용품이 아닌 숭배의 대상으로 승격했다. 17세기 대구 어업 덕분에 가문의 부를 쌓아 올린 사람들은 '대구 귀족'이라 불렸는데, 이런 가문에 속한 사람들은 이 물고기를 부의 상징으로 여겨 공공연하게 숭배했다. 플리머스 토지회사의 인장과 1776년의 뉴햄프셔주 인장은 물론, 심지어 18세기의 〈세일럼 가제트Salem Gazette〉 신문에도 그 공식 문장에 대구가 나타난 경우가 적지 않았다(이 문장에는 인디언 두 명이 방패를 들고 있는 그림 위에 대구 한 마리가 그려져 있다). 1776~1778년에 발행된 최초의 미국 주화 상당수에도 대구가 새겨져 있으며, 1755년 매사추세츠 베이 식민지에서 발행한 2페니짜리 납세필지에도 대구의 모습과 함께 '매사추세츠의 주산물'이라는 구절이 새겨져 있다.

최초의 대구 귀족들은 부를 과시하기 위해 저택을 지으면서 곳곳을 대구로 장식했다. 선주인 벤저민 피크먼 대령은 1743년 세일럼에 저택을 지으면서 계단을 하나 만들었는데, 디딤판마다 양옆에 도금한 나무 대구가 한 마리씩 놓여 있었다. 보스턴 시청 역시 도금한 대구 한 마리를 천장에서 아래로 늘어뜨려 놓았지만 1747년에 일어난 화재로 건물과 대구 모두 잿더미가 되고 말았다.

미국 독립 혁명 이후에는 보스턴의 스테이트 스트리트 앞쪽에 있는 정부 건물인 구(舊) 의사당에도 나무로 조각한 대구가 하나 매달리게 되었다. 이는 존 로의 요청에 의한 것으로, 그는 보스턴의 상당수 혁명가들과 마찬가지로 원래는 상인이었다. 1798년에 매사추

대구

세츠의 입법부가 이전하게 되면서 의사당의 대구 조각상도 함께 옮겨졌다. 1895년에 입법부가 재이전하게 되자, 이번에는 문지기 보조가 격식을 갖추어 대구 조각상을 아래로 내리고 미국 국기로 감싸 들것에 올려놓았다. 그런 다음 세 명의 대표단이 들것을 나르고 수위들이 호위를 맡아 행진했다. 행렬이 새로운 의사당 내부에 들어서자, 의원들은 자리에서 일어나 열화와 같은 박수갈채를 보냈다.

이 모두는 뉴잉글랜드인이 매우 어리석은 짓도 충분히 할 수 있음을 보여 주는 증거라고 할 수 있다.

입법부가 세 번째 이전할 당시에 들것을 날랐던 세 명의 대표단은 그 조각상의 역사에 관해 연구하라는 의뢰를 받고 보고서를 제출했다. 이들은 대구 무역이라는 주제에 대해(즉, 뉴잉글랜드에서 생산한 소금에 절인 대구를 팔아 유럽에서는 소금과 과일과 와인을 구매하고 서인도 제도에서는 당밀과 향신료와 커피를 구매하는 일과 관련해) 방대한 설명을 보고서에 적었다. 하지만 뉴잉글랜드의 상업에 관한 많은 설명이 그랬던 것처럼, 이 보고서 역시 이 모든 무역에서 필요 불가결했던 한 가지 상품에 관해서는 아무 언급이 없었다. 그것은 바로 '인간'이었다.

노동 집약적인 농공업이었던 설탕 생산을 위한 17세기의 전략은 노예제를 통해 인력 비용을 계속해서 낮추는 것이었다. 추수 시기의 설탕 플랜테이션은 노예들이 매일 16시간씩, 또는 그 이상씩 일하는 공장과 다름없었다. 이들은 사탕수수를 땅에서 최대한 가까운 줄기에 칼을 대어 베고, 들판을 태우고, 사탕수수를 제분기에 집어넣고 분쇄하고 끓이는 등의 일을 했다. 이들이 열대의 태양 아래에서 계속 일을 하려면 소금과 단백질을 반드시 섭취해야 했다. 하지만 플랜테이션 소유주들은 가뜩이나 사탕수수를 재배할 땅도 모자란 판에, 카리브해의 작은 섬까지 끌려온 수십만 명의 아프리카인에게 그들이 먹을 식량을 생산하도록 순순히 땅을 내줄 생각이 없었다.

이런 이유로 카리브해에서는 식량이 거의 생산되지 않았다. 대신 최초의 노예들은 잉글랜드에서 가져온 소금에 절인 쇠고기를 먹었다. 그 덕분에 뉴잉글랜드의 여러 식민지는 저렴하고도 소금이 들어 있는 영양 공급원인 소금에 절인 대구를 카리브해에 판매할 수 있는 기회를 얻었다.

소금에 절인 대구를 판매하는 상인들에게 이 새로운 무역이 지닌 대단한 이점은 바로 카리브해가 저가 제품 시장이라는 것이었다. 가공한 대구는 매우 수요가 많은 제품이었다. 때로는 잘못 쪼개진 생선이라든지, 말리는 도중에 날씨가 좋지 않았던 생선이라든지, 소금이 너무 많이 들어가거나 너무 적게 들어간 생선이라든지, 잘못 다루어진 생선 같은 불량품도 나왔다. 이런 갖가지 요인들 때문에 변질된 생선은 가뜩이나 까다로운 지중해 시장에서는 전혀 받아들이지 않는 물건이었다. 하지만 서인도 제도는 이런 불량품들을 기꺼이 받아들이는 시장을, 그것도 점점 더 커지는 시장을 제공했다. 급기야 '서인도 제도급'이라는 표현은 소금에 절인 대구 가운데에서도 가장 저급한 상품을 가리키는 상업 용어로 사용되기에 이르렀다.

무역에서 거의 틀리는 법이 없는 자연법칙이 있다면, 제품에 굶주린 저가 제품 시장은 가장 품질이 나쁜 물건들을 쏟아버리는 쓰

대구

레기 하치장이 된다는 것이다. 처음에는 이런 시장이야말로 자칫 손실로 처리될 수 있었던 아까운 불량품을 판매할 기회를 제공한다. 하지만 생산자는 판매가 쉽다는 이유 하나만으로 이 빠르고 값싸고 수익이 남는 제품 쪽으로 점점 더 관심을 돌리게 된다. 이후 뉴잉글랜드와 노바스코샤의 생산품 가운데 '서인도 제도급' 수준의 가공품은 꾸준히 비율이 늘어났으며, (비록 이보다는 양이 적었지만) 뉴 펀들랜드에서도 생산되었다. 특히 노바스코샤에서는 소금에 절이고 말린 대구 중에서도 유난히 작고 품질이 나쁜 제품을 전문적으로 생산해서 서인도 제도에 판매했다.

뉴잉글랜드인이 카리브해에서 맨 처음 가져온 제품은 토르투가 섬에서 생산된 소금이었다. 하지만 머지않아 소금뿐만 아니라 인디고, 면화, 담배, 설탕 등을 함께 가져오는 선박이 생겨났다. '나그네 들'이 처음 상륙한 지 겨우 25년 만에 뉴잉글랜드인들은 삼각 무역을 하고 있었다. 품질이 가장 좋은 생선은 항상 에스파냐에 가져가서 판매했다. 와인과 과일과 철과 석탄을 생산하던 빌바오는 보스턴의 주된 무역 상대가 되었다. 뉴잉글랜드인들은 거기서 다시 서인도 제도로 항해하여 그곳에 에스파냐의 제품 일부와 싸구려 대구를 판매하고, 설탕과 당밀과 담배와 면화와 소금을 구입했다. 그런다음 지중해와 카리브해의 제품들을 싣고 보스턴으로 돌아왔다. 그야말로 들르는 곳마다 돈을 벌어들인 셈이었다.

곧 이들은 그다음 단계의 상업적 결과로 신속하게 옮겨갔다. 1645년 뉴잉글랜드의 한 선박이 카나리아 제도로 출발했다. 이 선박은 카보베르데 제도에서 아프리카인 노예를 사서 바베이도스 제

도에 팔았으며, 와인과 설탕과 소금과 담배를 구입해서 보스턴으로
돌아왔다. 소금에 절인 대구도 같은 경로로 판매되었고, 머지않아
소금에 절인 대구와 노예와 당밀은 상업적으로 서로 연관을 맺게
되었다.

최근에 국립공원 관리청의 관리들이 17세기의 상업 항구 세일
럼에 관한 박물관을 설립하려고 준비하는 과정에서 당시의 선적 문
서를 자세히 확인하게 된 일이 있었다. 이들은 이 과정에서 혹시나
불미스러운 사실이 밝혀져 예기치 않은 공격과 맞닥뜨릴까봐 각오
를 단단히 했지만, 그 어느 세일럼의 선박에서도 노예와 관련된 기
록이 발견되지 않자 무척이나 안도했다. 하지만 이런 사실을 가지
고 지나치게 위안을 삼아서는 안 된다. 당시 노예무역은 워낙 은밀
하게 이루어졌기 때문이다. 나아가 그런 기록을 찾아내려는 시도는
한 가지 중요한 핵심을 놓치고 말았다. 노예를 운반하는 데 가담한
선박이 실제로 몇 척이나 되는지, 그리고 아프리카인을 사고파는
데 가담한 뉴잉글랜드의 상인이 실제로 몇 명이나 되는지와는 무관
하게 뉴잉글랜드에서 대구를 매매했던 상인들은 모두 노예제와 깊
이 연관되어 있었다. 이들은 플랜테이션 체제에 식량을 공급했을
뿐만 아니라 나아가 아프리카인 노예의 무역을 촉진시켰다. 당시
서아프리카에서는 가공한 대구로 노예를 살 수 있었는데, 지금까지
도 서아프리카에는 소금에 절인 대구와 장대건조생선을 매매하는
시장이 남아 있다.

프랑스의 정치가 알렉시스 드 토크빌은 1835년에 펴낸 반성적
저서 《미국의 민주주의De la démocratie en Amérique》에서 뉴잉글랜드인의

대구

성격에 내재된 모순을 파헤쳤다. 그는 이렇게 말했다. "이런 자유의 원칙이 뉴잉글랜드보다 더 철저하게 적용되는 곳은 없다." 하지만 그는 곧 자신이 "미국의 거대한 사회적 수수께끼"라고 명명한 것에 대해 설명하기 시작한다. 자유를 사랑하는 뉴잉글랜드인이 상당한 정도의 억압과 사회적 불의를 받아들이고 있다는 것이다. 그의 설명에 따르면 코네티컷의 법률에서는 신성모독과 간음을 중죄로 간주하며 보스턴 사회에서는 장발을 단속하는 운동을 벌이기도 했다.

토크빌이 고찰한 도덕적 모순의 또 한 가지 사례는 바로 노예무역이었다. 뉴잉글랜드 사회는 개인의 자유를 누구보다도 더 열렬히 옹호했으며 심지어 공개적으로 노예제를 비난하기도 했다. 그런 한편으로 뉴잉글랜드 사회는 노예 상태에 놓인 사람들이 하루 16시간씩 일해서 만든 값싼 식품을 카리브해의 농장주들에게 통째로 제공함으로써 점점 더 풍요해졌다. 18세기의 처음 10년 동안 경기가 좋았을 때 보스턴을 떠나 서인도 제도로 간 선박은 무려 300척이 넘었다.

더 빠른 낚싯배인 스쿠너선schooner이 개발되면서 이 신속한 가공품의 생산 역량도 늘어나게 되었다. 1713년에 글로스터의 이스턴 포인트에서는 앤드류 로빈슨이 만든 최초의 스쿠너선이 건조되어 진수되었다. 이보다 먼저 유럽에서도 이와 같은 유형의 삭구를 가지고 실험한 적은 있었지만, 이 글로스터의 스쿠너선이야말로 항해와 어업에 혁신을 가져온 주역이었다. 이 배는 작고 매끈하고 돛대가 두 개 달렸으며, 종범식 삭구가 달렸고 중간 돛을 크게 만들 수 있었다. 스쿠너라는 이름은 18세기 뉴잉글랜드에서 사용되던 '스쿤

scoon'이라는 단어에서 유래했는데, 이는 원래 '물 위를 가볍게 지나간다'는 의미였다. 바람이 좋고 바다가 잔잔할 때 돛을 모두 올리고 약간만 기울이면 이 배는 마치 물 위를 가볍게 지나가는 것처럼 보였고, 이는 항해의 역사에서도 가장 우아한 광경 가운데 하나였다. 하지만 이 배를 타고 그랜드뱅크스에 나가면 그 돛대 높이보다 더 크게 치솟는 파도를 타고 오르락내리락해야 할 때가 종종 있었다. 아무튼 스쿠너선은 조지스뱅크와 해안의 생선 건조용 덕 사이를 오가는 시간을 줄여 결국 '서인도 제도급' 가공품의 생산을 더 늘리는 데 한몫했다.

뉴잉글랜드의 최고 고객 일부는 바로 생도밍그(아이티), 마르티니크, 과들루프 같은 프랑스 식민지들과 수리남(네덜란드령 기아나) 같은 네덜란드 식민지였다. 이런 식민지에는 거대한 플랜테이션 경제가 있었으며 프랑스의 식민지는 극도로 수익성이 높았다. 1680년대 이후로 프랑스인은 매년 평균 1000명의 아프리카인을 사들여 마르티니크로 데려갔다. 18세기에 생도밍그에는 매년 8000명을 데려갔다. 이들의 상당수는 일만 하다가 결국 죽음을 맞이한 다른 노예를 대체했다. 가격이 저렴한 소금에 절인 대구를 주식으로 삼은 아프리카 출신 노예들의 인구는 급속히 증가했다.

하지만 프랑스의 어업은 이렇게 늘어난 수요를 만족시킬 역량이 부족했다. 카리브해 시장에 진입할 때 한 가지 필수 조건은 열대 기후에서도 변질되지 않도록 소금 절임 생선을 최대한 단단하게 말려야 한다는 것이었다. 프랑스인들에게는 생선을 말릴 만한 해안 공간이 없었다. 뉴펀들랜드에서도 가뜩이나 부족했던 프랑스 소유 공간은 18세기 내내 점점 더 줄어들어 거의 없어지다시피 했다. 영국 인은 그랜드뱅크스와 가까운 동부 해안과 돌출부에 자기네 기지를 만들어 두고 있었다. 프랑스인은 남부 해안의 플라센티아만에서 고 기를 낚았는데, 여기에는 얼음이 얼지 않는 좋은 항구들이 여럿 있 었고 대구 낚시의 미끼가 되는 청어도 서식했으며 누벨프랑스*의 가스페반도도 가까이에 있었다.

그러다 영국과의 분쟁이 있고 나서 1713년에 프랑스인은 이 지 역을 떠나기로 합의했다. 대신 뉴펀들랜드 북부 해안에 대한 접근 을 허락받았고 그 후 이곳은 '프랑스인의 해안French Shore'이라고 알려 지게 되었다. 이 지역은 다른 프랑스의 영토에 인접해 있지도 않았 으며 그렇다고 좋은 어장에서 가까운 것도 아니어서 생선을 말리기 에 편리한 장소를 제공하지는 못했다. 그러다가 또 한 번의 전쟁을 치르고 나자 이곳에서 프랑스인의 입지는 이전보다 더 나빠지고 말 았다.

이른바 '7년 전쟁(미국에서는 '프렌치 인디언 전쟁'이라고 알려져 있다)' 은 최초의 전 세계적 충돌이었다. 1750년대 말에 프랑스와 영국은 서로 싸우는 처지였는데, 그 전장은 단순히 유럽뿐만이 아니라 인 도, 카리브해, 북아메리카 등 각지에 걸쳐 있었다. 1759년 9월 13일 누벨 프랑스는 불과 20분 만에 함락당하고 말았다. 영국의 장군 제 임스 울프가 퀘벡 시티에 있는 요새로 통하는 절벽을 기어올라 루

_____ 프랑스가 북아메리카에 개척한 식민지 영토를 말하며, 대략 오늘날의 뉴펀들랜드섬에서 오대호와 루이지애나를 지나 멕시코만에 이르는 북아메리카 동부의 상당 부분에 해당한다.

이 드 몽칼름 장군이 지휘하던 프랑스 수비대를 기습했다. 그전에도 여러 번 영국인을 상대로 승리를 거두었던 몽칼름은 성벽 너머의 평지에서 적의 기습 공격에 맞서 싸웠다. 하지만 불과 몇 분 만에 양쪽의 장군들은 죽어 쓰러졌고 퀘벡은 결국 함락되고 말았다.

영국인은 전장에서의 승리에 만족하지 않고 프랑스에서 무엇을 빼앗을지를 숙고하며 무려 3년이란 세월을 보냈다. 어떤 사람은 프랑스인들에게 북아메리카의 대구 식민지를 계속 보유하게 하는 대신, 평화의 대가로 프랑스 소유의 설탕 식민지를 빼앗아 오자고 제안했다. 과들루프에서 생산되는 설탕만 해도 영국령 서인도 제도 전체에서 생산되는 양보다 더 많았기 때문이다. 하지만 여기서의 이슈는 설탕이냐 대구냐가 아니었다. 이보다 더 가치가 높은 자원은 바로 모피였다. 결국 이는 북아메리카를 어떻게 보유하는 것이 최선인지에 대한 논의나 다름없었다.

지금까지의 태도며, 경제적 독립이며, 뉴잉글랜드의 점차 늘어나는 인구와 다른 북아메리카 식민지의 상대적으로 적은 인구를 고려했을 때, 영국은 혹시나 북아메리카를 잃어버리지 않을까 우려했다. 어떤 사람은 프랑스인이 계속 남아 있어야만, 즉 등 뒤에 적을 둔 것과 다름없는 형국이 되어야만 북아메리카인이 계속해서 영국인에게 충성을 바칠 것이라고 주장했다. 하지만 결국 영국인은 차라리 북아메리카에서 자국 영토를 최대한 많이 확보해 두는 것이 상책이라고 생각했다. 1763년 이들은 북아메리카에 있던 프랑스의 소유를 모조리 무효화하기로 결정했다. 다만 뉴펀들랜드섬의 남쪽 근해에 있는 두 군데 섬 생피에르와 미클롱만 예외로 인정했다.

역설적인 사실은 프랑스가 과들루프를 계속 보유하는 대신에 캐나다를 잃어버림으로써, 즉 노예 식민지는 계속 보유하는 대신 어장을 잃어버림으로써 프랑스령 카리브해에서의 '서인도 제도급' 생선 가공품에 대한 수요는 계속 생겨났고, 그로 인해 뉴잉글랜드인들이 영국 정부와 직접적인 충돌을 빚는 것도 불가피한 일이 되었다는 점이다. 이 충돌은 대영 제국의 기반 가운데 하나였던 '무역 및 항해 조례Acts of Trade and Navigation' 때로까지 거슬러 올라간다. 이에 따르면 식민지인들은 그들이 생산한 제품을 잉글랜드에 판매하고, 잉글랜드로부터 상품을 구매하도록 되어 있었다. 법적으로 따지자면 뉴잉글랜드인들은 에스파냐와 카리브해와 직접 무역을 해서는 안 되며, 대신 그들이 생산한 대구를 잉글랜드에 판매한 다음에 잉글랜드를 통해 에스파냐산 와인과 철을 구매해야만 했다.

영국인이 북아메리카에 대해 걱정하는 데는 충분히 그럴 만한 이유가 있었다. 미국 독립의 대의가 결국 무력 전쟁으로 비화되기 98년 전인 1677년, 영국 정부에 뉴잉글랜드인들이 보낸 정중한 서한과 함께 여러 가지 선물(크랜베리 10통, 옥수수 푸딩 2통, 대구 1000마리)이 도착했다. 비록 크랜베리 10통만큼 씁쓸하지는 않았을 그 서한에는 다음과 같은 내용이 적혀 있었다. "황송하옵게도, 잉글랜드의 법률은 사면의 바다 이내에만 머물러 있으며 아메리카까지 도달하지는 않는 것이라고 생각했습니다. 여기 있는 국왕 폐하의 신민들은 의회에 대표를 두고 있지 못하므로, 따라서 우리 스스로가 의회 때문에 무역에서 방해를 받는다는 것은 부당한 일이라고 보았습니다."

찰스 2세가 1000마리의 대구와 수많은 크랜베리를 어떻게 처리했는지는 알려지지 않았지만, 한 가지 분명한 점은 그가 무역 및 항해 조례를 개정하려는 노력을 전혀 하지 않았다는 것이다. 대신 이 법률은 시장의 힘에 의해서 오히려 무의미해지고 말았다. 뉴잉글랜드에서는 영국 시장의 규모에 비해 너무 많은 대구를 생산했다. 영국에 다 판매할 수도 없었을 뿐만 아니라 영국의 상선 선단은 그토록 많은 대구를 재수출할 수 있는 역량도 없었다. 결국 무역 및 항해 조례에도 불구하고 영국인들은 뉴잉글랜드인들이 대구 무역을 하도록 눈감아주기에 이르렀다.

규제로부터 자유로워지자, (애덤 스미스가 지적한 것처럼) 무역의 규모도 늘어났다. 1700년에 이르러서는 영국령 서인도 제도에서도 뉴잉글랜드의 대구를 모두 소화할 수는 없는 지경이 되었다. 아울러 영국령 서인도 제도에서는 대구 무역의 부산물인 뉴잉글랜드의 럼주 산업에도 재료를 충분히 제공하지 못하게 되었다. 여기서도 뉴잉글랜드와 뉴펀들랜드 사이의 전형적인 차이가 드러나는데, 뉴펀들랜드에서는 자메이카산 럼주를 수입해서 현지에서 병입했던(지금도 그렇게 하고 있다) 반면, 뉴잉글랜드에서는 당밀을 수입하여 럼주 산업을 육성한 다음 그 제품을 가져다가 해외 시장에 판매했다. 당시 서아프리카에서 노예를 구매하고 대금을 지불하는 방법에는 세 가지가 있었다. 바로 현금, 소금에 절인 대구, 보스턴산 럼주였다.

매사추세츠와 로드아일랜드의 럼주 제조업자들은 점차 노예무역에 직접 관여하게 되었다. 19세기 초에 설립된 보스턴의 럼주 제조회사인 펠턴 앤드 컴퍼니는 1936년의 음용 지침서에 이 무역을 놀라 우리만치 솔직하게 설명했다. "선주들이 만들어낸 무역의 순환 과정은 다음과 같았다. 우선 노예를 싣고 서인도 제도로 간다. 그곳의 섬들에서 나온 당밀을 보스턴과 다른 뉴잉글랜드의 항구로 가져간다. 마지막으로 럼주를 싣고 아프리카로 간다."

머지않아 대영제국은 뉴잉글랜드산 대구를 소비하는 시장으로서는 물론, 뉴잉글랜드의 증류소에 공급할 당밀의 생산자로서도 너무 규모가 협소해지고 말았다. 영국령 서인도 제도 전체에서 생산하는 당밀의 양은 로드아일랜드 한 곳에서 수출하는 럼주의 제조에 필요한 당밀 양의 3분의 2도 충족시키지 못할 정도였다. 때마침 프랑스 식민지들은 뉴잉글랜드산 대구를 필요로 했고, 뉴잉글랜드는 프랑스산 당밀을 필요로 했다.

결국 영국 정부는 한 세기 넘도록 뉴잉글랜드인들이 자유무역을 맛보도록 방치하다가 1733년에 가서야 비로소 상업에 대한 자국의 통제를 재차 확립하기 위한 조치로서 당밀을 규제하기로 결정했다. 하지만 이 방법은 대영제국의 해체로 나아가는 최초의 부주의한 조치가 되고 말았다.

서인도 제도의
'서인도 제도급' 생선

상황이 어려울 때는 심지어 소금 절임 생선과 쌀조차도
우리는 못 사 먹는다는 것을 당신도 부인할 수 없지.

| '타이거'■의 1940년대 칼립소 |

푸에르토리코에는 '피로피아^piropia'라는 것이 있는데, 이는 매력적인
여성을 향해 남자들이 짓궂게 던지는 농담을 말한다. 그중에는 이
런 것도 있다. "육지 고기가 이렇게 많은데, 나는 그저 소금절임대
구만 먹는군^Tanto carne, y yo comiendo bacalao." 오늘날에는 육지 고기가 대구보
다 더 저렴해졌지만 이 표현은 물론이고 피로피아조차도 여전히 남
아 있다.

소금절임대구는 저렴한 식품이었으며 다른 여러 가지 저렴한 식품
들과 곁들이면 역시나 대중적인 음식이 만들어졌다. 비록 더는 대
구가 저렴한 식품이 아니지만 그 조리법은 여전히 변하지 않고 남

_____ 네빌 마르카노(1916~1993년). 사회 및 정치를 풍자하는 노래로 유명한 트리니다드의 칼립소 가수.

아 있다. 보편적인 카리브해의 소금절임대구 요리로는 일단 '소금절임대구와 뿌리채소 요리'가 있고, 그 다음가는 것이 바로 '소금절임대구와 쌀 요리'다. 원래 이것은 소금절임대구의 공급을 연장시키는 방법이었으며, 따라서 생선의 꼬리나 다른 부스러기로 만드는 경우가 종종 있었다. 때로는 뼈를 가지고 국물을 낸 다음 쌀을 넣고 끓여 만든 요리도 있었는데, 푸에르토리코에서는 이를 가리켜 '미라 바칼라오^Mira Bacalao(소금절임대구 찾기)'■라고 부른다.

소금절임대구와 쌀 요리

이것은 인기 있는 토착 요리다. 소금 절임 생선과 쌀을 준비한다. 소금 절임 생선 반 파운드(약 230그램)에 쌀 1파인트(약 550밀리리터)를 함께 끓이고, 소금 절임 돼지고기를 평소와 같은 정도로 넣고 버터를 약간 넣는 것이다.

— 캐롤라인 설리번, 《자메이카 요리책^The Jamaica Cookery Book》, 킹스턴, 1893년

※340~347쪽을 참고하라.

――― 우리말로는 '대구가 헤엄쳐 건넌 요리' 정도의 뜻. 즉, 진짜 재료는 구경도 할 수 없는 멀건 국물뿐이라는 뜻이다.

세계 각지의 대구 전쟁

소금 절임 생선이 부두에 쌓여 있는데 마치 밧줄로 묶어 놓은 장작더미처럼, 껍질을 벗기지 않은 단풍나무와 자작나무처럼 보였다. 난 첫눈에 생선을 장작으로 착각했는데, 어떤 면에서는 실제로도 그런 것이, 우리에게 필수적인 불길을 유지시키는 연료가 되기 때문이다. 그런 의미에서 이 생선이야말로 그랜드뱅크스에서 자라는 동쪽의 장작감이라 할 만하다.

| 헨리 데이비드 소로, 《케이프코드》, 1851년 |

과세의 기술은 거위 털 뽑기와 마찬가지여서, 꽥꽥거리는 소리를 최소한으로 줄이면서도 깃털은 대부분 뽑아내야 한다.

| 장 밥티스트 콜베르(1619~1683년) |

혁명에는 낭만이 있다. 프랑스, 러시아, 멕시코, 중국, 쿠바 혁명에도 낭만이 있었다. 하지만 혁명 중에서도 가장 낭만적이었던 1848년의 혁명은 가장 크게 실패한 것처럼 보인다. 이에 비하면 미국 독립 혁

명은 현저하게 성공적인 혁명이었다. 이 혁명은 혼돈이나 폭력으로 기울지 않았으며 독재 정권으로 귀결되지도 않았다. 또한 나폴레옹 같은 인물도 전혀 만들어 내지 않았고, 제도화된 여당 같은 것도 만들어내지 않았다. 이 혁명은 그 목표를 달성했다. 또한 이 혁명은 (혁명이란 것들이 다 그렇듯이) 극도로 비(非)낭만적이었다. 이때의 급진주의자들, 다시 말해 진정한 혁명가들은 사실 상업적 이익을 추구하는 매사추세츠의 중산층 상인들이었으며, 이들의 혁명은 곧 돈을 벌 수 있는 권리를 얻기 위한 혁명이었다.

이런 매사추세츠의 급진주의자들 중에서도 가장 강력한 인물이었던 존 애덤스는 경제 체제로서의 식민주의를 믿지 않았다. 따라서 아메리카인이 식민지에서의 삶을 꼭 받아들여야 한다고 믿지도 않았다. 미국 독립 혁명은 최초의 대규모 반(反)식민주의 운동이었으며 정치적 자유에 관한 혁명이었다. 하지만 이 당시 가장 강경했던 혁명가들이었던 뉴잉글랜드의 급진주의자들 대부분의 머릿속에서, 그 자유의 핵심적인 표현은 그들의 경제에 관해 그들이 직접 결정을 내릴 수 있는 권리였다.

모든 혁명은 어느 정도 돈과 관련 있다. 프랑스 혁명 동안에 미라보 백작은 이렇게 말했다. "최종적으로 사람들은 혁명을 바로 이 한 가지 사실에 의거해 판단할 것이다. 돈을 더 많이 가져가는가, 적게 가져가는가? 그들은 더 부유해졌는가? 그들은 더 많은 일거리를 가졌는가? 그 일거리는 더 좋은 보수를 받는가?" 하지만 그는 이 혁명에서 급진주의자가 아니었다.

매사추세츠의 급진주의자들은 사회적인 혁명이 아니라 경제적인 혁명을 추구했다. 굶주리는 대중과 그들의 봉급을 생각한 것까지는 아니었다. 그들은 모든 사람이 중산층이 될 수 있는 권리, 사업가가 될 수 있는 권리, 상업에 뛰어들어 돈을 벌 수 있는 권리에 대해 생각하고 있었을 뿐이다. 특별한 기술이 없는 사람, 자본이 아주 조금뿐인 사람조차도 대구 어업에 뛰어들면 재산을 쌓을 수 있었다. 이것이야말로 그들이 믿어 의심치 않던 체제였다.

이들은 얄팍한 인간이 아니었다. 그중 상당수의 중요한 지도자들은(심지어 노예 소유주였던 토머스 제퍼슨조차도) 자기들이 인간의 권리에 대해 이야기하면서 한편으로는 수백만 노예들의 고통을 외면하는 것이 위선에 불과함을 이해하고 있었다. 하지만 이들은 혁명이 이런 이슈에 대해서도 영향력을 행사하는 것을 가만히 지켜볼 생각까지는 없었으며 자칫 그렇게 될까봐 내심 두려워하고 있었다.

이 세기 내내 잉글랜드인은 급속히 번창하고 있는 아메리카 식민지가 영국 정부로부터 벗어나려 할 것이라고 예상하는 한편, 식민지인들이 서로 잘 지내는 데 실패해 결국에 가서는 대영제국의 일부로 남을 것이라고 예상했다. 여기서 영국 정부가 미처 이해하지 못했던 사실은 미국의 혁명 지도자들이 오로지 주된 목표에만 초점을 맞춘 실용주의자들이라는 점, 그리고 당밀과 대구와 차(茶)가 단순히 골치를 썩이는 문제만은 아니라는 점이었다. 즉, 이런 제품들이야말로 '진짜' 이슈였다. 버지니아인들은 심지어 혁명을 '담배 전쟁the Tobacco War'이라고 부를 정도였다.

잉글랜드도 약간의 유연성을 보이기는 했다. 글로스터는 비록 합법적으로 인정된 무역 항구이긴 하지만 사실은 세관원조차도 없었다. 영국인은 또한 사우스캐롤라이나에서 생산된 쌀을 지중해에서 생산되는 과일, 소금, 와인과 무역할 수 있도록 허락했다. 그들이 베푼 가장 큰 관용은 영국령 서인도 제도의 여러 식민지와의 무역을 허락한 것이었다. 매사추세츠는 이런 무역을 통해 대구를 팔고 당밀을 샀다. 코네티컷은 야채를 샀고 메릴랜드는 밀을, 펜실베이니아는 옥수수를 샀다. 1740년대에 이르자 뉴잉글랜드와 카리브해 사이의 무역 규모는 일찍이 잉글랜드와의 무역 규모만큼 커졌다. 무력을 이용한 독립 전쟁에 대해 우려하기 전부터 잉글랜드인은 사실상의 식민지 독립에 관해서도 고민해 마지않았고, 식민지는 모국을 필요로 하지 않았고, 양쪽 모두 그런 사실을 알았다.

식민지의 독점을 재차 확립하기 위한 영국의 첫 번째 중요한 시도는 1733년의 '당밀 조례Molasses Act'였다. 이 법률은 영국령 카리브해를 제외한 다른 지역에서 생산된 당밀에 대해 무거운 수입 관세를 물렸기 때문에, 이 제품의 무역을 사실상 없애버리는 것이나 다름없다고 예상되었다. 이는 프랑스령 서인도 제도산 당밀의 구매에서 수익을 거둘 수 없게 해서 뉴잉글랜드인은 대구를 판매할 시장이 줄어들 뿐만 아니라 럼 산업도 덩달아 위축될 것이라 예상되었다. 하지만 실제로는 둘 중 어떤 일도 일어나지 않았다. 뉴잉글랜드인과 함께 일하고 싶어 안달이 난 프랑스인이 밀수 계약을 맺어 여전히 수익을 창출했기 때문이다. 뉴잉글랜드와 프랑스령 카리브해 사이의 대구와 당밀 무역은 오히려 당밀 조례 이후에 더 성장했다.

이 사건은 한 번의 실패로 끝나지 않았다. 그로부터 한 세대 뒤에 영국은 똑같은 방법을 재차 시도했다. 1760년의 '설탕 조례Sugar

^{Act}'를 통해 당밀에 대해 1갤런(약 4.5리터)당 6센트의 세금을 매겼다. 또다시 뉴잉글랜드인들은 밀수라는 방법을 이용해 버렸다. 1764년 영국인들은 새로운 전략을 시도했는데, 이번에는 당밀에 대한 세금을 낮추는 대신 설탕과 마데이라 와인[*]에 대해 새로운 세금을 부과했다. 이는 식민지인들이 마데이라 와인 대신 영국 상인을 통해서만 구매할 수 있는 포트와인을 선택하도록 하려는 의도에서 나온 것이었다.

그러나 식민지인들은 양쪽 모두를 보이콧했다. 마데이라 제도에서는 '마데이라산 가공 생선'이라 불리는 중급의 대구 가공품을 생산했으며, 이곳에서는 럼주가 가장 인기 있는 술이었다. 이 술은 워낙 일상적이어서 때때로 럼주라는 단어는 알코올음료를 가리키는 일반명사로 사용되기도 했다. 당밀 조례가 생겨난 해에 아메리카 식민지에서 럼주의 소비는 매년 1인당 평균 3.75 US갤런(약 14.2리터)으로 추산되었다. 1757년 조지 워싱턴이 '식민지 의회'에서 페어팩스 카운티의 대표 자리를 위해 유세에 나섰을 때 그의 유세에 들어간 비용 중에는 럼주 28갤런(약 126리터)과 럼 펀치 50갤런(약 225리터)도 포함되어 있었다. 뿐만 아니라 와인, 맥주, 사과주도 있었다. 오늘날의 천문학적인 선거 비용에 비하면 비교적 수수한 편이라고 할 수 있지만, 문제는 1757년에 버지니아주 페어팩스 카운티의 유권자 수가 겨우 391명에 불과했다는 것이다.

1764년에 평소 적극적인 '반골'로 알려져 있었던 보스턴의 상

───── 대서양에 있는 포르투갈령 마데이라 제도에서 생산된 와인을 말한다.

인 존 행콕이 마데이라 와인 밀수 혐의로 자기 범선인 리버티호에서 체포되었다. 분노한 보스턴의 폭도는 체포된 그를 풀어 주었다. 이듬해에는 '인지 조례^{Stamp Act}'가 도입되어 사상 최초로 식민지인에게 관세 대신 직접세를 부과하게 되었다. 영국이 무역 관련 법률을 점점 더 많이 만들어 낼수록 식민지와의 관계는 점점 더 나빠졌다. 글로스터에는 사상 최초로 세관원이 배치되었지만, 이 불운한 관리들은 폭행을 당하거나 신변의 위협을 받으며 숨어 있어야만 했다. 1769년 매사추세츠는 무역에 대한 규제 때문에 대구 어업에 관여하던 선박 400척에 손실이 생겼다고 주장했다.

영국인은 마치 최악의 수만 골라 두는 것 같았다. 인지 조례에 대한 식민지인의 저항에 직면하자, 이들은 또다시 '타운젠드 조례^{Townsend Act}'라는 것을 내놓았다. 이 법률의 이름은 영국 하원에서 다음과 같이 주장한 것으로 역사책의 각주에 간신히 이름을 올린 이(일설에 따르면 당시 술에 취한 상태였다고 한다)의 이름에서 따온 것이다. "나는 감히 아메리카에 세금을 부과했다." 그가 제안한 수입세의 목록에 대해 즉각적인 반발이 나오자, 그는 이를 철회하는 대신에 몇 가지 덜 성가신 품목 몇 가지에만 세금을 적용하려고 시도했다. 이때 선택된 품목 하나가 바로 차(茶)였다.

1773년에 있었던 '보스턴 티 파티'는 미국 독립 혁명의 성격을 잘 보여 주는 사건이었다. 이곳에서는 존 행콕과 존 로를 비롯한 상인들의 주도로 수입품에 대한 관세에 저항하는 봉기가 일어났다. 이때 대구 귀족 가문의 상속자들은 마치 모호크족처럼 차려입고 자기네 배에 올라가 상품을 항구에 내버렸다. 이와 유사한 '티 파티'

가 다른 항구에서도 이어졌다. 뉴욕에서는 혁명이 프롤레타리아트에게까지 확산되었던 게 분명했다. 반란을 일으킨 자들이 인디언 복장을 하고 나타나기도 전에 열성 폭도가 먼저 나서서 허드슨강에 상품을 내던졌기 때문이다.

그다음에 있었던 영국의 조치는 전보다 더 당황스러운 것이었다. 애초부터 식민지가 잉여 식량을 너무 많이 생산한다는 사실 때문에 야기된 재난에 대해 영국은 1774년 보스턴 항구를 봉쇄하는 것으로 대응했다. 그렇게 함으로써 손상된 상품에 대해 식민지인들이 영국 정부에 배상을 하지 않으면 굶을 것이라고 위협하기 위해서였다. 하지만 이때는 1620년이 아니었고 수입품이 있건 없건 간에 뉴잉글랜드에서는 누구도 굶을 일이 없었다. 마블헤드에서는 대구를, 찰스턴에서는 쌀을, 볼티모어에서는 곡물을 생산했다. 코네티컷에서는 양떼도 키우고 있었다.

뉴잉글랜드에 대한 가장 가혹한 일격은 머지않아 찾아올 것이었지만 통신이 워낙 느리던 시대이다 보니 식민지인들이 그 소식을 들은 것은 총성이 이미 들린 다음이었다. 1775년 7월 12일부터 효력이 발휘되는 '규제 조례Restraining Act'에 의거하여 뉴잉글랜드는 잉글랜드 항구와의 무역을 규제받았으며 뉴잉글랜드의 어민이 그랜드뱅크스에 조업하러 가는 것도 금지되었다. 이는 마치 영국 정부가 매사추세츠 곳곳에서 급진주의자들을 굳이 한자리에 불러 모으려고 애쓰는 듯한 형국이었다.

혁명 동안에도 식품을 생산하는 아메리카의 능력은 식민지군의 가장 큰 이점이었다. 영국군은 그보다 더 잘 훈련되고 더 많은 경험을 쌓았다고 볼 수 있었으며, 확실히 더 좋은 군복과 장비를 갖추고 있었다. 하지만 아메리카인은 영국인보다 더 잘 먹었다. 나아가 봉급도 더 높았고 (보스턴의 럼주 덕분에) 마시는 술도 더 좋았다.

하지만 양쪽 모두에게 공급되는 대구는 많지 않았다. 뉴펀들랜드인과 노바스코샤인은 더 이상 보스턴에 대구를 판매할 수가 없었다. 영국 전함들 때문에 뉴잉글랜드의 어민은 그랜드뱅크스에서 계속 조업을 할 수 없었다. 뉴잉글랜드의 어민들은 속도가 빠른 스쿠너선을 보유하고 있어 친(親)영국 선박에게 위험하기 짝이 없었다. 글로스터의 스쿠너선들은 포대(砲臺)를 달고 있었다. 역설적이게도 이처럼 무장을 갖춘 스쿠너선 최초의 선박은 이름이 '브리타니아'Britannia(영국) 호'였다. 이 배는 새로 만든 포대 위에 여덟 문의 대포를 갖추고 있었다. 이 수수한 화력에 소화기(小火器)로 보충했다. 1776년 한 해에만 이런 스쿠너 사략선*은 342척의 영국 선박을 나포했다.

총성이 들리기 시작하고 3년이 흐른 뒤인 1778년에는 양측이 이미 협상할 채비가 되어 파리에서 회담을 시작했다. 1781년이 되었을 때는 오로지 세 가지 이슈만이 해결되지 않은 상태로 남아 있었다. 첫째는 국경, 둘째는 잉글랜드에 대한 채무 지불, 셋째는 어업이었다. 이 세 가지 중에서 가장 어려운 것으로 판명된 이슈는 바로 어업이었다.

매사추세츠는 계속해서 그들의 전통적인 어장에서의 어업권을

사나포선. 개인이 소유한 무장 선박으로 적의 선박을 공격하고 나포할 권리가 있다.

주장했다. 그런 어장에는 그랜드뱅크스, 스코샤 대륙붕, 세인트로렌스만 등이 포함되었는데, 이 모두는 영국에 충성스러운 식민지들이 자리 잡은 곳의 근해에 있었다. 하지만 아메리카의 크나큰 동맹자였던 프랑스조차도 굳이 뉴잉글랜드를 두둔해 주지는 않았다. 잉글랜드에 반대하는 혁명을 지원하는 것과는 별개로, 프랑스는 뉴잉글랜드인이 그랜드뱅크스로 가도록 허락하는 것이 그들의 이익에도 도움이 된다고는 생각하지 않았다. 공해에서는 모든 나라가 권리를 갖는 반면 근해의 어장은 그 해안 영토의 소유주들의 재산으로 보자는 것이 프랑스의 입장이었다. 프랑스인들은 생피에르와 미클롱이라는 작은 섬들 덕분에 이때까지도 여전히 북아메리카 해안 영토의 소유주로 남아 있는 상황이었다. 이 하찮은 소유 때문에, 프랑스인들은 지금까지도 캐나다의 영해 일부에서 그들의 어업권을 주장하고 있다.

국제 해양법도 이 개념에 대해서는 그리 명료하지가 않다. 바다에는 국적이 적용되지 않는다는 입장이 지금도 널리 받아들여지고 있기는 하다. 해양 영토에 관해 최초로 인정된 주장은 북해에서 3마일의 영해선이었는데, 이는 나폴레옹 전쟁이 끝나기 전까지만 해도 효력을 발휘하지 못했다.

하지만 뉴잉글랜드인의 아군 중에는 미국에서는 가장 과소평가된 건국 공로자인 존 애덤스가 있었다. 지금은 지폐에 얼굴이 나오지도 않고 그를 기리는 기념물도 거의 없지만, 그는 대륙 의회에서 영국으로부터의 완전한 독립을 주장했으며 매사추세츠와 버지니아의 동맹을 만들어 내고 중립 상태의 여러 식민지도 끌어들였다. 또

대구

한 조지 워싱턴 대령을 식민지군의 총사령관으로 선택한 사람도 바로 그였다. 훗날 미국 정부의 설계를 위한 청사진 노릇을 한 《정부에 관한 생각Thoughts on Government》을 저술한 사람도 그였으며, 토머스 제퍼슨이라는 젊은이를 발탁하고 나서 이 젊은 버지니아인의 글솜씨가 자기보다 낫다고 판단해 독립 선언서의 작성을 맡긴 사람도 바로 그였다.

남부 식민지 대표들의 격분에도 굴하지 않고 애덤스는 영국과의 협상 문서에 한 가지 단서 조항을 적어 넣게 했다. 그 내용은 그랜드뱅크스에 대한 어업권이 매사추세츠의 승인 없이는 포기될 수 없다는 것이었다. 이것이야말로 미국에서 남과 북의 분열을 가져온 최초의 사건들 가운데 하나였다. 대구와 무관했던 남부인들은 북부의 네 개 주에서 "당밀을 가져다 먹기도 하고 증류도 하는 사람들을 만족시키기 위해" 아홉 개 주의 이익이 희생되었다고 주장했다.

애덤스는 대륙 의회에서 이틀 반 동안 쉬지 않고 진행된 논의에서 제퍼슨의 독립 선언서를 한 줄씩 짚어가면서 옹호한 적이 있었는데, 이때 과묵한 성격의 제퍼슨은 그저 침묵을 지키며 앉아 있었다고 한다. 애덤스가 패배를 맛보았던 몇 안 되는 전투 가운데 하나는 노예제에 반대하는 내용의 중대한 법률을 통과시키려 했던 것이다. 그는 노예제를 가리켜 "인간의 본성에 반하는 잔인한 전쟁"이라고 말한 바 있었다. 하지만 그는 대구와 당밀 무역은 옹호했다. 이두 가지 무역이 노예제와 밀접한 관련을 맺고 있었음에도 말이다. 그는 지중해와 카리브해에서 대구 무역이 갖는 상업적 중요성을 아메리카 대표단의 한 동료에게 설명했다. 그리고 뉴잉글랜드의 대구 어민이 스스로 뛰어난 해군력이라는 점을 증명했다고 주장했다.

애덤스에 따르면 뉴잉글랜드의 어업은 "뱃사람의 요람이며 해군력의 원천"이었다. 그는 뉴잉글랜드의 해저 어업 종사자들이야말로 "우리 독립의 달성과 보전을 위해 절대 불가결하게 필요한" 이들이라고 주장했다.

아메리카인 가운데 상당수(그중에는 벤저민 프랭클린도 있었다)는 어업권을 충분히 양보할 수 있는 사안으로 바라보고 있었다. 하지만 애덤스는 양보할 생각이 전혀 없었다. 마침내 1782년 11월 19일, 요크타운에서 영국군이 항복을 선언한 때로부터 1년 하고도 1개월이 지나서야 영국인은 그랜드뱅크스에서의 어업권을 뉴잉글랜드에 허락했다.

하지만 아메리카인들은 시장에 대한 접근권까지는 얻어내지 못한 상태였다. 이들은 영국령 서인도 제도와의 무역을 금지당했다. 이는 뉴잉글랜드에도 막대한 상업적 손실을 안겨 주었을 뿐 아니라 단백질 공급원을 더 이상 얻지 못하게 된 카리브해의 수많은 노예들에게도 비극적인 기아를 초래했다. 1780~1787년 동안 자메이카에서는 무려 1만 5000명의 노예가 굶어 죽었다. 그리고 곧 노바스코샤와 뉴펀들랜드가 이 시장의 틈새를 파고들었는데, 이들이 판매하는 생선은 품질이 나쁜 '서인도 제도급' 소금 절임 생선으로 점차 바뀌었다.

식민지 시대에만 해도 역사의 전개는 항상 뉴잉글랜드의 어업을 각별히 총애하는 것처럼 보였다. 하지만 미국의 독립 이후에는 이 놀라우리만치 유리하던 흐름이 점차 변하기 시작했다. 1812년 영국과 미국은 다시 전쟁을 벌였다. 글로스터와 마블헤드를 비롯한 뉴잉글랜드의 여러 항구에서 활동하던 어민은 그들의 스쿠너선 설계를 참고해 만든 빠른 전함을 몰고 나섰으며, 30년 전에 애덤스가 예견했던 것처럼 "우리 독립의 (…) 보전을" 위한 임무를 훌륭하게 수행했다.

이제는 존 애덤스의 아들인 존 퀸시 애덤스가 겐트에서 평화 협상을 담당하게 되었다. 가문의 다른 사람들과 마찬가지로, 그는 뉴잉글랜드 어업 분야의 이익을 철두철미하게 옹호했다. 그리고 이와 관련된 이슈는 다시 미국에서 남과 북의 분열을 가져왔다.

뉴잉글랜드인들이 보기에는 1783년에 비준된 파리 조약이야말로 어마어마한 승리였다. 하지만 남부인들은 그 조약을 개정하고 싶어 했는데, 영국인들이 그랜드뱅크스에 관한 사안을 양보하는 대신 미시시피강에 대한 통행권을 얻어갔기 때문이다. 뉴잉글랜드인들은 자기네 어업권에 대한 조약은 이미 서명이 끝난 것이며, 따라서 재협상은 불가능하다고 주장했다. 하지만 당시 대통령은 버지니아 출신인 제임스 매디슨이었다. 그는 자기 고향인 남부의 의견에 동조하고 있었다.

결국 1812년 전쟁을 종식하는 겐트 조약은 미시시피강에 대한 영국의 권리를 무효화하는 데는 성공했지만, 그랜드뱅크스에 관한 이슈는 여전히 협상을 통해 해결해야 하는 문제로 남겨졌다.

'1818년 협정'은 그랜드뱅크스에서 미국의 어업권 일부를 재확인했으나 뉴잉글랜드의 어민은 1782년에 존 애덤스가 그들을 위해 얻어냈던 만큼의 이익을 얻어내지는 못했다. 그리고 이 이슈는 이후 무려 200년 동안이나 미국과 캐나다 사이에서 긴장의 원천이 되고 말았다.

1834년에는 영국령 서인도 제도에서, 1848년에는 프랑스령 앤틸리스 제도에서, 1849년에는 네덜란드령 앤틸리스 제도에서 각각 노예제가 폐지되었다. 이에 북아메리카의 대구 어업은 타격을 입고 말았다. 이는 애덤스가 선뜻 용인했을 법한 선을 훨씬 넘어서는 수준이었다.

여러 세기에 걸쳐 처절한 노예 반란을 겪고 나서야 유럽은 비로소 본국에서 재배되는 사탕무야말로 설탕 식민지에서 재배되는 사탕수수보다 더 안전한 대안이라는 사실을 깨닫게 되었다. 카리브해의 사람들은 계속해서 소금에 절인 대구를 먹었으며 대구를 실어 날랐던 나무통으로는 북을 만들었다. 이제는 나무통이 더 이상 대구를 운반하는 수단으로 쓰이지 않지만 그래도 음악가들을 위해 여전히 제조되고 있다.

하지만 일단 거대한 플랜테이션 경제가 종식되자 이 지역의 작은 섬들은 아주 작은 시장으로 바뀌고 말았다.

두 세기 동안이나 카리브해의 노예 시장에 품질이 낮은 대구를 수출하다 보니 북아메리카산 소금에 절인 대구의 품질 관리는 거의 이루어지지 않았다. 1851년 헨리 데이비드 소로가 프로빈스타운에서 발견한 사실도 바로 그것이었다.

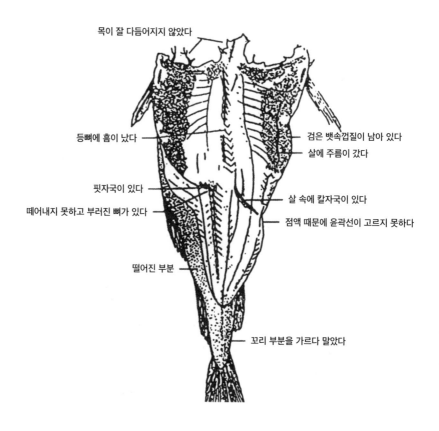

목이 잘 다듬어지지 않았다

등뼈에 흠이 났다

검은 뱃속껍질이 남아 있다

살에 주름이 갔다

핏자국이 있다

살 속에 칼자국이 있다

떼어내지 못하고 부러진 뼈가 있다

점액 때문에 윤곽선이 고르지 못하다

떨어진 부분

꼬리 부분을 가르다 말았다

가르기, 자르기, 쪼개기

생선의 목구멍은 가급적 아가미에 가까운 부분에서 잘라야 한다.
뱃속껍질(이른바 '간막(肝膜)') 사이의 겉껍질은 양쪽에서 잘라야 하는데, 그래야만 내장을 빼내기 위해 생선 배를 열었을 때 찢어지는 것을 방지할 수 있다. 겉껍질을 항문 가까이까지 가른 다음, 내장과 간 모두를 조심스럽게 제거하고 머리는 잡아 뜯는 것이 아니라 잘라내도록 한다.

대구를 쪼개는 잘못된 방법. 캐나다 연해주 담당 선임 현장 조사관 A. W. 프랠리크의 저서《식초 절임 및 훈제 생선의 가공에 관하여Notes on Processing Pickled and Smoked Fish》중에서. 노바스코샤주 루넌버그 소재 대서양 어업 박물관 소장.

이 생선 창고에 있는 대구는 몇 피트 깊이로 차곡차곡 쌓아서 물에 담가 절여 놓은 것으로, 소가죽 장화를 신은 일꾼 서너 명이 그 위에 올라가 쇠촉이 하나 달린 도구로 생선을 외바퀴 손수레에 싣고 있었다. 그런데 담배를 씹고 있던 한 젊은 남자가 계속해서 생선에 침을 뱉었다. 그걸 보면서 나는 이렇게 생각했다. '어이, 친구, 저 나이 많은 양반한테 자네 하는 짓을 들키면 야단을 맞을걸.' 하지만 곧 나는 나이 많은 일꾼도 똑같은 짓을 하는 걸 보았다.

지중해 시장에서는 뉴펀들랜드산 가공 대구의 품질에 대해 항상 불만이 제기되어왔다. 1895년 래브라도와 뉴펀들랜드산 소금에 절인 대구를 실은 배가 빌바오에 도착했다. 그러나 바스크인들은 여기서 좋아하는 물건이 아니라면서 에스파냐 남부로 보냈다. 20세기 말까지도, 그러니까 1992년의 조업 금지 조치 직전까지만 해도 캐나다 정부는 소로가 묘사한 것처럼 대구를 뾰족한 도구로 찌르지는 말라며 뉴펀들랜드의 어민들에게 계속해서 환기시켜야만 했다. 그러다가는 생선이 걷잡을 수 없이 손상되기 때문이었다.

중세부터 지금까지도 가장 수요가 많은 대구 시장은 지중해다. 이곳의 여러 나라들은 19세기에 막대한 인구 증가를 경험했다. 에스파냐의 인구는 거의 두 배로 늘어났고, 포르투갈의 인구는 두 배 이상으로 늘어났다. 빌바오, 포르투, 리스본, 제노바, 나폴리를 비롯해 여러 항구가 거대한 도심지로 변했다. 1900년에 바르셀로나의 인구는 거의 100만 명에 육박했다. 그리고 그중 대부분은 열성적인

'바칼라오(소금에 절인 대구)' 소비자였다.

하지만 북아메리카인들은 이 시장에서 성공을 거두지 못했다. 뉴펀들랜드, 래브라도, 노바스코샤가 거의 전적으로 어업에 의존하고 있었지만 이곳에서 나는 생선은 품질이 좋지 않았고 대개는 보스턴이나 카리브해에서 판매되었다. 북아메리카에서 한 가지 예외는 가스페반도였는데, 품질이 좋은 가스페산 가공 생선은 지중해로 팔려나갔다. 생선을 소금에 절인 바스크인이 생선을 공기에 말렸던 스칸디나비아인에 대해 경쟁 우위를 획득한 때로부터 900년쯤이 지나서야, 스칸디나비아인은 소금에 절이는 기술을 완성함으로써 다시 경쟁 우위를 획득할 수 있었다. 아이슬란드와 페로 제도에 대한 통제권을 장악한 노르웨이와 덴마크는 최상급의 지중해 시장을 노리고 적극적으로 뛰어들었으며, 지금도 여전히 그 시장에서 활약하고 있다.

상품과 사람이 그 어느 때보다 더 자유롭게 움직이는 오늘날까지도, 소금에 절인 대구 소비자 대부분은 자기네 지역의 전통적인 가공법에 애착을 느낀다. 현대의 몬트리올에는 카리브해 출신과 지중해 출신의 이민자 모두가 살고 있다. 이 도시의 북부에 있는 장탈롱 시장에 가보면 상점마다 한쪽에는 심하게 쪼개지고 크기도 작으며 딱딱하게 마른 노바스코샤산 소금에 절인 대구가 있고, 다른 한쪽에는 크고 깔끔하게 가공된 가스페산 소금에 절인 대구가 있다. 카리브해 출신들은 노바스코샤산을 꾸준히 구입하는 반면, 포르투갈과 이탈리아 출신들은 가스페산을 구입한다.

글로스터 동부에 있는 조지 데니스의 생선 가공 시설. 1900년경. 매사추세츠주 세일럼 소재 피바디 에식스 박물관 소장.

    서인도 제도의 시장이 줄어드는 것과 때를 같이해서 뉴잉글랜드에서는 내수 시장이 자라났다. 소금에 절인 대구는 북부군의 주식이었으며 글로스터는 남북 전쟁 덕분에 수익을 톡톡히 올렸다. 하지만 이 전쟁의 결과로 북부 경제는 산업화되었고, 미국 산업 혁명에서 주역을 맡았던 뉴잉글랜드도 이전에 비해 어업에 덜 의존하게 되었다. 유서 깊은 상인 가문도 그들의 돈을 산업 쪽으로 옮겼다. 이때쯤에는 '대구 귀족'이라는 명칭도 느낌이 많이 달라졌다. 한창 대두하던 노동 계급은 지금의 주류 세력도 원래는 초라한 직업에 종사했었음을 상기시키려는 목적으로 이 말을 사용했고, 결국 어감상으로는 단순히 '벼락부자'를 일컫는 말이 되었다.

    혁명 지도자로서의 이미지가 퇴색하면서 대구 귀족은 (그 모든 귀족적인 치장에도 불구하고) 한때 물고기를 잡아 큰돈을 벌어들인 오만한 사람들 정도로 기억되기에 이르렀다. 1874년에 라틴아메리카의 혁명가 프란시스코 데 미란다는 보스턴을 방문해서 매사추세츠 주 의사당에 걸려 있는 대구 조각상이 "일반적인 크기에 나무로 만들어졌고, 몰취미했다"고 적었다. 이보다 더 심한 표현은 1930년대에 보스턴의 아일랜드계 미국인 시장이자 혈기 왕성한 선동가 제임스 마이클 컬리가 한 말이었다. 그는 보스턴의 주류 세력을 '대구 귀족'이라고 부르는 것에 반발하면서, 그 표현이야말로 "그 물고기를 모욕하는 짓"이라고 주장했다.

오래 남아 있는
기억

미국 남부에서는 흑인 노예들이 아프리카 요리를 백인의 입맛에 맞게 변화시켰다. 남북 전쟁이 끝나고도 이런 과정은 지속되었는데, 전직 노예들 상당수가 기업이나 철도에서 요리하는 일자리를 얻은 까닭이었다.

"나는 1857년 테네시 주 머리 카운티에서 노예로 태어났다. 나는 주인인 D.J. 에스테스의 성을 물려받았는데, 그는 내 어머니의 가족을 소유하고 있었다. 어머니는 아들 일곱과 딸 둘을 낳았고 나는 그 중에서 막내였다." 루퍼스 에스테스가 자비 출판한 책은 이렇게 시작된다. 그는 "전에 풀먼컴퍼니의 개인용 객차에서 근무했고 현재는 시카고 소재 US스틸의 계열사에서 주방장으로 일한다"고 했다. 그의 조리법에 나온 생선을 조각조각 뜯는 기술, 날짜, 장소 등을 고려할 때 "대구"는 아마도 소금절임대구였을 것이다.

대구 스튜

삶은 대구 한 조각을 준비한다. 껍질과 뼈를 제거한 다음, 작은 조각으로 뜯는다. 이 재료를 스튜 팬에 넣고 약간의 버터, 소금, 후추, 다진 파슬리, 레몬즙을 첨가한다. 불 위에 올려놓은 후 팬 안의 내용물이 매우 뜨거워지면 생선을 식탁에 내놓을 때가 된 것이다.

— 루퍼스 에스테스, 《먹기 좋은 것들^{Good Things to Eat}》, 1911년

대구:

워낙 잘 알려진 어종이기 때문에 별다른 설명이 필요 없다.

놀라우리만치 다산한다.

레이우엔훅은 중간 크기의 대구 한 마리에서 알을 938만 4000개나 발견한 바 있다.

이런 숫자 앞에서는 이 어종을 전멸시키려는 인간의 어떤 노력도 허사가 되고 말 것이다.

J. 스미스 호먼스, J. 스미스 호먼스 주니어 편저, 《상업 및 상업적 항해 백과사전Cyclopedia of Commerce and Commercial Navigation》, 뉴욕, 1858년

한계

02

COD:
A BIOGRAPHY OF THE FISH THAT CHANGED THE WORLD

새로운 아이디어와 900만 개의 알

하비는 저 아래 가물거리는 대구를 볼 수 있었다. 그놈들은 떼를 지어 느릿느릿 헤엄쳤고, 꾸준히 헤엄치는 것처럼 꾸준히 미끼를 물어 댔다. 뱅크의 법에 따르면 도리선이 버진 암초나 이스턴 모래톱**에 있을 때는 낚싯줄 하나에 낚싯바늘을 하나 이상 다는 것이 엄격하게 금지되어 있었다. 하지만 배들이 워낙 가깝게 놓여 있다 보니 하나짜리 낚싯바늘조차도 서로 뒤얽혔고, 어느새 하비도 이쪽으로는 유순하고 털북숭이인 뉴펀들랜드인에게, 저쪽으로는 고함을 지르고 있는 포르투갈인에게 목소리를 높이고 있었다.

— 러디어드 키플링, 《용감한 선장들 Captains Courageous》,** 1896년

뱅크는 안심할 수가 없는 곳이었다. 깊은 곳은 무려 80길에 달

────── '버진 암초'와 '이스턴 모래톱' 모두 그랜드뱅크스의 특정 해역을 가리킨다.

═════ 러디어드 키플링의 모험 소설. 버릇없는 부잣집 소년 하비가 대서양 횡단 여행 중 조난당해 대구잡이 어선에 구조된 이후, 그랜드뱅크스에서 거친 어부들과 어울려 물고기를 잡으며 성장해 나가는 과정을 그렸다.

했지만 불과 15~20길 또는 그보다 더 얕은 해역도 있었다. 가끔 폭풍이 몰아칠 때는 암초가 물 위로 고개를 내밀었다. 그린란드와 북극에서 떨어져 나온 부빙이 남쪽으로 흘러오기도 했다. 1995년에는 커다란 부빙(아이러니하게도 등지느러미를 위로 추켜올린 커다란 물고기와 아주 비슷하게 생긴)이 세인트존스의 항구 입구까지 다가왔다. 풍파에도 안전한 항구 주위의 높은 절벽과 나란히 놓고 보니 정말로 큰 부빙이었다. 주변에는 이에 버금갈 만한 것이 전혀 없을 정도로 컸다. 바다에서는 물 위에 떠 있는 빙산의 크기를 짐작하기가 힘들다. 잠깐 방심하는 사이에 빙산이 전방에 나타나 앞이 완전히 막혀 보이지 않게 되어서야 비로소 그 크기를 가늠할 수 있다.

추위도 만만찮은 문제였다. 지난 여러 세기 동안 북대서양으로 나갈 때면 북극의 바람 때문에 물보라가 삭구에 얼어붙어서 가느다란 줄이 1피트(약 30센티미터) 두께의 얼음 기둥으로 변해 버리곤 했다. 이런 식으로 바람이 불어오는 쪽에 생겨난 얼음은 그 무게로 배를 불안정하게 만든다. 배가 뒤집어지는 사고를 막으려면 얼음을 깨서 삭구에서 떼어내야 했다.

지금은 항해술, 레이더, 그리고 얼음 및 폭풍 상황에 관한 무전연락 등에서 기술이 향상되었음에도 불구하고 대구는 여전히 화씨 34~50도(섭씨 1~10도)의 물속에서 낚시로 잡아야만 한다. 어민은 이렇게 차가운 물에서 낚싯줄을 끌어 올려야만 했다. 오늘날에는 손을 보호해 주는 새로운 합성섬유 제품들이 나와 있지만 불과 최근까지만 해도 어민은 낚시장갑, 즉 안쪽에 면을 댄 두꺼운 고무장갑을 끼었을 뿐이었다. 이걸 끼면 손의 움직임이 부자연스러워진다.

제임스 게일 타일러의 〈안개에 갇히다Lost in Fog〉. 러셀 W. 나이트 컬렉션. 매사추세츠 주 세일럼 소재 피바디 에식스 박물관 소장.

그래서 장갑을 낀 채로는 그물을 수선하기도 힘들었지만 끼지 않으면 불과 반 시간 만에 예고도 없이 손가락이 얼어버릴 수 있었다.

손끝부터 색이 시커멓게 변하기 시작하면 어민이 할 수 있는 일은 손을 아래로 뻗어 찬물에 담가 녹이는 것뿐이었다. 따뜻한 물에 넣으면 차마 견딜 수 없을 정도의 고통이 느껴졌다. 물론 낚시 자체만으로도 손가락에 무리를 주는 것은 마찬가지였다. 어민은 종종 동상에 걸리거나 낚싯줄에 걸리거나 기계에 물리거나 해서 손가락이나 관절을 잃는 경우가 흔했다. 손이 너무 많이 상했거나 동상으로 영구히 감각이 없어졌거나 손가락이 너무 많이 잘려 나간 어부는 어쩔 수 없이 은퇴해야 했다.

어민은 그들의 강한 단결심에 대해 이야기하기를 좋아한다. 이들에게 따뜻한 동지애, 즉 저마다 정예 결사의 일부가 되었다는 느낌이 있는 것은 사실이다. 이들은 마치 같은 전투에서 살아남은 전우들처럼 그들 사이에서만 제대로 이해받고 있다는 느낌을 받는다. 하지만 어업은 경제적 생존을 위한 지속적인 투쟁이다. 이들은 잡은 물고기 중에서 각자의 몫을 나눠서 가져갔다. 그러니 부상 때문이건 나이 때문이건 일정한 양을 채울 수 없는 사람은 어업에서 배제될 수밖에 없었다. 그래서 어부 중에 50세를 넘긴 사람은 드물었다. 게다가 이들은 엄밀히 말해 봉급생활자가 아니라 자영업자였기 때문에, 일을 그만둔 사람들에게 사회 복지 혜택을 주어야 한다는 주장에 대해 정부는 선뜻 받아들이지 않고 미적거렸다.

대구 어민의 가장 큰 적들 가운데 하나는 바로 안개였다. 무전이라는 기술이 도입되기 전에는 특히 그랬다. 대구 어장은 따뜻한 해류와 차가운 해류가 만나는 해역이라 안개가 워낙 흔했다. 안개가 짙으면 길이 80피트(약 24미터)인 선박 한가운데에서 선수(船首)가 보이지 않을 정도였다. 선수에는 랜턴을 켜두었지만 100피트(약 30미터) 밖에서는 눈에 띄지 않았다. 어민은 뚜렷한 형체가 없는 회색 안개 속에서 표류하면서 경적을 울리고 휘파람을 불어 다른 선박이 그 소리를 듣고 충돌을 피해 가기를 바랐다. 하지만 이럴 때 가장 큰 위험을 겪는 사람은 바로 도리보트 낚시꾼이었다.

17세기부터 1930년대까지 대구 및 기타 해저 어류를 낚는 가장 일반적인 방법은 큰 배로 그랜드뱅크스까지 간 다음, 낚시꾼 두 명이 타는 작은 도리보트를 여러 대 내려서 조업하는 것이었다. 그랜드뱅크스에서 노동 환경이 가혹한 것으로 악명이 자자했던 포르투갈인들은 도리보트 한 척에 낚시꾼이 한 명씩 탔다. 당시 유럽인들은 갑판 공간과 대형 선창이 있는 커다란 돛대 세 개짜리 바크선(船)을 타고 대양을 건너왔다. 뉴잉글랜드인과 노바스코샤인은 스쿠너선을 타고 나갔는데, 빠른 배 덕분에 신속히 바닷가로 돌아와 낚은 고기를 내려놓을 수 있었다. 하지만 도리보트는 하나같이 길이 20피트(약 6미터)의 갑판 없는 보트에 불과했다. 도리보트에 탄 사람은 대개 노를 이용했으며 가끔은 돛도 이용했지만 그러려면 돛을 각자 마련해야만 했다. 대개는 어민이 직접 만들거나 부인들이 모여 밀가루 자루 등을 꿰매고 이어서 돛을 만들었다.

도리보트 낚시꾼들은 서로 경쟁 관계였기 때문에 각자 남의 눈을 피해 자기가 발견한 어장으로 가는 경우가 간혹 있었다. 그러다 물에 빠져 죽거나 굶어 죽거나 안개에 갇혀 모선을 찾아 텅 빈 바다

위를 헤매다 갈증으로 죽는 경우가 상당수였다. 이들은 보트가 물고기로 가득 찰 때까지 낚시를 계속했고, 물고기를 많이 잡을수록 도리보트를 조종하기는 더 어려워졌다. 가끔은 도리보트에 물고기를 너무 많이 실은 나머지, 파도가 보트 옆구리에 부딪치는 것만으로도 작은 보트는 물고기와 낚시꾼 모두와 함께 물속으로 가라앉고 말았다.

브르타뉴 최후의 도리보트 낚시꾼 가운데 한 사람이었던 르네 콩브낭은 아버지의 죽음을 이렇게 회고했다.

아버지는 뉴펀들랜드의 차가운 바닷물 속 60미터 아래로 사라졌다. 아마도 아버지는 다른 파도보다 약간 더 강했던 파도에 휩쓸렸을 것이다. 파도는 난간까지 물고기가 가득 쌓여 있었던 도리보트를 덮쳤다. 그 연약한 배에는 얼음이 가득했고 여기에 장화와 방수복의 무게가 더해져 아버지와 당시 스물두 살 청년이었던 동료는 곧바로 물속에 가라앉고 말았다. 모든 소리를 죽이는 솜털 같은 안개 속에서, 목격자조차도 없었던 끔찍한 죽음이었다. 마치 깨어날 수도 없는 악몽과도 같이….

"네 아버지, 나랑은 잘 아는 사이였지. 훌륭한 도리보트 낚시꾼이었어." 행방불명된 뱃사람을 위한 장례식의 추도사는 이 한마디가 전부였다. 그나마도 여러 해 뒤에, 그것도 내가 아버지의 비극적인 실종에 관해 물어봤을 때 역시 뱃사람인 루이스 아저씨가 말해 준 이야기였다.

북대서양의 바닷가 사람들 사이에서 도리보트 낚시꾼의 고초와 배짱은 그야말로 전설적이다. 1876년 덴마크 출신으로 글로스터에 살던 도리보트 낚시꾼 앨프리드 존슨은 대담하게도 16피트(약 5미터)짜리 보트를 타고 글로스터를 떠나 58일간 항해한 끝에 웨일스의 애버캐슬에 도달했다. 이는 지금까지 기록된 최초의 북대서양 단독 횡단이었다. 노바스코샤인들은 19세기에 도리보트 낚시꾼 한 사람이 16시간 동안 안개 속에서 길을 잃었다가 구출되었다는 이야기를 지금까지도 입에 올리는데, 이것이 노바스코샤에서는 최장 생존 기록이었다.

하지만 노바스코샤의 도리보트 낚시꾼 중에서 가장 유명한 사람은 글로스터에 살던 이민자 하워드 블랙번이었다. 1883년 1월 23일 블랙번은 동료 한 사람과 함께 모선에서 도리보트로 갈아타고 노를 저어 나아갔다. 애초의 목적은 주낙으로 넙치를 낚는 것이었지만, 이들은 눈 폭풍에 그만 길을 잃었고 동료는 결국 얼어 죽고 말았다. 블랙번은 노를 붙잡은 상태로 손이 얼어붙어 손에 감각이 없는 상태에서도 계속해서 노를 저을 수 있었다. 그는 무려 100마일에 걸쳐 노를 저어서, 선미에 얼어붙은 시체를 싣고 결국 뉴펀들랜드에 도착했다. 이 불운으로 손가락 모두와 발가락 대부분을 잃었지만, 또다시 그는 자기에게 알맞게 개조된 돛대 하나짜리 배를 타고 바다로 나섰다. 그는 39일간의 항해 끝에 단독으로 글로스터에서 리스본까지 가는 기록을 세웠으며, 심지어 손목에 끈으로 노를 감아 고정시킨 상태로 플로리다 해안을 노저어 다니기도 했다.

침몰하는 것은 도리보트만이 아니었다. 때로는 큰 배도 몽땅 가라앉았다. 존 캐벗의 선박이야말로 수많은 사례 가운데 첫 번째였다. 1830~1900년 사이에 바다에서 실종된 글로스터 어민의 숫자는 모두 3800명이다. 이는 1812년의 전쟁에서 발생한 미국인 사상자 전체의 숫자보다도 많은 셈이다. 더욱 놀라운 사실은 인구 1만 5000명의 작은 도시에서 이 정도 실종자가 나왔다는 점이다. 1862년 2월 24일에는 조지스뱅크에 강풍이 밀어닥치는 바람에 하룻밤 새 무려 120명이 물에 빠져 죽었다.

1870년대에는 스쿠너선이 점점 더 날렵해지고 돛도 더 많이 달면서 이전보다 더 빠른 속도와 아름다운 모습을 자랑하게 되었지만, 이와 함께 위험도 더 커져서 글로스터에서 발생하는 실종 사건도 더욱 끔찍스러운 모습을 띠게 되었다. 이 날렵하고 삭구도 많이 달린 '쾌속 스쿠너선'은 강풍을 만나면 잘 버티지 못했다. 1871년에는 스쿠너선 20척과 어민 140명이 실종되었다. 1873년에는 선박 32척과 어민 174명이 실종되었는데, 이 중 128명은 단 한 번의 강풍에 희생된 것이었다. 1879년에는 동쪽에서 뱅크에 불어온 강풍으로 선박 29척이 침몰하면서 어민 249명이 사망했다.

그랜드뱅크스에 선단을 파견하는 유럽의 항구에서는 이른바 '전투'를 시작하기 전에 종교 예식을 거행했다. 생말로에서는 매년 2월 말, 즉 테르뇌바Terre-Neuvas*가 출발하기 15일 전에 렌의 추기경이 항구로 찾아와 선단 앞에서 미사를 거행했다. 그리고 이전의 전투에

──── 테르뇌바는 테르뇌브(Terreneuve), 즉 신세계에 가서 어업에 종사하는 사람을 일컫는 말이다. 부록의 '차우더' 항목을 참고하라.

대구

서 목숨을 잃은 어민을 기리기 위해 바다에 조화를 던지기도 했다.

어업이 현대화되면서 이제는 더 이상 어부가 도리보트에서 목숨을 잃는 일이 생기지 않지만, 그 대신 케이블을 신속히 끌어 올리는 전기 윈치에 끼거나 갑판 위에서 확 펼쳐지는 트롤망의 문에 부딪히거나 롤러에 끼는 사고가 발생한다. 현대식 트롤선에서는 기계에 끼어 죽는 것이 주된 사망 원인이다. 하지만 이보다 더 전통적인 사망 원인인 익사도 그 뒤를 바짝 뒤쫓고 있다. 예를 들면 바다에서 배가 가라앉는다거나 사람이 배 밖으로 떨어지거나 파도에 휩쓸려 죽는 경우다. 그리고 빠른 속도로 풀려나가는 밧줄에 한쪽 발이 휘감기면 남들이 이를 알아채기도 전에 배 밖으로 끌려 나가 물에 빠져 죽는다.

어민은 이런 위험에 관해 별로 이야기하고 싶어 하지 않는다. 앞서 페티하버의 샘 리와 동료들이 개방갑판에서 밖으로 떨어질 위험에 대해서는 이야기하고 싶어 하지 않았던 것도 그와 같은 맥락이다. 하지만 아무리 운이 억세게 좋은 어부라 하더라도 자칫 죽을 뻔했던 경험담을 한두 가지씩은 가지고 있기 마련이다. 어민이야말로 북대서양 연안 국가의 모든 직업군을 통틀어 사망 사고의 비율이 가장 높기 때문이다.

1985년의 캐나다 정부 보고서에 따르면 캐나다의 어민 10만 명당 212명이 일을 하다가 사망했다. 이는 산림 노동자 118명, 광부 74명, 건설 노동자 32명에 비해 월등히 높은 숫자다. 1995년에 미국에서 일 관련 사고로 사망한 노동자는 10만 명당 5명이었던 반면, 어민의 경우에는 10만 명당 100명 이상의 사망자가 발생했다.

이와 유사하게, 1983년에 영국에서 나온 연구에 따르면 영국 어민의 사망률은 제조업 종사자의 사망률보다 20배나 더 높았다.

사고 비율이 이토록 높은 이유 하나는 어부가 잠을 아주 조금만 자면서 일한다는 데 있다. 어획량이 풍부할 때 어부는 바다에 나가 하루 이틀 정도 잠을 자지 않는다. 그리고 생선을 소금에 절이는 과거의 어업에서는 일단 도리보트 낚시꾼이 모선으로 돌아오면 이들이 낚은 생선을 바로 처리해야만 했다. 머리를 잘라 내고, 배를 가르고, 간을(때로는 알집, 부레, 식도, 그리고 다른 부분들도) 따로 떼어 놓는 것이다. 그다음 대구를 조심스레 쪼개고 등뼈를 제거한다(생선을 잘못 쪼갤 경우에는 상품 가치가 떨어졌다). 그런 다음에는 생선을 조심스레 소금에 절여야 했다. 이런 일을 하다 보면 그나마 운이 좋은 경우에만 하루에 몇 시간쯤 눈을 붙일 수 있었다.

어업의 현대화를 위한 최초의 시도는 프랑스에서 나왔다. 1815년 새로운 프랑스 정부는 자국 어업의 재건을 위해 보조금을 지원하기로 결정했다. 당시 프랑스의 어업은 프랑스 혁명과 나폴레옹 전쟁으로 황폐화되어 있었다.

하지만 경제 활성화라는 목표는 이 정책의 동기 중 일부에 불과했다. 존 애덤스가 일찍이 지적했던 것처럼, 잘 훈련된 상비 해군을 유지하는 것보다는 차라리 뛰어난 선원을 배출할 수 있는 대구잡이 원양 선단에 보조금을 주는 편이 훨씬 더 싸게 먹혔다. 영국은 여러 해 동안 프랑스의 보조금 지급에 대해 불평을 늘어놓았지만 결국에는 마지못해 하면서 같은 길을 가고야 말았다.

주낙을 이용한 어업. 조지스뱅크에서의 대구 낚시. 조지 브라운 구드의 저서 《미국의 어업과 수산업The Fisheries and FisheryIndustries of U.S.》(1887년)에 수록된 도판 32. 매사추세츠주 세일럼 소재 피바디 에식스 박물관 소장.

프랑스에서는 신세계로 가는 자국의 선단에 주낙을 설치했다.

낚싯줄에 낚싯바늘이 여러 개 달린 이 장비는 '트롤낚시', '설치 낚시', '불토bultows'▪ 등의 이름으로도 불린다. 주낙에서도 때로는 낚싯줄 끝에 갈래장치를 달아 미끼를 단 낚싯바늘을 하나가 아니라 두 개 매달았다.

그전까지만 해도 북대서양에서 대구 낚시에 주로 사용되는 기술은 낚싯줄에 낚싯바늘이 하나뿐인 손낚시였다. 그리고 이는 샘 리를 비롯한 뉴펀들랜드 근해의 어민들이 지금까지도 사용하는 바로 그 방법이다. 가장 오래된 기록에 따르면 영국인은 1482년에도 아이슬란드 근해에서 주낙을 사용한 것으로 나와 있으며, 따라서 그보다 더 일찍부터 사용했을 가능성도 있다. 하지만 이 방법이 대중화된 것은 19세기 프랑스에서였는데, 그 이유는 주낙을 사용하려면 미끼가 무척이나 많이 들어갔기 때문이다(캐나다 근해에서 프랑스인은 막대한 양의 청어와 열빙어를 발견했다). 오늘날의 기준으로 보자면 그저 그런 정도에 불과하지만 19세기 초에 사용된 프랑스의 주낙은 그 이전의 어느 시대에 사용되었던 것보다도 더 길었다. 짧은 것은 모릿줄의 길이가 반 마일쯤 되었고 긴 것은 4~5마일(약 6.4~8킬로미터)까지 연장할 수 있었다. 모릿줄에는 낚싯바늘이 달린 2피트(약 60센티미터)짜리 아릿줄이 3피트(약 1미터) 간격으로 붙어 있었다.

주낙을 늘어뜨리는 데는 도리보트를 이용했다. 뱃밥으로 틈새를 메운 나무통이 부표 노릇을 했고, 이를 일정한 거리를 두고 설치하

_____ 주낙을 의미하는 '보울터(boulter)'에서 비롯된 말로 추정된다.

여 주낙을 쉽게 발견할 수 있게 했다(오늘날에는 밝은색 플라스틱 공을 부표로 사용하고, 그 꼭대기에는 길이 2피트의 깃대에 깃발을 꽂아 멀리서도 잘 보이게 만든다). 도리보트 낚시꾼은 주낙을 따라 노를 저으면서 낚싯 줄을 끌어 올리고 물고기를 떼어낸 다음 다시 미끼를 끼워 물에 넣었다.

1861년 노바스코샤주 〈의회 일지Journals of the Assembly〉에는 다음과 같이 기록되었다. "프랑스 어민이 낚아 올리는 생선 65마리당 10프랑씩 지급하는 자국 정부의 어마어마한 보조금 때문에 설치낚시 어업이 유행한다는 데는 거의 의심의 여지가 없다. (…) 필자가 보기에는 외관상 터무니없어 보이지만, 들은 이야기에 따르면 이런 낚싯줄의 일부에는 무려 1만 개의 낚싯바늘을 매달 수도 있다고 한다." 이런 어마어마한 규모의 조업이 불과 수십 명의 인원과 다섯 척의 도리보트만으로도 가능했던 것이다.

주낙에 관한 19세기의 논쟁이 점차 커지는 가운데 정작 이슈가 되었던 것은 환경보전이 아니라 오히려 민족주의였던 것 같다. 실제로 영국령 북아메리카와 (나중에) 캐나다가 격분한 까닭은 프랑스의 보조금 정책 때문에 불공정한 경쟁이 벌어졌기 때문이었지, 그 정책으로부터 혜택을 받는 기법 때문에 대두할지 모를 남획의 가능성 때문은 아니었다.

어업이라는 분야에서 새로운 기술에 대한 불신은 만성적이었다. 아이슬란드에서는 주낙이 예나 지금이나 논쟁의 대상이었으며, 1780년에 사상 최초로 낚시 대신 그물치기로 대구를 잡았을 때도 마찬가지로 논쟁이 일어났다. 하지만 어민이 그물치기에 반대한 이

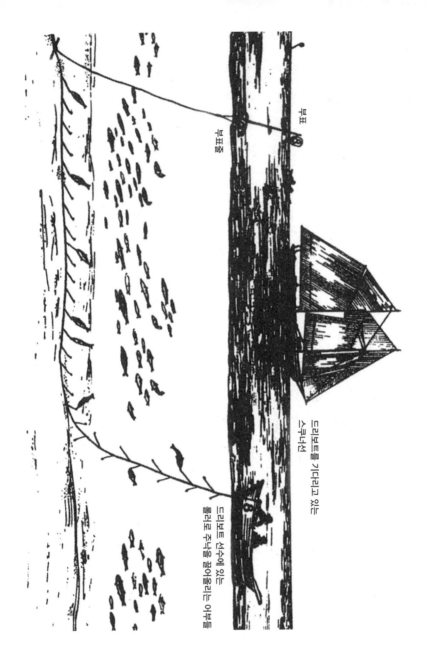

도리보트를 이용한 트롤낚시(주낙) 어업. N. J. 톰슨과 J. A. 마스터스가 공저한 《캐나다 연안 대서양의 어업과 어선Fisheries and Fishing Vessels of the Canadian Atlantic》의 도판 4. 매사추세츠주 세일럼소재 피바디 에식스 박물관 소장.

유는 자칫하다가 물고기의 움직임을 아예 막아 버려 그놈들이 다른 해역으로 옮겨 가지 않을까 걱정한 까닭이었다. 스칸디나비아에서 주낙에 반대하는 주된 이유는 공정하지 않고 민주적이지 않다는 것이었다. 주낙을 사용하려면 우선 막대한 양의 미끼를 구입할 수 있는 자본이 필요했다. 미끼를 살 여유가 없는 사람은 기회 자체를 얻지 못했다. 19세기 북아메리카에서 주낙에 반대하여 나온 핵심 주장은 1940년대 말 페티하버에서 주낙 사용을 금지하면서 꺼내든 주장과 똑같았다. 키플링의 소설에 묘사된 것처럼, 그랜드뱅크스에서는 워낙 많은 어민이 같은 어장에서 일하고 있었다. 이들이 저마다 주낙을 이용하기 시작한다면 공간이 부족해져서 서로의 주낙이 뒤엉켜 못쓰게 되는 결과가 나오리라는 것이었다.

물론 순수하게 환경보전을 위한 수단도 드물게나마 있었으니, 예를 들면 1858년에 뉴펀들랜드에서 청어 어업에 사용되는 그물눈의 크기를 규제하기 위해 만들어진 법률의 경우가 그랬다. 하지만 어획량이 매년 점점 더 늘어만 가던 시절에 남획에 대해 생각하기란 쉽지 않았다. 어획량이 향상된 것은 단순히 어족이 풍부했기 때문이라기보다는 어업이 점점 더 효율적으로 변했기 때문이었다. 그러나 더 나은 어업 기술이 더 많은 어획량을 낳는 한, 어족이 고갈되고 있는 것처럼 보이지는 않았을 것이다.

자연이 굴하지 않는 힘을 지녔다는 것이야말로 19세기에 유행하던 믿음이었다. 이 시기의 특징은 과학에 대한 어마어마한 낙관주의였다. 찰스 다윈으로부터 조금씩 흘러나온 교훈에 따르면, 그 중에서도 특히 어마어마한 영향력을 지녔던 영국의 과학철학자 토머스 헨리 헉슬리의 해석에 따르면 자연이야말로 삶의 모든 문제에 대한 불가피한 해결책을 보유하고 있는 놀라우면서도 확고한 힘이었다. 헉슬리는 당시 영국의 어업 관련 위원회 세 군데에서 위원으로 임명된 바 있었다. 유자망(流刺網)*으로 청어를 잡는 어민이 주낙 때문에 어획량이 감소한다면서 제기한 불만을 검토했던 1862년의 위원회에서도 그는 주도적인 역할을 했다. 어민은 주낙 사용을 규제하는 입법을 요구했다. 하지만 헉슬리의 위원회는 이런 불만이 비과학적인 동시에 더 **생산적인 산업 양태**에 대한 편견을 갖고 있다고 판정했다. 또한 위원회는 어민의 관찰을 깡그리 무시하는 전통을 정부 내에 수립했고 심지어는 이렇게 보고하기까지 했다. "하나의 계급으로서 어민은 자기들이 일상적으로 행하는 일에서 어쩔 수 없이 다뤄야 하는 물고기를 제외한 다른 물고기에 대해서는 극도로 관찰력이 떨어진다."

1883년 런던에서 국제 어업 박람회가 열렸다. 당시의 어업 강대국 대부분이 참가한 이 행사에서 헉슬리는 남획이란 것이 비과학적이며 잘못된 두려움에 불과하다고 연설했다. "남획의 조짐이 있을 경우에는 분명 공급의 감소라는 자연적인 확인 과정이 나타날 것입니다. (…) 이런 확인 과정은 늘 그래왔듯이 영구적인 고갈과 같은 일이 벌어지기 훨씬 전부터 가동하기 시작할 것입니다." 그러나 세 군데 위원회에서 헉슬리가 발휘한 국제적인 영향력을 고려하면 애

———— 자망(물속에 그물을 쳐서 물고기가 걸리게 만드는 어법)의 일종으로, 그물을 조류에 맡겨 '흘러가게(流)' 한 자망(刺網)을 말한다.

초에 그가 유급직책을 동시에 세 개나 맡았던 사실에 대한 해명이 야말로 비루하기 짝이 없다. "자녀가 대여섯이나 딸린 가장이라면 누구나 더 많은 돈을 벌려고 하기 마련이다."

어쨌거나 이후 100년 동안 헉슬리의 영향력은 캐나다 정부의 정책에 고스란히 반영되었다. 1885년 캐나다 농업부의 L. Z. 종카^{L. Z.} ^{Joncas}가 작성한 보고서에는 다음과 같이 나와 있다.

> 여기서 질문이 제기된다. 만일 지금보다 훨씬 더 큰 규모로 어업이 이루어지면 캐나다의 어업은 곧 고갈되지 않을까? 어업 향상을 위해 자본을 투입하는 것이 과연 현명한 일일까?
> (…) 대구, 고등어, 청어 등은 우리의 바닷고기 중에서도 가장 중요한 것들이다. 우리의 생선 수출에서 가장 많은 몫을 차지하고 일반적으로 상업적 생선이라고 일컬어지는 것들이다. 지금까지의 상황으로 미루어 보건대 이런 물고기들에 대해서는 보호가 불필요한 것처럼 보인다. 나는 이런 물고기들의 경우에는 고갈된다는 것 자체가 불가능할 뿐만 아니라 현재 그 포획에 사용되는 수단을 이용해 그 숫자를 눈에 띄게 줄이는 것도 불가능하다고 말하고 싶다. 특히 산란기에 이 물고기들을 보호할 수 있다면 이들이 먹이를 찾는 장소에서 계속해서 낚을 수 있다고 본다. 지난 300년 동안 세인트로렌스만에서, 캐나다 연해주 근해에서 막대한 양의 물고기가 잡혔지만 여전히 고갈에 대한 암시는 전혀 없다.

종카는 주장을 뒷받침하기 위해 일찍이 헉슬리가 참여했던 영국 왕립위원회의 주장을 인용했다. "매년 영국 근해에서 잡히는 물고기의 양이 어마어마하고 점점 늘어나고 있음에도 불구하고, 영국의 어업에서는 고갈의 징후가 전혀 보이지 않는다."

하지만 종카가 이런 주장을 내놓은 데는 나름의 정치적 어젠다가 있었다. 그는 캐나다 정부가 프랑스와 마찬가지로 자국의 수산업에 대한 경제적 지원에 더 적극적으로 나서야 한다고 믿었다. 프랑스가 주낙을 도입한 지 수십 년이 지나자, 캐나다의 어업에서도 이 기술이 널리 사용되기에 이르렀다. 이에 종카는 자망을 옹호하는 주장을 내놓았다. 이 기술은 주낙에 필요한 막대한 양의 미끼가 없어도 가능했다. 그는 전 세계 대구 시장에서 캐나다의 가장 큰 경쟁자인 노르웨이도 자망을 사용하고 있다는 사실을 지적했다.

자망은 닻을 이용해 해저에서 약간 위에 설치하는 그물을 말한다. 그 모습은 마치 배드민턴 그물과도 비슷하게 생겼는데, 해저 어류가 이 그물에 걸리면 머리부터 먼저 빠져나가려고 힘을 쓰다가 결국 아가미가 그물눈에 끼게 된다. 이 그물 위에는 부표를 달아서 표시하며, 어부는 그저 매일 그물을 들어 올려 거기 걸린 물고기를 꺼내기만 하면 된다.

하지만 때로는 그물이 닻에서 떨어져 나가 바다를 떠돌아다니기도 하는데, 이 과정에서 계속해서 물고기가 그물에 걸리다가 나중에는 무거워진 나머지 해저에 가라앉는다. 그러면 여기에 갖가지 동물이 몰려들어 그물에 걸린 물고기를 포식한다. 그물에 걸린 물고기가 어느 정도 소비되고 나면 그물은 가벼워져서 다시 물에 떠

다니기 시작하고, 앞서와 같은 과정이 반복된다. 이 과정에는 20세기에 들어서 자망이 거의 눈에 보이지 않게 되었다는 사실도 일조했는데, 삼실 대신에 처음에는 나일론이 사용되다가 나중에는 단섬유(單纖維)*가 사용되었기 때문이다. 단섬유는 비교적 파괴가 어려운 재료다. 그래서 이 현대의 '유령 그물'은 최대 5년까지 계속해서 저 혼자 물고기를 잡으며 돌아다닐 것으로 추산된다.

종카는 가스페반도와 프린스에드워드 제도에서 사용되는 길이 20~30피트(약 6~10미터)의 스쿠너선이 너무 작아서 경쟁력을 가질 수 없다고 불평했다. 그러면서 선상에서 생선 가공이 가능한 갑판 공간이 있는 커다란 선박(훗날 '공모선(工母船)'이라고 불린 선박)을 캐나다 어민이 구입할 수 있도록 정부가 도와야 한다고 권고했다.

종카의 요구에 대한 해결책은 이미 존재하고 있었다. 19세기 중반에 이르러 선박용 증기기관이 발명되었지만 어업에서 이 기계를 사용하게 되기까지는 시간이 오래 걸렸다. 그러나 마침내 이 기계를 사용하게 되면서부터, 이것이야말로 북아메리카의 발견 이래 대구 어업에 가장 극적인 변화를 가져온 최초의 아이디어가 되었다. 그리고 곧 또 다른 아이디어가 나왔는데, 바로 냉동식품이었다. 이 두 가지 발명품이 하나로 합쳐지면서 상업적 어업의 성격 전체가 변화되고 말았다.

　　단섬유란 다른 섬유와 합치지 않고 단독으로 사용할 수 있는 섬유를 말한다. 대표적인 것이 굵은 섬유 하나를 마치 선처럼 사용하는 '낚싯줄'이다.

암컷 대구 알집을
먹는 즐거움

레오폴드 블룸은 여러 짐승과 가금의 내부 장기를 맛있게 먹었다. 그는 걸쭉한 가금 내장 수프, 견과를 넣은 모래주머니, 속을 채워서 구운 염통, 빵가루를 묻혀 만든 간 편육 튀김, 암컷 대구의 알집 튀김을 좋아했다.

| 제임스 조이스, 《율리시스》, 1922년 |

레오폴드 블룸의 식성은 괴짜 같다기보다는 오히려 구식이라고 해야 한다. 최근까지만 해도 대구 알집은 아일랜드식 아침 식사에서 핵심 특징이었다. 오늘날의 아일랜드인은 대부분 아침 식사 때에 대구 알집을 먹지 않는데, 본인들은 미처 깨닫지 못하고 있지만 아일랜드식 아침 식사가 점점 더 잉글랜드식 아침 식사와 비슷해지고 있기 때문이다. 예전의 아일랜드식 아침 식사에서는 알집을 반으로 길게 썰어 베이컨 기름에 튀기거나 그냥 삶아 먹었다.

삶아서 익힌 알집

알집은 날것을 사서 직접 익히는 편이 좋다. 너무 큰 알집을 고르지는 말라. 더 작은 알집이 더 섬세한 맛을 낸다.

알집을 치즈 천에 싸서 따뜻한 소금물에 넣어 둔다. 요리할 때는 아주 살살 다뤄야 하고, 간신히 보글보글 끓어오를 정도의 뜨거운 물에서 최소한 30분은 익힌다. 재료가 익으면 꺼내서 식도록 놔둔다. 알집의 껍질은 사용하기 직전에 벗긴다. 그전에는 그대로 놔두는 편이 나은데, 그래야 껍질 덕분에 촉촉한 상태가 유지되기 때문이다.

— 테오도라 피츠기번,《아일랜드의 맛A Taste of Ireland》, 1968년

※326~329쪽을 참고하라.

마지막 두 가지 아이디어

그가 말했다. "이 맛 좋은 대구를
맛있게 먹을 수 있겠군."
바로 그때 식탁보보다 더 하얀
유령이 하나 솟아올랐다!

| 토머스 후드(1799~1845년), 〈저녁 식사 미신The Supper Superstition〉|

캐벗의 시대에 살았던 대구잡이 어부가 1900년에 다시 나타나 일
을 하러 갔다면, 그는 바닷가에 있는 새로운 발명품을 보고 눈이 아
찔해졌을 것이다. 그래도 일단 바다에 나가고 나면 자기가 할 일이
어쩐지 낯익게 느껴졌을 것이다. 존 캐벗의 항해로 북아메리카 해
역이 유럽인에게 개방되면서부터 대구 어업의 성격은 크게 변화했
다. 그때부터 어민이 대구를 쫓던 방법은 이후 4세기 동안 거의 똑
같이 유지되었다.

물론 17세기에 들어 항해술이 향상되었던 것은 사실이다. 18세
기에 들어서는 크로노미터 덕분에 경도를 확인하는 것도 가능해졌

다. 도리보트를 여러 척 싣고 다니는 돛대 세 개짜리 바크선도 만들어졌고 뉴잉글랜드인들은 스쿠너선을 발명했다. 또한 전신이 발명되었다. 특히 대서양 횡단 전신 덕분에 장거리 선단은 시장 가격 동향에 대한 소식과 폭풍 경보를 듣는 것도 가능해졌다.

하지만 20세기 초에만 해도 어부의 일이라든지, 물고기를 잡는 어부의 능력에서는 이런 발명품에서 비롯된 변화가 그리 크지 않았다.

어민은 여전히 똑같은 어장에서 일했으며, 이들이 사용하는 똑같은 유형의 장비에서 단지 약간의 변화만이 있었을 뿐이다. 이들은 여전히 돛의 힘으로 움직이는 배를 탔고(아이슬란드인은 여전히 노로 젓는 배를 탔다) 이들이 하는 일은 늘 그렇듯 위험하고도 힘겨운 일이었다.

20세기로 접어들고 한참이 지났을 때까지도 노바스코샤주 루넌버그의 그랜드뱅크스 조업 선단은 돛의 힘으로 움직였다. 스쿠너선에서 잔뜩 소금에 절인 다음, 풍파에도 안전한 바위 해안을 따라 펼쳐 놓은 건조용 덕에서 말린 '루넌버그 가공 생선'은 카리브해로 수출되었다. 루넌버그는 풍파에도 안전한 항구 위 언덕에 지어진 도시였다.

이곳의 위쪽 거리 한 곳에는 장로교 교회가 있는데, 그곳의 풍향계에는 커다란 도금 대구가 한 마리 달려 있었다. 부두를 따라 늘어선 판잣집들은 하나같이 붉은 벽돌색을 띠고 있었다. 원래 이 색깔은 부두의 소금기가 나무를 손상시키지 못하도록 진흙과 대구 간유를 섞어 만든 도료의 색깔이었다. 붉은 벽돌색의 판잣집, 짙은 초록색 소나무, 회흑색의 바다. 이것이야말로 노바스코샤 특유의 풍경이었다.

루넌버그의 어업에서는 특히 스쿠너선이 유명하다. 1886~1907년까지 벌어진 캐나다 대 미국의 스쿠너선 경주에서는 루넌버그의 스쿠너선이 명성을 떨쳤다. 그러다가 1920년 '아메리카 컵 대회'가 높은 파도로 인해 취소되자, 이 대회에 참가한 선수들을 소심하다고 얕봤던 〈핼리팩스 헤럴드 앤드 메일Halifax Herald and Mail〉의 발행인이 5000달러의 상금과 은제 우승컵을 걸고 루넌버그 대 글로스터의 스쿠너선 경주를 제안했다. 그는 어민이라면 거친 날씨 속에서도 스쿠너 모는 법을 안다고 주장했다. 〈글로스터 데일리 타임스Gloucester Daily Times〉에서도 이 도전을 받아들였다. 글로스터의 수산식품 회사인 고턴스가 스쿠너선을 한 대 후원했는데, 이 배는 루넌버그의 스쿠너선을 두 차례나 물리쳤다. 1921년에는 루넌버그에서도 더 큰 스쿠너선 '블루노즈호'를 만들었다. 이런 양 도시 간의 대항전은 1938년까지 계속되었다. 글로스터 측이 몇 차례 이기긴 했지만 블루노즈에게서 우승컵을 완전히 빼앗아 오지는 못했다. 블루노즈는 오늘날 캐나다의 10센트 주화와 종이성냥 등에서 찾아볼 수 있으며, 캐나다 연해주에서는 눈을 어디로 돌리든지 간에 그 모습을 찾아볼 수 있을 정도다.

제2차 세계대전 때까지만 해도 글로스터의 어민은 보통 스쿠너선을 이용해서 조업을 했다. 고턴스 최후의 조업용 스쿠너선 '토머스 S. 고턴호'는 1905년에 제작되어 1956년까지 사용되었다. 1963년에는 루넌버그 최후의 어업용 스쿠너선 '테레사 E. 코너호'가 빈 배로 뉴펀들랜드까지 항해했는데, 이는 노바스코샤에서 물고기를 잡

대구

으러 그랜드뱅크스로 갈 선원을 한 사람도 찾을 수 없었던 탓이다. 더 빠르게 움직이도록 만들려고 하다 보니 스쿠너선은 점점 더 위험한 배가 되고 말았다. 선원을 한 사람도 태우지 못한 테레사 E. 코너호는 루넌버그로 돌아올 수밖에 없었고, 그때 이후 지금까지 해양 박물관의 일부가 되어 여전히 정박되어 있다.

이즈음에 이르러 유럽인은 이미 70년째 자국 영해에서 엔진 동력을 이용하고 있었다. 하지만 대서양 횡단을 위한 연료인 석탄 가격이 비싸서 그랜드뱅크스로 가는 선단에 엔진을 도입하는 과정은 느리게 진행될 수밖에 없었다. 다른 유럽 국가의 어업이 완전히 엔진 동력을

이용하게 된 1930년대까지도 프랑스는 여전히 돛 달린 바크선에 도리 보트를 실어 그랜드뱅크스로 계속 보내고 있었다. 그랜드뱅크스에서 조업한 포르투갈 국적 어선 중 엔진이 없었던 최후의 배 '안나 마리아호'는 1958년에 폭풍을 만나 침몰했다. 하지만 대구 어업에서 돛의 시대가 완전히 끝난 것은 선박용 증기기관이 발명된 때로부터 100년이 지나서, 즉 테레사 E. 코너호가 더 이상 선원을 찾을 수 없어 부득이하게 항구에 발이 묶여 있었던 바로 그때의 일이었다.

어업의 새로운 기술은 대개 유럽에서 처음 나타났다. 유럽의 해역은 북아메리카에 비해 어업이 더 오랫동안 이루어졌고 물고기를 잡기도 더 어려웠기 때문이다. 가뜩이나 줄어드는 어획량을 확보하기 위한 경쟁이야말로 가장 큰 인센티브가 되었고, 무려 8개국에 이

르는 부유하고도 극도로 경쟁적인 어업 국가들이 공동으로 이용하던 북해야말로 혁신의 주된 실험실 역할을 했다.

원래 대부분의 트롤선은 어업 장비를 배 뒤에 설치해서 끌고 다니는 배로서 주낙을 이용했다. 하지만 엔진 동력이 배에 장착되고 나자 뉴잉글랜드인이 저인망 어선이라고 불렀던 배가 트롤선의 가장 일반적인 형태가 되었다. 이 배에서는 해저의 바로 위까지 그물을 내려놓고 끌어당겼다. 저인망 트롤 어업은 아주 새로운 아이디어도 아니었다. 도버 해협 양편의 영국인과 플랑드르인은 여러 세기 동안 해저에 그물을 넣어 끌어당기는 방식으로 새우를 잡아왔다. 이들은 그물이 바닥에 넓게 수평으로 펼쳐지도록 나무 기둥을 그물 입구에 지지대로 달아 놓고 썰물 때 말을 이용해 바닷가에서 그물을 끌어 올렸다. 돛으로 움직이는 저인망 어선(이런 배를 가리켜 '스맥선smack'이라고 했다)은 북해에서 조업을 시작하여 1837년 이후로 더 성행했다. 그해에 들어서면서 원래 물고기가 많았던 도거 뱅크의 바로 남쪽에서 '실버 피츠Silver Pits'라는 새로운 어장이 발견되었기 때문이다.

이 대구 어장들 덕분에 험버강▪ 인근의 전통적인 어업 도시였던 쌍둥이 항구 헐과 그림스비는 대규모 항구로 성장했다. 어업에 증기 동력이 처음 응용된 곳도 바로 여기로서, 증기 동력 외륜선이 스맥선을 북해의 여러 어장까지 끌고 갔다 끌고 오기 시작했던 것이다. 증기 동력 선박이 생기고 나자 스맥선에서 사용되던 구식 기둥

――― 정확히 말하자면 '강'이 아니라 앤콤강과 헐강 등이 바다와 만나는 곳에 형성된 하구(河口)다.

지지대 트롤망(빔트롤^{beam trawl})이 새로운 선박 가운데 하나로 옮겨지는 일은 시간문제가 되었다. 처음에는 외륜선 일부에 트롤 어업을 위한 장비가 설치되었다. 그러다 1881년 헐에 있는 조선소에서 '조디악'이라는 이름의 증기동력 트롤선을 만들었다. 1890년대가 되자 헐에는 돛이 달린 트롤선이 단 한 대도 남지 않게 되었고 북해에서는 증기 동력 트롤선이 일반화되었다.

최초의 전개판(展開板) 트롤망(오터트롤^{otter trawl})은 1892년 스코틀랜드에서 제작되었다. 그물 입구에 기둥을 지지대로 설치하면 해저가 평평한 곳에서만 제대로 작동한다. 이에 비해 전개판 트롤망의 그물 입구 바닥에는 기둥 대신 쇠사슬이 설치되어 있었고 그 아래에는 금속제 얼레, 즉 롤러가 설치되어 더 잘 움직였다. 그물 입구 위쪽으로는 부구(浮球)를 달아서 그물 입구가 항상 벌어져 있게 했다. 그물을 가로로 넓게 벌리는 역할은 '문(전개판)'이 담당했는데, 이는 그물 양쪽에 달린 육중한 판자를 가리킨다. 전개판 트롤망은 현대에 사용되는 모든 저인망의 원형이다. 1895년에 이르러 이것은 영국의 북해 조업 선단의 표준 어업 장비가 되었으며, 북해에서의 어업을 놓고 경쟁 관계에 있던 다른 유럽 국가들도 매우 신속하게 전개판 트롤망을 도입하게 되었다.

영국인이 증기 동력을 개발하여 바다에서 보내는 시간을 단축시키는 사이에, 아메리카인은 어느 때보다도 많은 중간돛 스쿠너선을 가지고 속도 향상 실험을 시행하는 과정에서 크나큰 손실을 입고 있었다. 1880~1897년까지 영국인은 북해에서 활동하는 증기 트롤선을 만들었던 반면, 아메리카에서는 글로스터 한 곳에서만 무려

1614명의 어민이 스쿠너선으로 조업하다가 익사했다. 하지만 아메리카인은 북해에서 벌어지는 혁신에 대해 거의 관심이 없다시피 했다. 뉴잉글랜드인과 노바스코샤인은 그들이 만든 위풍당당한, 그러나 치명적이기도 한 스쿠너선에 고집스레 집착했다. 뉴펀들랜드와 래브라도의 어업은 근해에서 이루어졌으며, 작은 보트를 이용한 덫그물 놓기와 손낚시만 가지고도 어획량이 좋았고 자본은 거의 들지 않았다.

최초의 전개판 트롤망이 뉴잉글랜드에 도입된 것은 1893년의 일로, 미국 어업위원회가 실험 삼아 케이프코드의 어민 몇 사람에게 이 장비를 대여했다. 하지만 조지스뱅크에서는 이후 30년 동안이나 여전히 돛배가 주류였다. 그러다가 1918년에 이르러 강철 선체를 지닌 기둥 지지대 트롤선이 메인주 배스에서 건조되었고, 이어 보스턴에서는 아예 트롤선 선단이 생겨나게 되었다.

동력 선박이 돛과 노를 대체하고 나자 어업은 더 이상 '수동적인 장비', 즉 물고기가 오기를 기다리는 장비로 하는 일이 아니게 되었다. 이제는 사람이 물고기를 추적할 수도 있었다. 더 크고 강력한 엔진을 언제라도 개발할 수 있었기 때문에 어업의 규모도 거의 무제한적으로 늘어날 수 있었다.

보고에 따르면 전개판 트롤망을 장착한 증기선은 돛배보다 무려 여섯 배 이상 많은 어획고를 올렸다. 1890년대에 이르러 북해에서는 어족의 감소 징후가 이미 나타나고 있었지만 맨 처음에 나온 반응은 어족의 보전이 아니었다. 북해에서 조업하던 선단은 더 멀리 나아가서 아이슬란드 근해의 더 풍부한 어장으로 진출했다.

막대한 어획량은 주기적으로 생선 가격을 폭락시켰고 시장에서 유례없는 대참사를 만들어 내곤 했다. 1920년대에는 어민의 항의로 캐나다 정부가 저인망 선단의 확대를 금지하기에 이르렀다. 가공 생선의 품질도 저하되었다. 증기 동력 덕분에 더 빠른 선박을 이용할 수 있게 되면서, 저마다 잡은 물고기를 최대한 빨리 시장에 내다 팔기 위해 경쟁을 벌였기 때문이다. 1902년에 제노바 주재 영국 공사가 남긴 말이 머지않아 정확한 예측이 될 상황이었다. "돛배 화물선을 이용하던 예전 체제로 돌아가는 쪽이 훨씬 더 나을 것이다."

하지만 기술은 결코 역전을 허용하지 않았다. 오히려 새로운 문제들을 해결하기 위해 새로운 기술들을 만들어 냈다. 상업적 어업에서 가장 큰 문제는 예나 지금이나 생선의 좋은 상태를 유지하며 시장까지 가져가는 일이었다. 여러 세기 동안 부자들은 자연 연못이나 인공 연못에서 직접 물고기를 길렀다. 바닷고기의 경우에는 바닷가의 썰물 웅덩이에다 나무 우리를 만들어 보관했다. 16세기 네덜란드에는 '활어 수조'라는 것이 있었는데, 배의 선창에 바닷물이 들락날락하는 구멍을 여러 개 뚫어 놓은 것이었다. 17세기에는 영국의 조선업자들도 배에 활어 수조를 만들기 시작했다. 영국 사람들은 소금 절임 생선을 싫어했기 때문에 항상 신선한 생선에 대한 수요가 높았다. 뉴잉글랜드인도 '활어수조 스맥선'을 만들었는데, 활어 수조가 설치된 이 배를 이용하면 살아 있는 생선을 보스턴에서 뉴욕까지 운반할 수 있었다.

하지만 비좁고 흔들리고 산소가 부족한 활어 수조에 물고기를 넣었다 꺼내면 이미 대부분이 죽어 있었다. 깊은 물에서 낚아 올린 대구, 링대구, 기타 대구목 물고기들은 활어 수조에 들어갔다 하면 살아남지 못했다. 이런 물고기는 부레 안에 기체를 가득 채운 상태에서 방향을 잡지 못하고 표면을 이리저리 떠다니다가 결국 죽고 말았다. 어민들은 물고기의 부레에 구멍을 뚫어 활어 선창에서 위로 떠오르지 못하도록 하기도 했다.

한편 엔진 덕분에 새로운 기회도 생겨났다. 영국인은 펌프로 물을 집어넣어 물속에 충분한 산소를 공급하게 만든 수조를 가지고 실험해 보기도 했다. 또한 엔진 덕분에 철도도 이용 가능해서, 항구에 도착한 물고기를 내륙 시장으로 신속하게 보낼 수 있었다. 얼마 안 가 영국의 항구들은 철도 중심지로 부상했다.

비록 눈치를 챈 사람은 거의 없다시피 했지만, 이즈음 래브라도에서 겨울을 보내던 뉴욕 출신의 한 괴짜가 머지않아 북대서양의 어업을 영원히 바꿔 놓을 아이디어를 숙고하고 있었다. 클래런스 버즈아이는 1886년 브루클린에서 태어나 1910년에 애머스트 칼리지에 들어갔지만 돈이 없어서 자퇴하고, 한동안 뉴욕에서 쥐꼬리만 한 봉급을 받으며 사무직으로 일했다. 그러다 모피 덫 사냥꾼에 매력을 느껴 아내인 엘리너와 갓난아기인 아들을 데리고 래브라도로 이주했다. 그곳에서 그는 '파룻한' 생선을 얼려 놓으면 겨우내 보관해도 맛이 변하지 않는다는 사실을 알아냈다. 그는 아기용 세면대에 바닷물을 담아서 그 안에 양배추를 집어넣고 래브라도의 북극 바람에 노출시켰다. 덕분에 그의 가족은 래브라도에서 최초로 겨울 내내 신선한 야채를 먹을 수 있었다.

The Ending of the Trip, Gloucester, Mass.

1910년에 발행된 그림엽서에 그려진 스쿠너선. 매사추세츠주 세일럼 소재 피바디 에식스 박물관 소장.

이를 시작으로 버즈아이는 여러 해에 걸쳐 집에서 나름대로의 실험에 몰두했다. 그의 아들이 회고한 바에 따르면, 이 실험에는 부부가 함께 참여했지만 부인은 남편이 집안 곳곳에 실험 재료인 각종 식품을 늘어놓는 것을 가지고 자주 짜증을 냈다. 아들은 특히 욕조에 살아 있는 창꼬치를 넣어 둔 것 때문에 벌어진 부모님의 부부싸움이 기억에 남는다고 했다.

버즈아이는 급기야 덫 사냥 일을 포기하고 워싱턴 D.C.로 이주해 미국 어업협회를 위해 일하게 되었다. 그는 물고기를 얼리는 기술에 관심이 있었다. 얼음이 신선함을 연장시킨다는 사실은 이미 1820년대에 발견된 바 있었다. 하지만 얼음은 녹아서 물이 되는데, 이 물 때문에 박테리아의 성장이 촉진된다고 버즈아이는 설명한다. 이후로도 몇 년 동안이나 그는 자기 집의 싱크대와 욕조에 실험 재료를 가득 채워 실험했고 마침내 새로운 기술을 개발했다. 이 기술에는 세 가지 장비가 필요했다. 전기 프라이팬, 얼음덩어리, 소금물한 양동이였다. 그는 이 간단한 장비로 래브라도의 겨울을 재현해냈다.

1925년 버즈아이는 글로스터로 이주해 물고기를 가지고 연구하다가 결국 제너럴 수산물 회사를 설립했다. 처음에는 해저 어류를 가지고 실험했지만 나중에는 다른 수산물로도 실험했으며, 나중에는 육지 고기와 과일, 야채로도 실험했다.

그에게 한재산을 안긴 물건은 바로 거위였다. 어느 날 식품 가공 회사인 포스툼 설립자의 딸이 매사추세츠 인근에서 요트를 타다가 글로스터에 정박했는데, 그녀는 여기서 거위 요리를 먹고 무척

대구

이나 맛이 좋다고 생각했다. 수소문 끝에 그녀는 이 거위가 인근의 괴짜로 소문난 클래런스 버즈아이가 얼린 식재료였음을 알게 되었다. 그녀는 버즈아이를 만나 그의 작은 회사에 대해 여러 가지를 물어보았고, 얼마 지나지 않아 그녀의 아버지는 버즈아이에게 2200만 달러를 주고 이 회사를 매입했다. 포스툼은 이 회사의 새로운 이름을 '제너럴 푸즈'라고 지었다. 두말할 것 없이 이는 버즈아이의 제너럴 수산물 회사에서 따온 이름이었다. 버즈아이는 자기 아이디어가 결국에 가서는 식품 업계에서도 제너럴 모터스나 제너럴 일렉트릭처럼 그 업계를 대표하는 대기업을 낳을 것이라고 믿었기에 그런 이름을 붙인 것이다.

1946년 버즈아이는 급속 냉동 공정을 개발함으로써 냉동식품 기술을 더 향상시켰다. 또한 그는 다른 분야들로도 진출했는데, 전기 회사를 설립해서 성능이 더 향상된 백열전구를 만들었고 페루에서는 사탕수수를 으깨고 남은 부산물을 종이로 만드는 공정을 개발했다. 69년에 이르는 생애 동안 그는 무려 250개의 특허를 취득했다.

버즈아이의 냉동 기술 도입은 대구 어업에서 중대한 순간에 해당했다. 미국에서도 영국과 마찬가지로 가공 생선이 아닌 신선한 생선에 대한 수요가 점점 높아졌으며, 미국 내에서 소금에 절인 대구의 시장은 꾸준히 감소하고 있었다. 1910년 뉴잉글랜드에서 생산된 생선 가운데 가공 대구는 겨우 1퍼센트에 불과했다. 운송 방법의 향상에도 불구하고 신선한 생선을 내륙까지 보내기는 여전히 어려웠기 때문에 대구 시장은 점차 줄어들고 있었다. 반면 조업 선단의 역량은 크게 늘어나 1928년에는 최초의 디젤 동력 트롤선이 증기 동력 트롤선보다 훨씬 더 효율적임이 증명되었다.

글로스터에서는 소금에 절인 대구가 여전히 주요 산업이었다. 급기야 이 도시는 경제 위기에 봉착하게 되었다. 1923년 윌리엄 매키니스 시장(市長)은 상무부 장관 허버트 후버를 만나 점점 줄어드는 시장(市場)에 관해 논의했다. 후버는 미국 내에서 소금에 절인 대구의 소비를 촉진시키는 방법을 숙고하기 위해 뉴욕에서 회의를 소집했다. 하지만 제너럴 푸즈가 버즈아이의 냉동 공정을 도입하면서부터 소금에 절인 대구는 글로스터에서 빠르게 사라지고 있었다. 후버의 뉴욕 회의가 열린 바로 그해, 글로스터에서 가장 유명한 수산물 회사인 고턴스는 위기를 맞아 결국 소금 절임 생선 사업을 접고 말았다. 문제의 시작은 이탈리아 정부가 고턴스에서 소금에 절인 대구를 무려 100만 달러어치 이상 구매하기로 계약한 것이었다. 이 상품이 대서양을 지나는 사이에 베니토 무솔리니가 정권을 잡았고, 고턴스의 배가 목적지에 도착하자마자 화물은 압류되었으며 대금은 결국 지불되지 않았다.

1921년 뉴잉글랜드에서는 생선 저미는 기계가 도입되었다. 그로부터 9년 뒤 이 지역에서는 128개소의 생선 저미는 공장이 가동되고 있었다. 이런 공장에서 나온 폐기물은 어분(魚粉) 회사에 팔았는데 양쪽 모두 번영을 누렸다. 냉동과 저미는 작업이 합쳐지고 나자 이때부터 저민 생선(필레)이 주된 생산품이 되었다. 특히 작은 대구를 저며서 만든 스크로드scrod는 점점 더 인기를 얻었다. 이 단어가 미국에서 사용된 것은 1849년까지로 거슬러 올라가는데, 그 기원은 아마도 '벗기다'라는 뜻의 네덜란드어 '스로데schrode'인 것으로 추정된다. 생선 저미기가 산업화되면서 스크로드는 일상어가 되었다.

때로는 해덕대구가 스크로드의 재료로 사용되기도 했다. 이런 해저 어류가 내륙 지역에서 점점 인기를 얻으면서 종들 간의 정확한 구분은 점점 더 불분명해졌다. 여러 세기에 걸쳐 대구가 원산지에서 멀리 떨어진 곳에서도 인기를 얻게 되자 아예 대구를 그냥 '생선fish'이라고만 부르는 경향도 생각났다. 예를 들어 '장대건조생선stockfish'은 원래 말린 대구를 의미하는 것으로 추정되지만, 여러 세기가 지나면서 말린 대구류 생선이라면 무엇이든 상관없이 지칭하는 말이 되었다. 영국령 서인도 제도에서 대구와 기타 소금에 절인 대구류는 '소금 절임 생선saltfish'이라고 불렸다.

냉동 생선의 경우에도 마찬가지 일이 벌어졌다. 이전까지 수산물을 전혀 먹어보지 못했던 소비자들, 심한 경우에는 자연 상태의 저미지 않은 생선을 평생 한 번도 본 적이 없었던 소비자들은 그저 '생선'을 (저민 것이나 튀김용 토막(피시 스틱)으로) 구매할 뿐이었다. 그 생선의 종류가 구체적으로 명시되는 경우는 드물었다. 일반적으로는 대구라고 여겨졌지만 사실은 해덕대구가 대구로 사용되는 경우가 점점 더 늘어났으며, 나중에 가서는 연어가 대유행하면서 또다시 바뀌었다. 오늘날 튀김용 생선 토막은 대개 태평양 폴락대구다. 어쨌거나 '생선'이라는 이름은 그대로 남은 셈이다.

튀김용 생선 토막은 어마어마한 상업적 성공을 거두었다. 이것은 저민 생선을 통째로 얼린 다음, 톱을 이용해 판자처럼 썰고 다시 잘라서 토막으로 만든 것이다. 1950년대에 고턴스에서 낸 광고를 보면 튀김용 생선 토막을 "오늘날의 수산물 업계에서 이룩한 가장 최신의, 가장 대단한 위업"이라고 표현했다. 이 광고는 계속해서 다음과 같이 설명한다. "튀김용 생선 토막 덕분에 평범한 미국 주부도 더는 생선 요리가 힘들다고 생각하지 않게 되었습니다. 생선 요리는 즐거운 일이 되었고, 식구들은 생선을 가장 좋아하는 요리 가운데 하나로 꼽게 되었습니다. 준비하기 쉽고 조리하기 간단하며 먹기도 즐거운 튀김용 생선 토막은 생선에 대한 수요를 크게 늘려 준 한편 수산업을 혁신했다고 해도 과언이 아닐 것입니다."

냉동 기술은 또한 수산물 회사와 어업 항구의 관계도 변화시켰다. 냉동 생선은 어디서나 살 수 있었다. 생선이 가장 저렴하고 가장 풍부한 곳이라면 어디라도 상관이 없었다. 시장이 확장되자 단순히 한 지역의 선단만 갖고는 회사가 원하는 수요를 맞출 수가 없었다. 고턴스와 다른 회사들은 곧 전용 트롤선을 포기했으며 급기야는 전용 항구도 포기했다. 1960~1970년 사이에 미국 내 튀김용 생선 토막의 생산량은 무려 세 배로 늘었지만, 글로스터의 생선 생산량은 겨우 두 배로 늘었다. 사업 자체는 늘어났던 반면에 글로스터의 시장점유율은 줄어들었던 것이다.

가장 중요한 발전은 제2차 세계대전 동안에 이 세 가지 혁신(고성능 선박, 저인망, 냉동 생선)이 거대한 공모선이라는 형태로 합쳐진 것이었다. 증기 동력 전개판 트롤선이 지닌 애초의 매력은 돛대와 삭구가 없기 때문에 생겨난 넉넉한 갑판 공간을 생선 가공에 이용할 수 있다는 점이었다. 또, 엔진 동력 선박은 선체가 커서 저장 공간도 더 컸다. 원래 그물을 끌어당기고 끌어 올리는 역할은 한쪽 옆에 있는 회전식 활대가 담당했는데, 이를 '현측 트롤선'이라고 했다. 반면 태평양에서 발명된 '선미 트롤선'은 거친 바다에서 더 안정적이었으며 더 커다란 트롤망도 끌 수 있었다. 또한 물고기를 끌어 올리는 선미의 갑판 공간이 더 넓고 탁 트여 있다는 장점이 있었다.

제2차 세계대전 때부터 이 추가 공간은 생선 냉동에 사용되었다. 1950년대가 되자(지금은 이 시기야말로 원양 트롤망 어업의 황금기로 간주된다) 세계 어디에서나 대구 어획량이 매년 늘어났다. 북해와 아이슬란드 근해, 노르웨이뿐 아니라 여러 뱅크들과 세인트로렌스만, 뉴잉글랜드 해안에서도 매한가지였다. 전 세계의 상업적 어획량은 대부분 늘어나고 있었다.

그렇다면 어획량에는 과연 한계가 있는 것일까? 19세기 사람들이 믿었던 것처럼 자연은 정말 고갈이 불가능한 것일까? 어민들은 서서히 걱정하기 시작했다. 1949년에 이르자 과도한 어업을 규제하는 방법을 찾기 위해 국제 북서대서양 어업위원회가 결성되었다.

하지만 기술은 더 많은 물고기를 잡는다는 목표에 계속해서 초점을 맞추었다. 공모선의 길이는 무려 450피트(약 130미터) 이상으로 늘어났고 용적은 4000톤 이상 늘어났으며, 6000마력 이상의 출력이 가능한 두 개의 디젤 엔진을 장착해서 점보제트기조차도 들어갈 만큼 입구가 커다란 트롤망을 끌어당길 수 있었다. 비고에서 온 에스파냐의 선단이 종종 사용하던 기법인 교대식 조업의 경우, 두 척의 공모선이 커다란 트롤망 하나를 공유해서 작업했다. 한 척에서는 트롤망을 끌고 다른 한 척에서는 생선을 가공하는 것이다. 그물을 끌어 올려 생선을 꺼내고 나면 두 선박이 역할을 바꿔서 일을 계속했고, 그렇게 한시도 쉬지 않고 물고기를 잡았다.

트롤망 바닥에 설치된 롤러는 머지않아 '바위 건너뛰기 장치'로 대체되었다. 이 커다란 원반형 장치는 바위에 부딪치면 위로 튀어오르는 성질이 있어, 울퉁불퉁한 바다 밑바닥에 가깝게 대고 끌어도 그물이 손상되지 않았다. 아울러 그물 입구에 설치된 '몰이용 쇠사슬(후릿줄)'은 바다 밑바닥을 휘저어 소음과 티끌을 잔뜩 일으켰다. 대구와 다른 해저 어류는 위험을 감지하면 본능적으로 바닥에 숨는데, 이 몰이용 사슬은 마치 사냥꾼이 덤불을 막대기로 두들겨 새를 몰아내는 것과 똑같은 작용을 해서 겁에 질린 대구가 안전한 바닥 틈새에서 빠져나와 그물로 들어가게 만들었다.

이 그물이 휩쓸고 지나가면 해저는 텅 비어 버리고 말았다. 이 그물이 펼쳐진 넓은 영역에서 헤엄치던 물고기는 모조리 잡혔다. 이를 통제할 유일한 규제 수단은 그물눈의 크기뿐이었다. 그물의 구멍보다 크기가 더 작은 물고기는 도망칠 수 있었다. 규제 당국은 그물눈의 최소 크기를 의무화하도록 했지만, 어민들이 지적한 바에 따르면 그물 뒷주머니인 코드 엔드에 이미 상당한 양의 물고기가 들어찬 상태라면 그물눈의 크기가 제아무리 크더라도 실제로 빠져나갈 수 있는 물고기는 극소수다. 그렇게 잡힌 수백만 마리에 이르는 쓸모없는 물고기들은(상품 가치가 없는 종이거나 크기가 너무 작거나 조업 할당량을 초과한 물고기들, 또는 그 주에 시장 가격이 낮았던 물고기까지도) 배 밖으로 던져 버렸는데, 대개는 죽은 상태였다.

여러 세기 동안 어민들은 해저의 여러 층과 하늘을 연구해야만 했다. 노바스코샤의 어민은 흔히 '체리색 바다'라고 불리는 것을 찾아다닌다. 이것은 대구가 좋아하는 붉은 자갈층의 일종을 뜻하는 말이다. 이들은 추를 매단 낚싯줄에 쇠기름 덩어리를 꿰어 바닷물에 집어넣었다가 꺼낸 다음, 거기에 붙은 조약돌의 색깔이 무엇인지 살펴보았다. 어떤 어민들은 수평선에서 형성되는 바닷새 무리를 찾아보기도 했다. 이 배고픈 포식자들은 성난 울음소리로 공중을 가득 채우면서 새하얗게 거품이 이는 바다 표면으로 뛰어들어 청어와 열빙어 같은 미끼용 물고기를 낚아챘다. 바로 이때 어민들은 사냥감이 있는 장소를 알 수 있었다. 즉, 바닷새들이 수면으로 뛰어든다는 것은 배고파 입을 벌린 대구와 기타 해저 어류가 저 아래쪽에서 공격을 가하는 통에 위기에 처한 미끼용 물고기 떼가 중간 수심의 원래 서식지를 벗어나 위로 올라왔다는 신호다. 먹이 사슬의 폭력성 덕분에 어민은 낚싯줄이나 그물을 어디에 내려야 하는지 알게 되는 것이다.

하지만 이제는 이런 기술도 모조리 사라져가고 있다. 이제는 수중 음파탐지기나 정찰용 비행기를 이용해 물고기 떼를 찾아낸다. 이런 기술은 원래 제2차 세계대전 당시에 적의 잠수함을 찾아내기 위해 개발된 것이었다. 아무튼 이런 기술로 물고기 떼를 찾아내면 트롤선은 그 해역으로 찾아가 싹쓸이를 했고, 그 과정에서 그들은 목표한 물고기뿐만 아니라 그 해역에 있는 것을 모조리 잡아버렸다(이렇게 덩달아 잡은 물고기를 '부수 어획물(혼획물)'이라고 한다). 1950년대에 나온 고턴스의 광고는 이렇게 표현했다. "이 방법 덕분에 어업은 더 이상 50년 전과 같이 운에 의존하는 문제가 아니게 되었습니다."

뉴잉글랜드
방문

1923년 미국 수산청의 이블린 스펜서는 오리건주 포틀랜드에 있는 자기 집을 떠나 매사추세츠 주 글로스터로 갔다.

그녀는 이 여행에 관해 〈포틀랜드 오리거니언Portland Oregonian〉이라는 신문에 다음과 같은 글을 기고했다. "오늘날 5000명의 [글로스터] 사람들이 해터러스섬*에서부터 북극권에 이르는 바다를 항해한다."

그녀는 특히 뉴잉글랜드의 소금절임대구 요리에 감명을 받았다. "나는 포틀랜드가 특유의 소박한 요리와 생양배추를 잊지는 말았으면 하는 마음이다. 하지만 포틀랜드도 배워야 하는 것이 한 가지 있다면 그건 바로 소금 절임 생선이라는 재료의 사용법이다. (…) 소금 절임 생선이 이렇게 맛있을 수도 있다는 사실은 글로스터에서 요리를 맛보고 나서야 난생처음으로 깨달았다."

곧이어 그녀는 뉴잉글랜드의 소금절임대구 요리 가운데 고전에 속하는 두 가지를 소개한다. 하나는 '생선 완자'이고, 다른 하나는 다

———— 미국 노스캐롤라이나주 연안에 있는 대서양의 섬.

음에 인용한 '뉴잉글랜드식 대구 요리'다.

야채와 돼지비계 튀김을 곁들인 소금절임대구 요리

소금절임대구를 필요한 만큼 준비한 다음, 찬물을 붓고 스토브 안쪽에 올린다. 물이 뜨거워지면 따라 버리고 다시 찬물을 붓는다. 반 시간의 간격을 두고 물을 세 번이나 네 번쯤 더 바꿔 준다. 아니면 재료에 찬물을 넉넉히 넣고 두 시간 동안 담가 놓는다. 소스 팬에 깨끗한 찬물을 넣어 처음에는 펄펄 끓인 다음 은근한 불에 끓인다. 소금절임 생선을 끓이면 살이 단단해진다. 껍질 벗긴 감자를 필요한 만큼 넣고, 감자가 익을 때까지 은근한 불에 끓인다. 글로스터에서는 감자를 넣고 은근한 불에 끓여야만 생선이 딱딱해지지 않는다고들 말한다. 비트, 당근, 양파를 준비해서 물러질 때까지 삶는다. 소금 절임 돼지고기의 비계를 깍둑썰기하고, 이를 프라이팬에 넣고 천천히 볶아서 기름이 빠지고 이 '비계 튀김'이 바삭거릴 때까지 볶는다.

생선과 감자를 따뜻하게 데운 접시 한가운데에 놓고, 삶은 비트와 양파와 당근을 그 주변에 담는다. 돼지고기 기름과 비계 튀김을 따뜻하게 데운 그레이비소스 그릇에 넣는다. 이런 요리를 대접받았을 때 진짜 글로스터식으로 먹으려면 우선 야채와 생선을 잘게 잘라 그 모두를 한데 섞은 다음, 돼지고기 기름과 비계 튀김을 크게 한 국자 떠서 그 위에 뿌린다. 나는 이 음식들을 따로따로 먹는 쪽을 택해서 재료 각각의 맛을 즐길 수 있었다.

— 이블린 스펜서, 〈포틀랜드 오리거니언〉, 1923년

아이슬란드에서 유한한 우주가 발견되다

마을이 끝나는 곳부터는 마치 쇳녹 같은 갈색의 평평한 화산암 들판이 시작되었다. 들판에는 철조망을 두른 오두막이 드문드문 자리 잡고 있었다. 빨랫줄마다 장대건조생선이 걸려 있었고 하얀 암탉도 있었다. 거기서 바닷가로 더 내려가 보면 화산암 위에 마치 커다란 빨래 바구니처럼 보이는 것들이 점점이 흩어져 있는데, 사실 이것은 건조 중인 물고기를 아주 빽빽하게 쌓아놓고 방수포로 덮은 것이었다.

| W. H. 오든, 루이스 맥니스, 《아이슬란드에서 보낸 편지Letters from Iceland》, 1967년 |

한때 영국인은 영국 주위의 해역에서 "고갈의 징후가 전혀 보이지 않는다"고, 나아가 그런 일은 과학적으로 불가능하다고 캐나다인과 세계에 다시금 확신시킨 바 있었다. 그로부터 불과 10년이 지나 영국인은 북해의 대구 어족이 감소한다는 사실을 발견했다. 1902년에 이르러, 즉 헉슬리가 사망하고 7년이 지난 뒤에 영국 정부는 남획이라는 것이 실제로 존재한다는 사실을 시인하기 시작했다. 영국

대구

의 경이로운 강철 선체 저인망 어선들은 이미 북해를 떠나 아이슬란드로 가고 있었다. 이곳에서 영국 어선들은 과거 한자 동맹이 영국인을 몰아냈던 당시와 똑같은 방식으로 물고기를 낚고 있는 어민을 발견했다. 아이슬란드인은 그들의 전통을 지키고 있었다. 이들은 그때까지도 바이킹과 똑같은 말을 구사했으며 이는 지금도 마찬가지다. 아이슬란드인은 지금까지도 성(姓)을 갖고 있지 않다. '붉은 에이릭Eirik the Red'의 아들 레이퓌르Leifur가 레이프 에이릭손Leif Eiriksson이 된것처럼, 만일 하롤드Harold라는 이름을 지닌 현대의 아이슬란드인에게 요한Jóhann이라는 이름의 아들이 있다면 그 아들의 이름은 요한 하롤드손Jóhann Haroldsson이 되는 것이다. 그리고 요한 하롤드손의 아들의 성은 요한손Jóhannsson이 되고, 딸은 요한도티르Jóhanndóttir가 된다.

아이슬란드는 화산암으로 뒤덮인 섬으로 그 주위를 에워싼 긴 피오르의 아늑한 구석마다 훌륭하고 풍파에도 안전하며 수심이 깊은 항구들이 자리 잡고 있다. 하지만 어업 항구는 이런 자연 항구가 아니라 오히려 바다 쪽으로 튀어나온 곳에 자리 잡고 있었다. 20세기 초의 수십 년 동안만 해도 아이슬란드에서 주로 사용되는 어업용 선박은 개방갑판식의 노 젓는 보트였다. 그러다 보니 풍파에도 안전한, 피오르안 깊숙이 자리 잡은 자연 항구를 이용하게 되면 노를 저어 어장까지 오가는 시간이 더 오래 걸릴 수밖에 없었다. 따라서 어민은 바다 쪽으로 튀어나온 곳 중에서 어장과 가까운 장소를 골라서 항구로 삼고, 고래 갈비뼈로 만든 롤러를 이용해 보트를 화산암 해변 위로 끌어 올려 보관했다.

각각의 보트에는 노가 많아야 12개였다. 대개는 4~6개였고 어부 한 사람이 노를 하나씩 잡았다. 보통 보트에는 하나짜리 작은 돛이 설치되어 있었지만 피오르를 스쳐 불어오는 바람이 워낙 변덕스러웠기 때문에 돛보다는 노가 더 효율적일 경우가 종종 있었다. 그리고 노잡이들은 모두 손낚시도 담당했다.

하지만 이런 어려움에도 불구하고 아이슬란드는 줄곧 어업 국가로 남아 있었다. 왜 이곳에서는 기술이 발전하지 않았느냐는 질문에 아이슬란드 해양연구소의 역사학자 욘 토르$^{Jón\ Thór}$는 이렇게 대답했다. "1500년 이후로 새로운 아이디어는 매우 천천히 나타났습니다." 1389년 이전까지만 해도 아이슬란드는 문학과 탐험과 창의적인 개념의 정부등 여러 면에서 매우 활기 넘치는 사회였다. 하지만 1389년 헤클라산에서 화산 폭발이 일어나 온 땅이 흔들리더니 짙은 어둠이 오랫동안 깔렸고, 극심하게 추운 겨울이 지난 뒤에는 봄에 홍수가 일어났다. 그리고 전염병이 돌았다. 1397년부터는 노르웨이 대신 덴마크의 통치를 받게 되었다. 덴마크인은 통치에 무관심한 태도로 일관하여, 아이슬란드와의 무역 독점을 선언하기는 했지만 사실상 무역을 거의 추구하지 않았다. 1532년에 영국인이 물러나자 아이슬란드는 외부 세계와의 마지막 접촉마저 잃은 셈이 되었다.

19세기 후반까지만 해도 아이슬란드의 주요 수출품은 생선이었지만 그 양은 여전히 적은 채로 남아 있었다. 18세기 말 뉴잉글랜드와 뉴펀들랜드가 매년 2만 2000톤의 대구를 수출했던 반면 아이슬란드의 수출량은 1000톤 미만에 불과했다. 아이슬란드인 대부분은 농민이었는데 그중 상당수는 (특히 남부와 서부에서는) 2월부터 4월까

대구

여러 세기가 지나는 동안에도 아이슬란드에서는 어업용 선박과 장비가 거의 바뀌지 않았다. 위 그림은 16세기 말의 채색 필사본인 성문 법전 《법률서Law Books》의 일부로, 어업에 관한 내용이 들어 있는 페이지다(아이슬란드 레이캬비크 소재 아우르니 마그누손 연구소 소장). 아래 그림은 1910년경에 아이슬란드 서부 해안의 어촌 이사피오르드휘르에서 찍은 사진이다(아이슬란드 아크라네스 소재 아크라네스 박물관 소장).

지 어업으로 벌어들이는 돈이 나머지 기간 동안 농업으로 벌어들이는 돈보다 더 많았다. 이 섬에서는 나무가 단 한 그루도 자라지 않았으며, 예외라고 해 봐야 아이슬란드에서 조경업자들이 장식용으로 심은 몇 그루가 전부였다. 따라서 이 섬에는 과일도, 곡물도 없었다. 15세기에 잉글랜드인은 곡물을 가져와서 생선과 맞바꿔 갔다.

아이슬란드에서는 장대건조생선이 항상 빵의 대용품이었다. 보통은 잘게 부순 다음에 버터에 섞어서 빵에 발라 먹었다. 1500~1800년 동안 아이슬란드에서는 모든 학생에게 장대건조생선을 하루 반 개씩 지급했다. 사정이 이렇다 보니 아이슬란드인은 신선한 대구나 소금에 절인 대구를 좋아하는 입맛을 터득할 수가 없었다. 하지만 1855년에 이르러 덴마크가 외국 무역에 관한 금지령을 해제하자, 아이슬란드인은 대구를 소금에 절이는 방법을 배우게 되었고 덕분에 품질 좋은 생선이 판매되는 에스파냐와 포르투갈의 시장에서 한자리를 차지하게 되었다.

아이슬란드의 그린다비크는 바다 쪽으로 튀어나온 육지였는데, 대구 어장에 가깝다는 이유로 910년에 어업 기지로 선택되었다. 토마스 토르발드손이 처음으로 바다에 나간 해인 1934년에만 해도 어민은 여전히 매일 아침 보트를 화산암 땅 위로 끌어서 바다에 집어넣는 데만 20분 정도의 시간을 허비하고 있었다. 조업을 끝내고 돌아오는 저녁이면 이들은 다시 보트를 바다에서 육지로 끌어 올리는 데 한 시간 정도 허비했다. 그린다비크 사람들은 저녁마다 검은 화산암 해안으로 나가서 바다로 나간 가족이 집에 돌아오기를 기다리곤 했다. 지금도 여자들 중에는 보트 중 한 척이 전복되어 커다란

대구

1930년대에 활동한 아이슬란드의 트롤선 '한네스 라데라호Hannes ráðherra'의 모습. 아이슬란드의 트롤선은 아이슬란드에서 판매되는 담배 상자 안에 들어 있는 수집용 그림 카드에도 모습이 나와 있을 정도로 인기를 끌었다. 하지만 담배는 물론 트롤선 역시 사실은 영국에서 만들어 수입한 것이었다.

파도에 휩쓸리는 모습을 본 이들이 있다.

　토마스의 세대에 속한 아이슬란드인들은 돈이 워낙 없어서 수입품이라고는 구경도 못 하고 자라났다. 이들은 이 섬에서 생산되는 것을 먹었는데, 대개는 양이나 대구의 온갖 부위였다. 이들은 대구 껍질도 구워 먹었으며 대구 뼈도 어느 정도 부패하게 놓아 두었다가 부드럽고 먹을 만해지면 먹었다. 또한 이들은 양의 머리를 구워 먹었는데 그중에서도 특히 눈알이 제일 맛있다고 여겼다. 또 한 가지 특별 요리는 '하카를^{hákarl}'이라는 것이었는데, 바로 간유 때문에 상업적 가치가 있는 커다란 그린란드 상어의 살을 가지고 만든다. 이 살에는 치명적인 독성 물질인 사이안산$^{cyanic\ acid}$이 들어 있어, 몇 주 동안 땅에 묻어 썩힌 다음에나 비로소 먹을 수 있었다.

　하지만 아이슬란드 인근 해역에서 외국인이 완전히 떠난 적은 한 번도 없었다. 그 절정기였던 1768년에만 해도 아이슬란드 근해에서 조업하는 네덜란드의 선단은 무려 160척에 달했다. 1763년에 북아메리카 식민지를 잃어버린 프랑스는 이후 아이슬란드 근해에서 많이 조업하기 시작했으며, 이런 현상은 제1차 세계대전 때까지도 계속되었다. 아이슬란드인의 입장에서 외국의 어선은 외부 세계와의 진귀하고도 반가운 접촉을 제공했다. 그러다가 1890년대에 이르러 영국인이 돌아오자 그때부터 무려 80년에 걸친 논란이 시작되었다.

　하지만 정작 골치 아픈 사실로 간주되었어야 마땅했을 문제에 대해서는 실제로 그리 많은 논의가 이루어지지 않았다. 그 문제란 바로 어마어마하게 크고 증기 동력을 사용하며 선체가 강철로 이루어진 트롤선이 아이슬란드에 찾아온다는 사실이었다. 이 선박은 워낙 효율이 높았기 때문에 불과 10여 년 만에 북해의 어족을 크게 감소시켰다. 이때까지만 해도 남획은 아직 이슈가 되지 않고 있었다. 하지만 아이슬란드에서 가장 좋은 대구 어장들은 해안에서 겨우 몇 마일쯤 떨어진 곳에 펼쳐진 좁은 대륙붕에 자리 잡고 있었다. 이처럼 육지와 가깝다는 사실 덕분에 노를 젓는 배를 가지고도 어업이 가능했던 것이다. 그런데 새로 나타난 크고 강력하고 강철로 만든 영국의 선박들이 남쪽의 대륙붕에 모여들자, 외국의 트롤선 때문에 그 지역 어민의 그물과 낚싯줄이 망가지는 경우도 생겨났다.

아이슬란드인에게는 이 문제에 대처하는 선택지가 두 가지 있었다. 일부 사람들은 외국인의 접근을 완전히 금지하고 싶어 했다. 하지만 다른 사람들은 아이슬란드도 이 고물 선박을 몇 대쯤 보유해서 그들의 바다에서 나오는 이익을 스스로 거두어들여야 한다고 생각했다. 결국 두 번째 주장이 승리를 거두었다. 사실 아이슬란드에서는 이런 경우가 일반적이었다. 이미 여러 세기 동안 소박한 장비를 사용하는 아이슬란드의 해안 어민 앞에 강력하고 효율적인 해외 선단이 나타나면 해당 지역 정부가 십중팔구 이와 경쟁할 수 있는 자체 선단을 육성하기로 결정을 내리곤 했다.

아이슬란드에서 처음 구입한 영국제 트롤선은 1905년에 도착했다. 1915년에 이르자 아이슬란드는 모두 20척의 트롤선 선단을 보유하게 되었다. 일부는 신품이고 일부는 중고였지만 대부분은 영국제였다.

그린다비크의 어업은 이미 여러 세기 동안 지속되었던 것과 똑같았다. 이 도시에는 항구가 '없는' 데다 트롤선은 고래 갈비뼈로 만든 롤러 위에 올려놓고 바닷가로 끌어 올릴 수도 없었기 때문이다. 따라서 이 새로운 발명품은 이 도시에 아무런 의미도 없었고 다른 여러 도시에도 마찬가지였다. 하지만 토마스 토르발드손과 친구들이 떠올린 한가지 아이디어 덕분에 그린다비크는 무려 1000년 만에 처음으로 커다란 변화를 맞이하게 되었다. 마침 그곳에는 썰물 웅덩이가 하나 있었는데, 썰물 때마다 그곳과 바다 사이에 좁은 육지가 나타나서 양쪽을 막아 버렸다. 토마스와 동료 어민은 삽을 가지고 가서 그 좁은 육지를 파냈다. 이들은 매일 썰물 때마다 조금씩 땅을 파냈고, 검은 화산암 자갈을 외바퀴 손수레에 실어서 옮겼다. 이들은 그렇게 해서 항구를 만들었다. 토마스가 처음 구입한 갑판식 보트*는 작고 건현(乾舷)**이 짧으며 증기 동력을 이용하는 현측 트롤선이었다. 나중에 그는 더 큰 배를 한척 구입했다. 이렇게 그는 사업가가 되어가고 있었다.

트롤선은 아이슬란드의 어업 역량을 증대시키는 것 이상의 역할을 담당했다. 이 선박은 인구 7만 8000명 대부분의 벌이가 생계유지 수준을 약간 웃돌 정도에 불과했던 산업화 이전 사회에 크나큰 변화를 야기했다. 트롤선을 구입한 어민은 아이슬란드 최초의 자본가들이 되었으며, 이는 1640년대에 뉴잉글랜드에서 벌어졌던 일과

───── 갑판선(deck boat) 또는 구매선(buy boat, 수산물 매매업자가 어선에 가서 어획물을 구입해 가져올 때 쓰던 보트라고 해서 붙여진 명칭)이라고도 하며 미국 동부에서 굴 양식 등에 주로 사용되던 어선의 일종이다.

═════ 선체의 높이(갑판에서 배 바닥까지의 길이)에서 흘수(수면에서 배 바닥까지의 길이)를 뺀 길이, 즉 갑판에서 수면까지의 길이를 말한다.

도 똑같았다. 이 섬에서 가장 큰 도시인 레이캬비크는 영국의 트롤선이 처음 찾아왔을 때만 해도 원래 인구가 겨우 2000명을 약간 웃도는 정도였지만, 이제는 새로운 유형의 인구로 인해 대도시로 성장하게 되었다. 그 새로운 유형의 인구란 바로 과거에 농민이었다가 지금은 노동자 계층이 된 사람들이었다.

아이슬란드의 향상되는 경제에서 벌어진 발전 중에는 지적 생활의 재각성도 있었다. 덴마크에 종속되기 전까지만 해도 자부심으로 가득했던 아이슬란드 문학은 다시 창의력을 발휘했고, 1920년대에는 과학도 커다란 진보를 이루었다. 이제는 아이슬란드의 생물학자들도 대구 어족의 번식 능력에 한계가 있음을 이해하고 있다.

그러다 영국의 트롤선들이 떠나버렸다. 돛의 시대에도 마찬가지였지만, 각국 정부들은 어민이야말로 유능한 선원들로 이루어진 예비군을 유지하는 저렴한 방법이라고 여기고 있었다. 그리고 이제는 어민이 이용하는 선박이야말로 손쉽게 전쟁에 동원할 수 있는 선박의 예비대라고 간주했다. 트롤선은 속도가 빠르고 거친 날씨도 견디게끔 설계되었으며 예인도 가능하기 때문에 기뢰 제거선으로는 최적이었다. 나아가 전방과 후방에 포대를 설치하면 트롤선을 순찰선으로도 만들 수 있었다. 1914년 전쟁이 터지자 영국 해군성에서는 영국의 트롤선 가운데 길이 110피트(약 30미터) 이상에 수명 10년 이하의 배를 거의 대부분 징발해서 사용했다.

어족의 크기를 측정하려는 시도가 거의 이루어지지 않았던 시대에도, 영국 농업부에서는 헐과 그림스비에서 출항해 아이슬란드의 대륙붕에서 조업하는 영국 트롤선을 대상으로 연구를 수행했다.

이 연구에서는 아이슬란드 근해에서 조업한 트롤선 한 척의 어획량이 북해 뱅크에서의 어획량보다 최대 세 배나 많은 것으로 나타났다. 오늘날 역사가들의 견해에 따르면, 그 당시 아이슬란드의 어족이 북해의 어족과 마찬가지로 급격히 감소하지 않았던 이유는 전쟁으로 인한 4년간의 유예 기간 때문이었다. 아이슬란드의 어민은 그들의 어획량이 1917~1918년 동안 내내 증가하다가 영국인이 돌아오고 난 뒤부터는 또다시 줄어들기 시작했다는 사실을 깨달았다.

해군성의 애초 약속과 달리, 전쟁 이후에 영국의 모든 어민이 자기 트롤선을 온전히 돌려받은 것은 아니었다. 상당수의 선박은 파괴되거나 손상을 입었다. 하지만 그런 배들은 머지않아 더 크고 더 빠르며 더 좋은 장비를 갖춘 선박들로 대체되었다. 향상된 하역 장비에 더 나은 철도 연결망 덕분에 애버딘, 플리트우드, 헐, 그림스비 등은 영국의 아이슬란드 조업 선단의 주요 항구가 되었다. 그리고 이곳에 하역된 수산물을 전국에 공급하던 회사들은 뉴잉글랜드의 경우와 마찬가지로 거대 기업으로 성장했다.

선박이 더 커지고 더 좋은 장비를 갖추게 되면서 어업에도 더 많은 자본 투자가 필요해졌다. 1937년에 이르러 영국의 트롤선은 모두 무선 장비와 전기 장비, 그리고 '소나sonar(음향탐지장치)'의 전신에 해당하는 반향계를 갖추게 되었다. 만일 과거의 여러 세기 동안 어업에 뛰어들기 위해 필요한 자본의 규모가 20세기에 들어가는 비용과 비슷했다고 한다면, 대구 덕분에 뉴잉글랜드에서 자수성가한 사업가들로 이루어진 중산층의 국가가 생겨나는 일은 없었을 것이다.

산업혁명 이래로 영국에서는 해저 어류, 그중에서도 대구, 해덕대구, 넙치에 대한 시장이 계속해서 넓어지고 있었다. 그 이유는 생선튀김(더 나중에는 '피시 앤드 칩스(생선 감자튀김)')이 도시 노동자 계급이 선호하는 요리가 되었기 때문이다. 아이슬란드 근해에서 조업하는 아이슬란드와 영국의 선박 모두가 바로 이 시장에 생선을 공급하고 있었다. 아울러 1920년대에는 독일의 선단도 아이슬란드의 대구 어장에 자주 모습을 나타냈다.

아이슬란드의 경제에서 상당한 부분을 차지하는 해안의 어민은 장비와 어장이 트롤선 때문에 파괴되고 있다고 항의하기 시작했다. 아이슬란드인 사이에서는 영해선을 확장해야 한다는 정서가 점차 확산되었다. 하지만 1901년의 영국-덴마크 협정에 따르면 아이슬란드의 해안에서 3마일 바깥의 해역은 전 세계에 개방되어 있었고, 식민지 상태였던 아이슬란드는 이런 상황을 자력으로 변경할 힘이 없었다. 대신 아이슬란드는 상당수의 잘 훈련된 해안 경비대를 창설하여, 상업적 생선 개체군에 관해서는 공인된 권위체인 국제해양개발위원회ICES와 긴밀히 공조하면서 어족의 크기를 감시했다. 1920년대 말에 이르러 아이슬란드 해안 경비대는 자국 해안 어장을 침범한 독일과 영국의 트롤선을 자주 나포하게 되었다.

이에 대한 영국의 대응법은 당시로선 신기술이었던 무선 장비를 이용하여 해안 경비대의 활동에 관해 자국 트롤선끼리 경보를 주고받는 것이었다. 이런 경보 중에서도 가장 유명했던 것은 1928년의 이른바 '할머니' 메시지였다. "할머니 건강하심", "할머니 여전히 건강하심", "할머니 편찮기 시작하심"이라는 세 가지 메시지는 아이슬란드의 해안 경비선이 항구를 떠나고 있는지 여부를 알리는 용도로 사용되었다. 그러다가 1936년에 이르러 아이슬란드에서는 무선 암호 메시지 자체가 불법화되었다. 하지만 '할머니' 메시지는 계속 이루어졌으며 이에 사용되는 암호 체계는 영국의 수산물 회사에서 만들어내는 경우가 종종 있었다.

'할머니' 메시지의 최후, 그리고 줄어드는 대구 어족에 대한 유예 기간이 또다시 찾아온 것은 제2차 세계대전 때였다. 이때도 영국의 원양 트롤선들은 모조리 전쟁을 위해 징발되었다. 독일이 덴마크를 점령하자 연합군은 아이슬란드마저 적의 손에 떨어지는 것을 막기 위해 이 섬에 주둔했다. 이제는 영국에 조업 선단이 전혀 없었기에 아이슬란드는 영국 시장은 물론이고 전 세계 시장에 생선을 수출하게 되었다. 그 후 무려 6년 동안이나 아이슬란드는 북유럽에서 유일무이한 어업 강대국 노릇을 할 수 있었다.

영국에서 간절히 원하는 상품 중에는 대구만이 아니라 대구 간유도 있었다. 영국인은 대구 간유에 대단히 열광한 역사를 간직하고 있었다. 섭취가 가능하도록 정제하는 기술이 생겨나기 이전의 몇 세기 동안에도, 영국인은 나무통에 넣어 둔 간에서 흘러나온 검은 찌꺼기를 일종의 향유로 사용했으며 이는 지금도 서아프리카에서 지속되고 있는 관습이다.

1780년대에 영국 의학계는 간유가 류머티즘의 치료제라고 판정했다(당시에 류머티즘은 각종 통증과 고통에 대한 포괄적인 진단명으로 사용되고 있었다). 그리고 19세기 내내 간유는 결핵과 영양실조를 비롯해 빈곤과 연관된 여러 가지 질병의 치료에 사용되었다. 두 차례의 세계대전 사이에는 항구 도시 헐에서 간유가 중요한 사업 품목이 되었으며 가축과 인간 모두에게 사용되었다. 제2차 세계대전 동안 영국 식품부는 엄격한 식량 배급이 건강에 끼치는 악영향을 우려한 나머지 임산부와 수유하는 여성, 5세 이하의 어린이와 40세 이상의 성인에게 간유를 무료로 배급했다. 학교의 보건교사는 쓴맛이 나는 이 액체를 학생들에게 억지로 여러 숟가락 떠먹였으며, 어른은 종종 오렌지 주스에 섞어서 마셨다.

이 모든 간유는 바로 아이슬란드에서 오는 것이었다. 나아가 간유는 아이슬란드에서 전쟁 이후로도 지속적으로 번영을 누린 부차적인 무역에 도움을 주었다. 영국 정부는 폭격과 배급에도 불구하고 간유 덕분에 잉글랜드에서 역사상 가장 건강한 어린이가 배출되었다고 믿어 의심치 않았으며, 1971년까지 이 프로그램을 지속했다. 그러다가 사람들이 간유 섭취를 거부하면서 이런 관습은 중지되고 말았다. 하지만 아이슬란드인은 지금도 간유를 먹으며, 상당수의 미국인들도 간유를 먹는다.

전쟁 동안에 생선 가격은 사상 최고에 이르렀다. 아이슬란드인은 생선 판매 대금을 달러로 받았으며 이는 그 섬에 주둔한 미군 부대와 거래하는 데 도움이 되었다. 아이슬란드인은 미국인의 주택과 군사기지를 만들었고 미국산 제품을 대량으로 수입하기 시작했다.

전쟁이 끝났을 때 아이슬란드는 완전히 다른 나라가 되어 있었다. 결코 사소하지 않았던 한 가지 변화는 1944년에 아이슬란드가 덴마크에서 완전 독립되었다는 것이었다. 이제는 독자적으로 세계 다른 나라와의 관계를 협상할 수 있었다. 대구 때문에 이 나라는 불과 한 세대 만에 15세기의 식민지 사회에서 현대적인 전후의 국가로 바뀌었다. 1930년대에 상당한 시간을 아이슬란드에서 보냈던 W. H. 오든은 1964년에 다시 찾아와 이런 변화를 보고 깜짝 놀랐다. 예전에 만났던 안내원 한 명과 우연히 마주친 오든은 (이제는 교사로 일하고 있었던) 그에게 전쟁 동안에 아이슬란드인의 삶은 어땠느냐고 물었다. "우리야 돈을 벌었지요." 전직 안내원의 대답이었다.

덴마크의

새해

덴마크인이라면 누구나 새해 전야에 먹을 신선한 대구를 확보하기 위해 몇주 전부터 통대구를 주문한다. 코펜하겐의 텔레비전 영화 편집자인 안 비를리크는 '겨자 소스를 곁들인 신선한 대구 요리'야 말로 스칸디나비아의 겨울이라는 공포의 기간 동안에 "이 나라에서 유일하게 좋은 것"이라고 썼다. 아래의 조리법에서 '생선용 겨자'는 맛이 강하고 입자가 굵은 겨자를 말한다. 덴마크의 시장에 가면 이를 즉석에서 제조해서 판매하는 것을 볼 수 있다.

겨자 소스를 곁들인 신선한 대구 요리

0.5킬로그램을 1인분으로 계산하고, 대구를 3센티미터의 적당한 두께로 길게 자른다. 가장 큰 솥을 꺼낸다. 생선이 푹 잠길 만큼 찬물을 충분히 넣는다. 소금을 많이 넣는데, 입자가 굵은 소금을 한움큼 듬뿍 뿌려서 마치 북해의 바닷물처럼 물에서 짠맛이 나게 만든다. 대구 조각을 찬물에 집어넣고 스토브의 불을 은근하게 맞춰 펄펄 끓는 것

이 아니라 그냥 흔들릴 정도로만 물을 데운다. 대구 조각은 몇 분쯤 물에 넣어 두는데, 그사이에 물은 계속 흔들리게 한다. 절대로 센 불에 요리해서는 안 된다! 대구는 살이 단단하고 새하얘야만 한다.

겨자 소스 만드는 법 버터 2큰술을 녹여 여기에 밀가루 2큰술을 더하고 우유 1리터를 더한다. 소스는 반드시 걸쭉해야만 한다. 마지막으로 생선용 겨자를 듬뿍 넣는다(시라 (蒔蘿) 식초를 약간 넣으면 맛이 더 좋아진다)!

이 요리는 삶은 꼬마감자, 완숙 계란 다진 것, 삶은 레드비트(적근대) 다진 것, 신선한 양고추냉이 등을 곁들여 먹는다. 그렇다면 음료는 무엇으로 할까? 당연히 얼음처럼 차가운 맥주와 슈냅스˚다!

— 안 비를리크, 코펜하겐, 1996년

_____ 네덜란드 진으로 독한 술에 해당한다.

공해를 닫아 버린 세 번의 전쟁

인생은 소금 절임 생선이다.

| 할도르 락스네스 Halldór Laxness,** 레이캬비크, 1930년대 |

제2차 세계대전이 끝나자 6년간 어업이 거의 이루어지지 않았던 유럽쪽 북대서양의 어족은 이후로는 결코 찾아볼 수 없었던 수준으로 크게 늘어났다. 아이슬란드 근해의 대륙붕과 북해의 여러 뱅크들, 바렌츠해, 도버 해협, 아이리시박스Irish box(아일랜드 인근 해역 전체를 가리키는 표현)의 어획량은 정말 어마어마했다. 예전에 북아메리카의 여러 뱅크들에서 그랬던 것처럼 거대한 대구가 흔히 발견되었다. 하지만 주요 어업 국가들은 이전보다 훨씬 더 크고 빠르며 더욱 효율적인 트롤선을 끌고 돌아왔다.

1944년 새로운 독립국 아이슬란드가 생겨나면서 3마일의 영해

1902~1998년. 아이슬란드의 소설가로 1955년에 노벨 문학상을 수상했다.

1910~1915년 사이에 아이슬란드에서 발행된 그림엽서. 대개 이곳을 방문한 프랑스 어부들이 사서 고향에 소식을 전할 때 사용했다.

선을 규정했던 1901년의 영국-덴마크 협정은 무효화되었다. 매사에 무관심했던 식민지 정부의 지배를 받은 지 5세기 하고도 반이 지나서야, 아이슬란드인은 그들의 유일한 자원인 대구 어장을 관리함으로써 현대 사회를 건설하기로 결심했다. 할도르 락스네스가 노벨문학상을 수상했던 1955년에는 그의 소설에서 묘사되었던 전쟁 이전 아이슬란드의 힘겨운 생활이 이미 희미해진 기억이 되어가는 중이었다. 이곳의 국가 건설에서 중대한 한 걸음은 1950년 4월에 이루어졌다. 2년간의 고지 기한이 지나자 아이슬란드는 과거의 조약을 무효화하고 자국의 영해선을 해안에서 4마일까지로 확대했던 것이다. 현재의 기준에 비춰 보면 별것도 아닌 주장이었지만, 바다는 모두의 것이라는 개념이 국제법상의 원칙으로 널리 받아들여졌던 1950년에만 해도 이것은 대담한 조치였다.

3마일의 영해선이 처음 수립된 것은 프랑스, 독일, 네덜란드, 덴마크, 영국이 헤이그에서 서명한 1822년의 북해 어업 협정에서였다.

아이러니하게도 영국은 3마일 영해선의 강력한 지지자였는데, 한때 이를 옹호하기 위해 사용했던 전략을 훗날 아이슬란드가 영국에 대항하는 수단으로 사용하자 도리어 그것이야말로 부당한 훼방이라고 비난하기까지 했다. 미국의 어민이 캐나다의 해역에 접근할 수 있도록 허락한 영국과 미국 간의 조약이 1866년에 만료되면서 미국인은 3마일 영해선 이내에서 조업할 때마다 벌금을 내야만 했다. 하지만 1930년대에 이르자 대부분의 서양 국가에서는 영해선의 원칙 자체에 대해 상당한 의구심을 품게 되었다.

그러다 1945년에 미국이 자국의 근해 석유 생산을 보호하려는 생각을 품으면서 국제법에도 새로운 개념이 등장했다. 해리 트루먼 대통령이 미국의 대륙붕에 있는 광물 자원에 대한 통제권은 자국에 있다고 선포한 것이다. 이전까지만 해도 대륙붕을 소유한 나라는 하나도 없었다. 여러 뱅크들만 해도 미국이나 캐나다에 속한 것까지는 아니었다. 영국도 자국의 대륙붕을 소유하고 있지는 않았다. 어느 국가도 북해를 소유하고 있지 않았다. 대구와 기타 상업적 물고기는 대부분 대륙붕에서 발견되었기 때문에 이 주장이 어업에 끼치는 함의는 막대할 수밖에 없었다.

뿐만 아니라 같은 날에 트루먼은 또 한 가지를 선포했다. "어업 자원의 보전과 보호에 대한 다급한 필요성에 비추어, 미국 정부는 해안 인접 공해상의 해역에 환경보호 구역을 수립하는 것이 적절하다고 간주하는 바이다." 이는 전쟁 이전에 일본과 미국 사이에서 벌어졌던 논란에 대한 응답이었다. 당시에 일본 어민은 알래스카 연어가 산란을 위해 강으로 돌아가기도 전에 바다에서 미리 잡아 버렸던 것이다.

이 선포가 나오자마자 전후에 새로운 민족주의 열풍이 불던 라틴아메리카가 이에 호응했으며 그중 여러 나라가 자국의 대륙붕에 대한 소유권을 주장하고 나섰다. 유럽에서는 여러 나라들, 특히 영국이 강력히 반대했지만 이들의 권리 주장은 아메리카에 있던 자국 식민지에서 나온 압력으로 인해 도리어 약화되고 말았다. 영국은 이 원칙에 항의하는 한편으로, 대륙붕 가운데 한 부분이 자국 식민지인 바하마의 영토라고 그들의 권리를 주장했다. 1950년에 이르자 아이슬란드의 4마일 영해선에 대한 국제적 지지가 일부나마 있

대구

었는데, 여기에는 대부분의 국제 어업이 근해에서 더 멀어지고 있다는 이유도 없지 않았다.

하지만 바로 그 이유 때문에 대부분의 아이슬란드인은 새로운 법률이 지나치게 온건하다고 생각했다. 1954년 이후로 아이슬란드의 대구 어획량은 극적으로 줄어들기 시작했다. 점차 중요한 상업적 어획물이 되고 있던 볼락이나 연어의 경우에도 상황은 마찬가지였다. 1954~1957년 사이에 아이슬란드의 해저 어류 어획량은 무려 16퍼센트나 떨어졌다. 영해선을 늘리는 조치에 대한 옹호는 해덕대구(해안으로 더 가까이 헤엄쳐 오는 어종으로, 따라서 4마일 영해선에 의해 보호받는다)와 넙치의 어획고가 같은 기간 동안에 늘어났다는 사실로부터 더욱더 지지를 받았다. 1958년에 이르러 아이슬란드는 자국의 영해선을 12마일(약 19.3킬로미터)로 더 확대했다.

아이슬란드인이 축하를 벌이고 있는 동안, 영국 정부는 공식 항의 서한을 보내 이렇게 말했다. "일반적인 영해선 외부에 해당하는 영역에 대해서도 배타적 지배권을 행사하겠다는 주장은 국제법상 완전히 근거가 없는 것입니다." 나아가 이 성명은 다음과 같이 말하기에 이르렀다. "영국 정부는 아이슬란드 정부가 영국 어선에 대해 무력을 사용하면서까지, 귀국의 연립정부 산하 여러 정당이 국제법에 대한 고려라고는 없이 시행을 제안한 일방적인 선언에 순응하도록 만들 것이라고는 믿기가 어렵다는 사실을 발견했습니다." 영국은 이제 독립국의 지위를 처음으로 얻어낸 사람들의 열성을 과소평가한 셈이 되었다.

그리하여 영국의 언론이 '대구 전쟁the Cod Wars'이라고 부른 사건이 시작되었다. 이 전쟁은 세 차례에 걸쳐 벌어졌지만 그렇다고 해서 선전포고가 있었던 것은 아니었으며, 사망자는 단 한 명도 나오지 않았다. 부상자가 없었던 이유는 오로지 양쪽 모두에게 상당한 행운이 깃들어 있었던 까닭으로 설명할 수 있을 것이다.

프랑스, 벨기에, 덴마크, 독일, 네덜란드, 에스파냐는 모두 영국의 입장을 지지했는데, 이것이야말로 서유럽 국가들이 결집한 일종의 공동 전선 중에서도 가장 긴밀했던 사례였다. 이들 국가의 시각에서는 아이슬란드가 자국의 영해선 너머에서 이루어지는 합법적인 해운업을 **괴롭히는** 것처럼 보였다. 아이슬란드에서 요구한 철수 마감 시한인 1958년 8월 30일이 지나자 다른 모든 외국 선박은 12마일 영해선 밖으로 나갔지만, 영국의 트롤선은 그대로 남아 있었다. 그 옆에는 영국의 전함들이 호위하고 있었다. 아이슬란드의 해안 경비대는 이날 영국 해군 소속 전함 37척과 수병 7000명을 발견했다고 보고했는데, 정작 영국 해군성의 기록을 보면 이 일에 동원된 병력은 그보다 훨씬 더 많았다.

제2차 세계대전 참전 용사들이 탑승한 구축함과 호위함은 속도를 최대 30노트(약 시속 56킬로미터)까지 낼 수 있었다. 반면 아이슬란드의 해안 경비대에는 겨우 7척의 선박이 있었는데, 그중에서도 가장 크고 가장 최신형인 것조차 17노트(약 시속 31킬로미터)밖에 내지 못했다. 아이슬란드의 선박에는 포대가 하나씩 설치되어 있었고 승무원 중에는 경찰관도 있었지만 민간인, 즉 실제 전투 경험이 전혀 없었던 사람들도 있었다. 하지만 이들은 모두 숙련된 뱃사람이었고 아이슬란드 인근 해역에 대해서는 누구보다도 더 잘 알고 있었다.

대구

제1차 대구 전쟁이 벌어진 2년 반 동안 해안 경비대가 나포한 영국 트롤선은 단 한 척에 불과했다. 그림스비에서 온 이 선박은 영국 해군이 순찰을 돌지 않는 곳에서 과거처럼 4마일 영해선 안쪽으로 들어왔다가 붙잡힌 것이었다. 이처럼 긴장된 상태에서 기동하다 보니 정작 트롤선들은 조업을 거의 할 수가 없었다. 영국 해군은 방어에 유리하도록 길이 30마일(약 48.3킬로미터) 이내의 직사각형 구역을 설정해 놓고 자국 트롤선에게 그 안에서만 조업을 하도록 지시했다. 하지만 이는 군사 작전으로는 훌륭한지 몰라도 조업에는 치명적일 수밖에 없었다.

아이슬란드 주재 영국 대사의 보고를 근거로 삼아 영국 정부는 아이슬란드 내부에서 자국의 배타적 어업 구역을 연장하는 문제를 놓고 국론이 분열되어 있다고 믿어 의심치 않았다. 물론 야당에서 반대의 목소리가 높았던 것은 사실이지만, 이는 어디까지나 구역 연장을 실시하는 시기를 놓고 벌어진 논쟁일 뿐이었다. 영국은 뒤늦게야 실수를 깨닫고 레이캬비크, 런던, 파리 등지에서 협상을 시작했다. 5개월 뒤인 1961년 2월, 영국은 마침내 12마일 영해선을 인정했으며 아이슬란드는 더 이상의 확장에 대한 의향이 없음을 선언했다. 아울러 아이슬란드 정부는 이 협정을 거의 중단하다시피 하면서 영국에 3년간의 적응 기간을 부여했다.

그로부터 10년 뒤에 두 나라는 앞서와 똑같은 일을 반복했다. 1971년 3월 아이슬란드는 1972년 9월 1일자로 자국 영해선이 50마일(약 80.5킬로미터)까지로 확장된다고 선포했다. 당시 유럽경제공동체EEC의 가입국이었던 영국과 서독은 이에 거세게 항의했고, 아이슬란드의 주장이 국제법 위반이라면서 국제사법재판소[ICJ]에 중재를 요청했다. 아이슬란드는 이 조치가 자국의 대륙붕에 대한 것이며, 따라서 국제적인 이슈가 아니기 때문에 국제사법재판소의 관할권을 인정할 수 없다고 대응했다. 국제사법재판소가 어떤 결정을 내리기도 전에, 이렇게 시작된 제2차 대구 전쟁은 결국 타협으로 끝을 맺었다.

제2차 전쟁의 기간 자체는 이전보다 짧았지만 위험은 더 컸다. 아이슬란드는 해안 경비대가 예전보다 더 잘 준비되어 있었으며 더 빠른 선박도 보유하고 있었다. 영국 해군은 서독의 지원을 받고 있었는데, 서독은 군대를 보유하지 못하도록 규제를 받았기 때문에 대신 보급과 보호를 담당하는 선박을 제공했다. 제1차 대구 전쟁의 경우 아이슬란드 해안 경비대가 영국 트롤선을 저지하는 방법은 발포하는 것밖에 없었다. 하지만 아이슬란드 측은 화력 면에서 심각한 열세였을 뿐만 아니라 당시에 영국 정부가 내놓은 추측대로 영국 선원들을 실제로 총으로 쏴 죽일 의향까지는 없었다. 그러다 1958년 아이슬란드의 기술자들이 대구 전쟁 전용 무기를 비밀리에 개발했고 이듬해부터 경비대 선박 7척 모두에 그 무기가 장착되었다. 제1차 대구 전쟁을 끝내기 위한 협상이 시작되자 아이슬란드 측은 이 무기를 사용하지 않기로 결정하고 덮개를 씌워 잘 보관해두었는데, 약 10년 후 제2차 대구 전쟁이 벌어졌던 것이다.

제2차 대구 전쟁에서는 아이슬란드 해안 경비대 선박이 외국 트롤선을 발견하면 일단은 상대편 선박에 가까이 다가가 아이슬란드 법률을 위반하고 있으니 지금 바로 50마일 영해선 밖으로 나가라고 선장에게 경고했다. 하지만 상대편 선장이 이 명령에 불응할 경우, 해안 경비대가 일단 트롤선의 뒤쪽으로 다가가서 비밀 무기인 트롤망 연결선 절단기를 뒤에 늘어뜨린 채 트롤선의 진행 방향과 직각 방향으로 바다를 가로질렀다. 사실 이 새로운 무기는 기뢰 제거에 사용되는 유서 깊은 기술을 어업에 적용한 것에 불과했다. 이 장비에 부착된 네 개의 날 가운데 하나가 트롤망의 연결선을 붙잡아서 절단해버리면 무려 5000달러짜리 트롤망과 그 안에 들어 있는 어획물 모두가 바닷속으로 가라앉아 버렸다. 그러면 트롤망 없는 트롤선은 고국으로 돌아갈 수밖에 없었다.

1년 동안의 충돌 과정에서 84척의 트롤선(그중 69척은 영국, 15척은 독일 국적이었다)이 그물을 잃어버렸다. 그물을 보호하기 위해 트롤선들은 둘씩 짝을 지어서 조업했다. 한 척이 조업하는 동안 다른 한 척은 뒤쪽을 보호하는 것이었다. 하지만 이러다 보면 매번 두 척 가운데 어느 한쪽은 조업을 하지 못했기 때문에 선단의 조업 능력은 평소의 절반으로 감소할 수밖에 없었다. 아울러 몇 척의 트롤선은 거친 바다에 너무 가까이 접근해 있다가 시속 60마일(약 97킬로미터)의 강풍을 맞고 서로 충돌하는 사고까지 벌어졌다.

트롤망 연결선 절단기의 효율성이 증명된 이후 제2차 대구 전쟁은 공해상에서의 '범퍼카' 게임이나 다름없는 상태로 변해 버렸다. 아이슬란드 해안 경비대 선박에게 트롤망 연결선을 절단당하는 사태를 막기 위해 외국 트롤선들이 먼저 상대편 선박을 들이받는 일이 종종 벌어졌던 것이다. 하지만 해안 경비대 선박도 상대편 선박을 들이받을 수 있기는 마찬가지였고, 게다가 이쪽은 쇄빙 기능을 위해 강화된 선체를 갖고 있어 들이받는 일에서라면 특히나 효율적이었다.

영국은 또다시 자국 해군을 파견하는 일을 머뭇거렸다. 이제는 아이슬란드와 영국 모두가 NATO 통합군에 소속된 동맹국이었기 때문이다. 그래서 영국은 해군을 파견하는 대신에 거대하고 빠른 예인선 네 척을 파견했는데, 아이슬란드 쪽의 주장에 따르면 이 예인선으로 해안 경비대 선박을 들이받기 위해서였다고 한다. 하지만 영국의 주장에 따르면 예인선의 역할은 상대편 선박을 들이받는 것이 아니라 아이슬란드 해안 경비대 선박이 트롤망 연결선을 절단하지 못하도록 자리를 잡고 버티는 것이었다.

그 의도가 무엇인지 간에 예인선이 아이슬란드 선박을 들이받는 경우는 실제로 몇 번 있었다. 1973년 3월 18일에는 아이슬란드의 포함 한 척이 영국 예인선의 선수(船首) 앞을 가로질러 실탄을 발사했고, 5월 26일에는 아이슬란드 측에서 쏜 총탄에 영국 트롤선의 선체에 구멍이 나기도 했다. 영국 트롤선들은 50마일(약 80킬로미터) 밖으로 나간 다음, 영국 해군이 보호해 주기 전까지는 돌아가지 않겠다고 버텼다. 영국의 호위함 7척이 도착하자 트롤선들은 다시 한 번 직사각형 영역 안에서만 조업을 하라는 명령을 받았다. 아이슬란드 해안 경비대 선박이 이 직사각형 영역 안에 들어오면 호위함과 예인선과 트롤선 모두는 상대편 선박을 들이받아 침몰시킬 작정이었다. 이로 인해 공해상에서 정기적으로 충돌 사고가 일어나기는 했지만, 기적적으로 생명이나 선박을 잃은 경우는 한 번도 없었다. 충돌로 인해 손상을 입은 선박은 힘없이 각자의 모항으로 돌아가곤 했다.

아이슬란드 정부는 놀라우리만치 단호한 태도를 보였다. 부상을 입거나 질병에 시달리는 영국 선원들을 아이슬란드에 들여 놓는 것조차 거절하면서, 굳이 들어오겠다면 당사자가 타고 있는 선박을 몰고 입항하는 것은 허락하겠다고 제안했다. 다시 말해 트롤선 한 척을 순순히 포기하라는 것이었다. 아이슬란드는 영국의 NATO 비행기가 자국의 항공관제를 받지 못하도록 차단했으며, 심지어 외교 관계를 단절하겠다고 위협하기까지 했다.

영국과 달리 아이슬란드는 온 경제가 어업에 의존하고 있었다. 어업이야말로 자국민을 중세에서 풍요의 세계로 끌어올린 기적이었다. 물론 영국과는 따뜻한 감정의 역사가 있었고 긴밀한 동맹 관계가 있었지만 아이슬란드는 유일무이한 천연 자원을 순순히 양보하려 들지 않았다. 냉전의 와중에 같은 편끼리 벌이는 갈등에 대해 우려해 마지않았던 NATO가 급기야 영국에 물러나라는 압력을 가했다. 결국 영국은 50마일의 영해선을 인정하는 대신 크기가 더 작은 영국 트롤선에 대해서는 제한적인 조업 허가를 얻는 것으로 만족해야 했다.

전후의 세계에서 나타난 커다란 변화 가운데 하나는 작은 나라들이 국제적인 포럼(그중에서도 특히 UN)을 통해 큰 목소리를 냈다는 것이었다. 주권을 바다까지 확장한다는 아이디어는 점차 인기를 얻게 되었다. 1973년의 UN 해저위원회에서는 34개국(대부분이 라틴아메리카, 아프리카, 아시아였다)이 200마일 영해선이라는 개념을 승인했다. 북유럽 국가들 중에서 이 개념을 승인한 국가는 아이슬란드와 노르웨이뿐이었는데, 양쪽 모두 대구 무역에서 빠르게 주도권을 장악해 나가는 중이었다.

1974년 아이슬란드의 대구 어족은 50마일 영해선에도 불구하고 다시 한번 말썽을 겪는 것처럼 보였다. 어획물 중 커다란 대구의 비율이 극적으로 줄었던 것이다. 10년 전만 해도 아이슬란드의 생물학자들은 연령이 18년쯤인 대구가 흔하다고 주장했다. 하지만 1974년에 이르자 연령이 12년 이상인 대구를 찾아보기가 드물어졌다. 이는 어족의 번식 능력이 크게 감소했다는 의미였다. 심지어 영국 과학자들도 이런 발견에 동의했다.

1975년 10월 15일 아이슬란드는 대구 어족의 감소에 대해, 그리고 환경보호 수단의 필요성에 대해 언급하면서 다시 한번 영해선을 확장했다. 이번에는 200마일(약 322킬로미터)까지였다. 또다시 모든 해외 트롤선은 새로운 영역 밖으로 나갔지만 영국과 서독은(이번에는 두 나라였다) 예외였다. 이들은 앞서 했던 일을 그대로 반복할 예정이었다.

이것이야말로 세 번의 전쟁 중에서도 가장 짧고 가장 야비했다. 1975년 12월에는 아이슬란드 해안 경비대가 두 발의 실탄을 발사했지만 모두 명중하지는 않았다는 영국 예인선의 보고가 나왔다. 이후 5개월 동안 35회의 충돌 사건이 벌어졌으며 아이슬란드 해안 경비대는 영국의 트롤망 46개와 독일의 트롤망 9개를 절단했다. 양측은 우호적인 해전이라는 비밀스러운 기술을 구사하는 데 점차 익숙해졌다. 영국의 외무부 장관 제임스 캘러헌은 언론에서 이렇게 말했다. "충돌에서 양측 모두 용맹을 드러내고는 있지만, 그렇다고 해서 어느 쪽도 만용을 드러낼 필요까지는 없다."

협상도 만만찮기는 마찬가지였다. "어떤 기준으로 보든지 간에 아이슬란드인은 상대하기가 매우 힘들다." 런던의 〈파이낸셜타임스〉는 이렇게 보도했다. 아이슬란드는 타협하지 않을 작정이었다. 어느 시점에 이르러 아이슬란드는 실제로 영국과의 외교 관계를 단절했다. 하지만 NATO는 계속해서 양국 간 대화를 촉구했다. 아이슬란드의 해양연구소 소장을 오래 역임했으며 제3차 대구 전쟁의 협상 대표 가운데 한 명이었던 욘 욘손은 이렇게 말했다. "과학자들이 보기에는 이것이야말로 매우 우호적인 대구 전쟁이었습니다. 영국인은 우리에게 최고의 적이었고요."

그의 회고에 따르면 한번은 영국의 협상 대표 한 사람이 목요일에는 트롤망을 절대 자르지 말아 달라고, 그 이유는 바로 그날에 자기가 텔레비전에서 보고 싶은 프로그램이 있어서라고 농담 삼아 제안한 적도 있었다. 욘손은 심지어 그 협상 대표에게서 다음 휴가 때 아내와 함께 콘월을 여행할 때 참고가 될 만한 좋은 조언을 얻기도 했다고 흐뭇하게 회고했다.

영국은 비록 자국의 경제 전체의 미래가 위기에 처해 있다고 생각한 것까지는 아니었지만 상당한 위험이 있기는 했다. 트롤선 업계에서는 물론이고 '생선 튀김업 종사자 협회'라는 이름으로 알려진 요식업 조합의 대표자들이 경고한 바에 따르면 당시에는 영국의 수산업 전체
가 붕괴할 위기에 처해 있었다. 헐, 그림스비, 플리트우드처럼

대구가 들어오던 큰 항구들은 쇠락을 면치 못했다. 트롤선이 잡아온 대구를 구입해 도매로 판매하던 상인들은 아이슬란드산 대구에 의존하고 있었다. 제2차 대구 전쟁이 끝난 시기부터 1976년까지 헐의 도매상 숫자는 250명에서 87명으로 감소했다.

하지만 영국의 동맹국들이 거듭해서 주장한 바에 따르면 이 문제는 영국 소비자들이 그토록 애호하는 대구 대신 다른 어종에 입맛을 들이기만 한다면 해결될 수 있었다. 서독은 이미 아이슬란드와 협상을 마치고, 아이슬란드산 대구 조업을 포기하는 대가로 연어 조업 할당량을 부여받았다. 서독 정부는 만일 영국의 가정에서 연어나 폴락대구 먹는 법을 배우기만 한다면 이 모든 문제가 해결될 것이라고 영국 정부에 조언했다. 유럽경제공동체는 스코틀랜드 연안에만 해도 푸른화이팅대구가 풍부하다는 사실을 지적했다. "만일 영국인이 다른 생선을 먹도록 정부에서 독려할 수만 있다면 대구 전쟁은 불필요해질 것이다." 1976년 5월의 〈파이낸셜타임스〉 기사 내용이다. 하지만 영국인은 화이팅대구나 폴락대구가 아니라 대구를 먹고 싶어 했으며 연어라면 혐오해 마지않았다.

욘손의 설명에 따르면 런던에서의 협상 과정은 "열띤 토론이 벌어졌지만 어디까지나 신사적인 수준에서" 그랬다. "하지만 영국인은 지는 전투를 벌이고 있었다. 나는 그들이 얼마나 근시안적인지를 알고 깜짝 놀랐다. 전 세계가 200마일 영해선으로 나아가고 있었다. 나는 영국 장관에게 말했다. '당신들도 앞으로 몇 년 안에 200마일 영해선으로 나아가게 될 겁니다. 그때가 되면 어떻게 해야 할지 우리가 조언해 드리죠.' 결국 그들은 200마일 영해선으로 나아갔지만 한 번도 우리의 조언을 구하지는 않았다."

　실제로 그 당시에는 유럽경제공동체 전체가 200마일 영해를 곧 선언할 참에 있었다. 영국 정부는 자국의 영해에서만큼은 100마일 배타 수역을 유지하겠다고 고집했다. 1976년에 유럽경제공동체는 영국의 요구를 공개적으로 거부하고 200마일 영해를 선언함으로써, 당시 아이슬란드와 협상 중이었던 영국에 망신을 주었다.

　토마스 토르발드손이 200마일 영해 선언으로 인생이 뒤바뀐 것은 그의 나이 57세 때였다. 그는 이전에도 여러 차례의 변화를 겪었고, 자체 생선 가공 공장이 딸린 트롤선 회사의 중역으로 승승장구해 왔다. 22년이 지난 지금, 이제 그는 정부에서도 한자리를 차지하고 있으며 아이슬란드의 모든 생선 수출을 총괄하는 국가기관의 수장이 되었다. 그는 여전히 옛일을 기억하고 있었고 검은 초생달 모양의 바닷가를 즐겨 찾곤 했다. 그들이 과거에 보트를 끌고 바다로 들어갔던 바로 그 해안이었다. 해안에서 그는 엄숙한 어조로 말하곤 했다. "바로 이 장소에서 사람들은 무려 1000년이 넘도록 바다로 나아갔지."

　하지만 그의 자녀 세대는 이런 옛날 아이슬란드의 모습을 결코 상상조차 못 하는 것처럼 보인다. 심지어 이들이 먹는 음식조차도 달라졌다. 젊은 세대는 장대건조생선을 먹지 않는다. 대신 빵집에 가서 빵을 사 먹는다. 이들의 식단은 양과 생선을 제외하면 하나같이 값비싼 수입품이다. 매년 겨울의 하루는 북극의 밤이 거의 24시간 동안 이어져서 자칫 자살 충동마저 들기 십상인데, 이때 벌어지는 축제 역시 과거에는 상상조차 못 할 만한 수준이다. 이 축제에서 나이 많은 아이슬란드인들은 하카를, 양 머리, 양 고환을 비롯해 자기들이 예전에 먹었던 여러 가지 요리를 해 먹는다.

과거의 물리적 흔적도 이제는 거의 완전히 사라져 버렸다. 만일 1930년대의 건물이 하나 살아남아 있다면 어디까지나 역사적인 가치 때문일 것이다. 남부 해안에 자리 잡은 작은 섬에 있는 어업 항구 헤이마에이는 1973년의 화산 폭발로 완전히 파묻혀 버렸다. 새로 생긴 화산암 벌판에 적힌 푯말에는 바로 그 아래 몇 피트 지점에 1924년에 지어져 아이슬란드에서 가장 오래된 키와니스 클럽Kiwanis Club■이 있다는 설명이 나와 있다.

대부분의 도시는 인구가 2000명 또는 그 이하다. 불필요하게 넓고 잘 포장된 거리로 차를 몰고 나서는 사람은 드물다. 군중도 없고 가난의 흔적도, 오래된 것도 없으며 쓰레기라고는 아예 없다. 나무 한 그루 없이 단조롭기만 한 평원에 금속이나 콘크리트 재질로 새로 지어진 집들만 늘어서 있을 뿐이다. 이 집들은 요란하지 않고 적당한 색깔로 새로 칠해져서 자연적인 모습이라고는 전혀 없다. 그래서 대부분의 주택은 마치 신제품인 초대형 이동식 주택을 늘어놓고 판매 중인 주차장처럼 보인다. "그런 것들은 젊은 세대를 위해 지어진 새로운 집입니다. 직접 땅을 파서 항구를 만들었던 우리 세대와는 다르죠." 토마스 토르 발드손의 말이다.

■ 1915년 미국에서 시작된 봉사 단체로, 현재 전 세계 80여 개국에서 활동하고 있으며 한국에도 지부가 있다.

그린다비크 항구는 매년 조금씩 더 땅을 파서 넓히고 있다. 이 마을 사람들은 지금도 여전히 준설 작업에 여념이 없다. 흰새 이곳을 모항으로 삼는 어선은 50척에 달하며 그중에는 작은 2인용 보트의 선미를 개조해서 저인망을 끌게 만든 배도 있고 커다란 현대식 저인망 어선도 있다.

아이슬란드의 200마일 영해가 전 세계의 승인을 얻은 이후로 대부분의 국가는 저마다 200마일 영해를 선언하고 나섰다. 전 세계의 기존 어장 가운데 90퍼센트는 최소한 한 나라의 해안에서 200마일 범위 안에 속했다. 이제 어민은 자연의 법칙에 따라야 할 뿐만 아니라 인간의 법률에도 따라야 했다. 이들의 주요 임무는 물고기를 가능한 한도 내에서 많이 잡는 것이 아니라 허락된 범위 내에서 많이 잡는 것으로 바뀌었다.

어민은 전통적으로 숙련된 항해가, 선원, 생물학자, 기상학자, 기계공, 직조업자, 수선업자를 겸했다. 그렇지만 이제는 마치 뛰어난 공무원처럼 규제에 대처하고 함정을 피해가며, 빈틈을 누빌 줄도 알아야만 했다. 그리고 어민은 이런 방면에서도 역시나 솜씨를 발휘했다. 어민이 규제 준수를 자신의 의무라고 여기는 경우는 드물었다. 그들의 입장에서 보자면 규제를 만드는 것은 정부의 임무였고, 그 사이로 빠져 나가는 것이 그들의 임무였다. 어족이 제대로 보호되지 못하면 비난을 들어야 하는 쪽은 정부라는 식이었다.

영해에서 외국인이 모두 쫓겨나게 된다면(대개는 그랬다) 이제 국가가 규제해야 할 대상은 오로지 자국의 어민뿐이었다. 아이슬란드인은 이것이야말로 효율적인 관리의 핵심이라고 간주했다. 해양연구소의 요한 시귀르욘손은 이렇게 말했다. "자국민을 감시하는 것만으로도 충분합니다. 북해에서 벌어진 것과 같은 올림픽경기식의 조업은 곤란하니까요. 거기서는 저마다 최대한 빨리, 최대한 많이 잡으려고 난리도 아니었죠." 유럽공동체^{EC}에서는 규제를 담당하는 부서인 공동어업정책^{Common Fishing Policy}을 통해 이 문제를 해결하려 했지만, 이는 어민이 준수해야 하는 새롭고도 복잡한 개별 국가마다의 규제를 만들어 냈을 뿐이었다.

아이슬란드 정부는 자국 선단의 조업 용량을 억제해야만 한다는 사실을 깨달았다. 그래서 정부는 트롤망의 그물눈을 더 크게 만들도록 의무화했다. 이에 어민은 트롤선을 더 많이 사들이는 것으로 대응했다. 그러자 정부는 선단의 규모와 조업 일수를 규제하는 조치를 취했다. 하지만 또다시 어민은 더 크고 효과적인 장비를 사들이는 것으로 대응했다.

대구 어족은 계속해서 줄어들었다. 1984년에는 정부가 조업 계절 동안 선박마다 각 어종에 대한 조업 할당량을 정하는 제도를 도입했다. 이 제도는 논란의 여지가 많았고 종종 자원을 허비하는 시스템이기도 했다. 깊이 50길에서 끌어 올린 해저 어종은 수압의 변화 때문에 곧바로 죽기 마련이다. 그런데 대구가 한 마리 잡혔을 때, 마침 그 배의 대구 조업 할당량이 모두 찬 상태라면 어민은 그 대구를 배 밖으로 도로 던져 버려야 했다. 아니면 마침 그 주에 대구의 가격이 뚝 떨어졌을 때, 해덕대구나 넙치를 잡으려고 내린 그물에 대구가 딸려 왔다면 어민은 역시나 대구를 배 밖으로 던져 버렸

대구

다. 하필이면 대구를 좋은 가격에 판매할 수도 없는 상황에서 자기
네 대구 조업 할당량을 모두 써 버릴 수는 없었기 때문이다.

1995년 전체 대구 어획량을 추정된 어족 숫자의 최대 25퍼센트
까지로 규제하는 시스템이 도입되었다. 여기에도 물론 빠져나갈 구
멍은 있었다. 하지만 이런 수단이 거듭해서 등장할 때마다 어민의
저항은 점점 더 줄어들었다. 대구 어족이 줄어드는 것을 지켜보면
서, 아이슬란드인은 자기들이 중세로 돌아가고 있다고 생각했다. 흙
집과 금속제 간이주택, 땅에 파묻어 썩힌 상어 요리, 불에 구운 양
머리 요리 같은 것들이 그들의 머릿속에 떠올랐다. 전국의 정치인,
어민, 트롤선 소유주, 수산물 회사가 해양연구소에서 근무하는 과학
자들에게 협조하는 일이 점점 더 늘어났다. 이들의 가장 큰 적은 각
자의 선거구를 위해 뭔가를 해내야만 하는 지역 정치인뿐이었다.

200마일 영해선이 선언되기 전까지만 해도 토마스 토르발드손
은 남획이란 것에 대해 한 번도 생각해본 적이 없었다. 단지 어떻게
하면 물고기를 더 많이 잡을지 하는 생각뿐이었다. 하지만 이제 그
는 자신의 조업 용량에 제한을 두어야만 했다. "물고기를 더 적게
잡자는 생각을 머리로 받아들이기는 매우 어려웠습니다."

그는 텅 비어 있는 기숙사를 구경시켜 주었다. 1990년까지 아이
슬란드의 여러 지역에서 온 52명의 노동자가 함께 기거하던 곳이었
다. 이들은 매년 2000톤에 달하는 소금 절임 생선을 가공하기 위해
이곳에 모여 있었다. 이제 토마스가 가공하는 생선의 양은 매년 300
~400톤에 불과했다. 가격은 더 오르고 생선은 더 줄어들며 어민도
더 줄어든다는 것이 아이슬란드 어업에 등장한 새로운 공식이었다.

비록이 부문이 국가 경제를 주도하기는 했지만 정부는 이미 어민의 숫자를 전체 노동력의 5퍼센트로 감축했다.

토마스는 자기 사무실 벽을 둘러보았다. 그곳에는 그가 한때 소유했던 모든 선박의 사진이 걸려 있었다. 토마스는 그중에서도 건현이 짧고 크기가 작은 증기선, 즉 그가 처음으로 보유했던 갑판 달린 보트의 사진을 가리키며 말했다. "어쩌면 우리는 이걸로 다시 돌아가야 할지도 모릅니다."

대구

아이슬란드의
아이들

1월 말부터 2월까지 이어지는 산란기에 아이슬란드에서는 대구 알
집에 대구 간을 채워 넣은 요리를 먹는 것이 전통처럼 되어 있다.
대부분의 아이슬란드 전통 음식이 그렇듯이, 이 역시 젊고 부유한
세대에서는 인기가 없다.

속을 채운 대구 알집 요리

알집 옆을 칼로 그어 내용물을 밖으로 빼낸다. 알집 속에 간을 채워
넣는다. 끓는 물에 넣어 몇 분간 삶는다. 내 경우에는 대구 살 으깬
것, 양파 저민 것, 밀가루, 계란 등을 섞어서 만든 푸딩을 간 대신에
넣어 만드는 경우가 가끔씩 있는데, 아이들이 간을 좋아하지 않기 때
문이다.

— 올파르 에이스테인손, 트리르 프라카르 레스토랑, 레이캬비크, 1996년

※326~329쪽을 참고하라.

"당신이 사려는 것은 생선이 아니에요. 사람의 목숨이지."

(해덕대구의 가격을 깎으려고 버티는 손님을 향해 생선 장수가 한 말.)

월터 스콧 경, 《골동품 연구가The Antiquary》, 1816년

마지막 사냥꾼들

03

COD:
A BIOGRAPHY OF THE FISH THAT CHANGED THE WORLD

그랜드뱅크스를 위한 진혼가

이제는 어르는 듯 오르락
내리락 한다.
붉은 별. 잘려나간 대구

머리가 두 개의 초록색 돌
사이에 놓여. 오르락
내리락

| 윌리엄 카를로스 윌리엄스, 〈대구 머리The Cod Head〉, 1932년 |

아이슬란드와 뉴펀들랜드를 비교하는 것은 불가피한 일이다. 양쪽
모두 북대서양에 있는 섬이며 크기도 대략 비슷하다. 물론 뉴펀들
랜드의 인구는 아이슬란드보다 두 배쯤 많은 50만 명이지만 말이
다. 토양이 척박한 데다 식물 성장 계절마저 짧아서 농업으로는 이
익을 볼 수 없다는 점도 양쪽 섬이 똑같다. 역사적으로 양쪽의 경제
는 전적으로 어업, 그중에서도 대구 어업에 의존해 왔다. 양쪽 섬 모

두에서 각각의 어민은 작은 보트를 가지고 해안에서 일했고, 외국인은 풍요한 근해의 어장에서 일했다. 양쪽 섬 모두 제2차 세계대전 직후까지만 해도 저개발 식민지에 불과했다는 점도 똑같다.

하지만 그때 이후의 역사는 양쪽이 완전히 다르다. 아이슬란드가 덴마크와의 관계를 끊고 독립 공화국이 되었던 반면, 뉴펀들랜드는 영국과의 관계를 끊고 캐나다의 한 주가 되었다. 일단 크고 부유한 나라의 한 주로 편입되자 뉴펀들랜드인은 더 이상 어업에 의존하지 않고도 생계유지가 가능해졌다. 캐나다 정부가 부족한 만큼을 채워 주었기 때문이다. 1990년대에 이르러서는 캐나다 어업에서 1달러씩 벌어 들일 때마다 캐나다 정부가 어업을 위해 지출하는 금액은 무려 3달러씩 늘어나는 꼴이 되었다.

영국의 가장 오래된 식민지인 뉴펀들랜드는 대공황 이전까지만 해도 자치 식민지였다. 대공황이 찾아오자 소금 절임 생선만 가지고는 어민의 생계가 불가능했기에 영국에서 지명한 위원회가 이곳의 통치를 떠맡았다. 하지만 '정부 위원회' 치하에서 실업자가 된 어민에게 지불된 보조금은 하루 6센트에 불과했다. 지금도 뉴펀들랜드인은 자기들이 캐나다에 잠식되고 있다는 생각에 늘 저항하곤 하지만, 당시에 그들이 할 수 있었던 선택은 하나밖에 없었다. 1948년 영국은 국민투표를 실시했는데, 여기서 뉴펀들랜드인은 근소한 표차로 캐나다의 열 번째 주가 되기로 결정했다. 하지만 일단 캐나다의 일부가 되고 보니, 거대하고도 멀리 떨어진 그들의 새 정부는 어업을 최우선순위로 생각하지 않았다. 캐나다 정부의 해외 무역 관련 부서는 오히려 밀과 산업 제품에 훨씬 더 관심이 많았다. 정부에

브르타뉴의 어업 선단이 그랜드뱅크스로 출발하는 모습. 〈더 그래픽The Graphic〉, 1891년 10월 17일자.

서는 이 지역의 소금절임대구 어업을 경제적 실패로 간주했으며 경공업으로 뉴펀들랜드의 경제를 발전시키려고 시도했다. 하지만 경공업 분야에서 뉴펀들랜드는 캐나다 본토와 차마 경쟁조차 할 수 없었고 이런 시도는 대부분 실패로 끝나고 말았다.

그러다 1977년에 200마일 영해선이 수립되자 캐나다 정부는 지금이야말로 어업을 뉴펀들랜드의 성장 가능한 경제적 기반으로 만들 수 있는 기회라고 간주했다. 하지만 그러기 위해서는 우선 미국과 국경을 확정하고 유럽인을 몰아내야 했다. 그런 다음에야 캐나다는 진정한 배타적 수역을 비로소 보유할 수 있을 것이었다.

에스파냐와 포르투갈은 충격을 받았다. 조상들이 무려 500년 동안이나 같은 일을 해 왔기에 이들 어장에서 조업할 권리가 당연히 있다고 여겼던 까닭이었다. 200마일(약 322킬로미터) 영해선은 에스파냐에게 특히나 큰 타격이었다. 그 어떤 서양 국가보다도 인구당 생선 소비율이 높았지만 에스파냐의 해안에서 200마일 이내에는 좋은 어장이 거의 없었다. 1975년 프랑코가 사망한 뒤 에스파냐 경제의 모든 부분에서 투자와 현대화가 이루어졌다. 하지만 현대적인 에스파냐 어업 선단에 대한 기대는 거의 없었다. 캐나다와 미국은 에스파냐 선박을 여러 뱅크에서 쫓아냈으며, 프랑스와 영국은 에스파냐와 포르투갈을 유럽의 해역에서 배제하기 위해 유럽공동체의 관료제를 통해 압력을 가하고 있었다. 어업이야말로 프랑스와 영국이 에스파냐를 이 공동체에 가입시키지 않으려는 주된 이유였던 동시에, 에스파냐의 입장에서는 이 공동체에 가입하려는 유일한 이유였다.

유럽공동체 소속의 다른 어떤 국가보다도 더 큰 선단을 보유하고 있던 에스파냐는 유럽공동체에서 부과하는 자국의 조업 할당량이 매년 감소하고 있다는 것을 깨달았다. 1983년에 이르러 에스파냐 선박 1000척이 유럽 해역에서의 조업 허가 234개를 공유하게 되었다.

에스파냐 북서부 갈리시아 지방의 한 언덕 위에 자리 잡은 도시 비고의 아래쪽 항구에는 갈 곳이 없어서 발이 묶인 현대식 트롤선의 숫자가 나날이 늘어만 갔다.

이른바 '백색 선단(제2차 세계대전 당시 독일 잠수함에게 중립국임을 알리기 위해 흰색으로 배를 칠했다)'이라는 별명을 갖고 있던 포르투갈의 선단 역시 조업하러 갈 곳이 별로 없기는 마찬가지였다. 이베리아 반도 사람들에게 개방된 장소라고는 그랜드뱅크의 한쪽 구석과 거기서 더 동쪽에 있는 (유서 깊은 대구 서식 뱅크인) 플레미시 캡뿐이었다. 양쪽 모두 200마일 영해선 바깥에 있어서 공해에 해당되는 곳이었다. 하지만 에스파냐와 포르투갈은 이곳에서 상당한 양의 대구를 잡았기 때문에 캐나다에서는 급기야 1986년 그랜드뱅크스의 외곽에서 조업하는 외국 선박이 보급과 수리를 위해 세인트존스에 들어오는 것 자체를 금지하기에 이르렀다. 프랑스는 여전히 생피에르와 미클롱을 보유하고 있었지만, 이베리아반도 사람들은 모국에서 멀리 떨어진 곳까지 나와도 이제는 중도에 쉴 항구조차 없는 처지가 되고 말았다.

캐나다가 처리해야 하는 또 다른 이슈는 미국과의 국경이었다. 그 대륙붕에서도 가장 풍요한 장소인 조지스뱅크는 뉴잉글랜드 근해에 자리 잡고 있었지만, 그중 상당 부분은 노바스코샤에서 200마일 이내에 자리 잡고 있었다. 조지스뱅크를 둘러싼 분쟁은 유럽의 전통과 같은 맥락에서의 진정한 대구 전쟁까지는 아니었지만, 뉴잉글랜드와 캐나다의 어민 사이에서는 몇 발의 총격도 실제로 오갔다. 아마 이것이야말로 프렌치 인디언 전쟁 이후로 캐나다와 미국 사이에 벌어진 유일한 총격전이 아니었을까. 국제적인 중재 아래 캐나다는 조지스뱅크의 북동쪽 일부분을 소유하게 되었고, 나머지 구역은 미국의 영해가 되었다. 이로써 역사상 최초로 캐나다와 미국이 자국 근해의 대구 서식 뱅크들을 독점적으로 보유하게 되었다.

캐나다에서든 미국에서든, 아니면 다른 어디에서든 200마일 영해선 자체는 환경보호의 수단으로 도입된 것까지는 아니었으며 단지 자국의 어업에 대한 보호주의적 수단에 불과했다. 미국 정부는 저금리 대출과 기타 유인책을 제공하여 조지스뱅크에서 조업하는 뉴잉글랜드의 선단을 현대화하려 시도했으며, 캐나다 역시 그랜드뱅크스에서 조업하는 선단에 투자했다. 이 분야를 현대적인 산업으로 만들기 위해서는 일단 부실 경영, 캐나다 달러에 대한 고평가, 아이슬란드와의 경쟁 등으로 거의 파산 위기에 처한 수산물 회사를 구제해야만 했다.

정부의 긴급 구제 계획에 따라 뉴펀들랜드의 여러 수산물 회사들이 통합되어 '피셔리 프로덕츠 인터내셔널FPI'이라는 거대 기업이 탄생했다. 그리고 정부의 자금이 투입되어 '내셔널 시 프로덕츠National Sea Products'라는 노바스코샤 소재 기업이 소생했다. 1980년대 말에 이

대구

르자 두 회사 모두 거대해지고 성공을 거두었다. 피셔리 프로덕츠 인터내셔널 같은 경우는 심지어 정부가 보유한 주식을 도로 사들이는 데 성공했다. 그리고 이즈음에는 캐나다 달러가 미국 달러에 비해 저평가되어 뉴펀들랜드와 노바스코샤산 대구가 보스턴 시장에서 매우 좋은 가격에 팔려 나갔다.

200마일 영해선이 선언되고 나서 10년이 지나고, 외국 선박의 항구 출입을 금지한 지 1년이 지나자 캐나다 정부는 비로소 자국의 여러 뱅크들을 완전히 장악했다고 주장할 수 있게 되었다. 또한 대서양에서의 어업을 자국 경제의 수익이 나는 부문으로 바꿔놓았다고 주장할 수 있게 되었으며 실제로 그렇다고 주장했다. 이에 맞춰 어민의 숫자는 물론 생선 가공 공장 노동자의 숫자도 크게 늘어났다. 수산물 회사가 거대한 트롤선에 충원한 새로운 어민 상당수는 사실상 생선 가공 공장의 노동자였다. 이제는 현대식 트롤선에서 이루어지는 일의 상당 부분이 바로 생선 가공이기 때문이었다. 페티하버의 샘 리는 이런 이야기를 꺼낼 때마다 약간의 비웃음을 섞어 말했다. "어려서부터 저랑 같이 자란 녀석이 있었죠. 그 녀석 아버지는 가게를 했어요. 녀석은 공장에서 일했고요. 그런데 얼마 지나지 않아 그 녀석은 마치 경험 많은 원양어선 어부인 척하고 다니더군요."

하지만 새로 생겨난 캐나다의 독점적인 근해 어업이 성공을 거두고 있는 사이, 해안의 어민은 어획량이 줄어들고 있다는 사실을 발견했다. 이들은 근해의 저인망 어선이 워낙 많은 대구를 잡기 때문에 결국 이 물고기가 산란을 위해 해안으로 이동할 기회조차 얻지 못하는 것이 이유가 아닐까 하고 의구심을 품었다. 해안의 어민은 규제 당국인 수산해양부에 불만을 접수했지만 정부에서 막대한 금액을 투자한 곳은 해안 어업이 아니라 근해 어업이었다. 따라서 정부는 이 투자를 성공담으로 만드는 것에 정치적 우선순위를 두고 있었다. 해안의 어족이 점점 줄어드는 동안 이 문제를 둘러싼 논란은 점점 더 치열해졌다. 한쪽에는 해안의 어민이 있었고 다른 한쪽에는 어민 조합과 트롤선 노동자들, 수산물 회사와 정부가 있었다. 해안 어민의 대의를 돕기 위해 무료 변론을 맡은 뉴펀들랜드의 변호사 캐벗 마틴은 이렇게 말했다. "샘 리와 내셔널 시 프로덕츠 간의 싸움에서 처음부터 끝까지 불공평했던 점은 샘에게 사실상 돈이 하나도 없다는 거였죠."

"우리는 '뉴펀들랜드 해안어업연합회'를 만들었어요. 어민의 이야기는 아무도 들어주지 않았으니까요. 우리는 허공에 대고 푸념하는 셈이었죠." 샘 리의 말이다. "이 단체는 단지 해안 어민만을 위한 것도 아니었어요. 지금 일어나고 있는 일에 관심이 있는 사람은 누구라도 가입할 수 있었죠."

각지의 소규모 생선 공장은 만성적인 파산 위험을 안고 있었다. 만약 그런 일이 벌어진다면 페티하버의 어민이 어획물을 보스턴까지 보낼 다른 방법을 찾아내기도 전에 상품이 모두 변질될 수 있었다. 결국 어민은 이 공장을 인수해서 협동조합으로 만들었으며, 마침 정부가 수산물 회사에 관심이 있었던 참이라 공장 개선을 위한 자금을 대출받기도 했다.

생선을 '가두리' 속에 넣어 두면 시장에 도착할 때까지 대구를

　　　　　　　　　　　　　　　대구

산 채로 보관할 수가 있었다. 원래 생선 양식에 관심이 많았던 캐벗 마틴은 잡아 올린 대구를 산 채로 보관하면서 열빙이, 청어, 고등어 등을 먹여 기르는 방법을 소개했다. 이럴 경우 대구는 그 무게가 두 배로 늘어나기 마련이어서 이때는 물고기의 길이뿐만 아니라 굵기도 늘어나 결국 무게당 가치 자체가 늘어나는 셈이었다. 이렇게 기른 대구는 조지스뱅크에 서식하는, 몸통이 더 굵은 어족과도 유사해 보였다. 하지만 시간이 흐를수록 가두리에 넣을 만한 적당한 크기의 대구를 잡는 일은 점점 더 어려워졌다. 심지어 대구에게 먹일 미끼용 물고기를 잡는 일조차도 더 힘들어졌다.

정부의 무관심이 지속되는 상황에서, 마틴과 해안어업연합회는 저인망 어업에 대한 금지 조치를 요구하면서 정부를 상대로 소송을 제기했다. 이들은 수산해양부가 환경 평가를 따르지 않고 있다고 고발했다. 법원은 경제에 부정적인 영향을 끼칠 수 있다면서 금지 조치를 내리는 것에는 반대하는 판결을 내렸으며, 대신 세인트존스에 있는 내셔널시 프로덕츠의 공장에 매년 몇 달 동안 가동을 중지하라는 명령을 내렸다.

그때 이후로 마틴은 고래와 물범(바다표범) 사냥에 반대하는(예를 들면 그린피스가 하는 것 같은) 환경보호 운동에 주목하게 되었고, 뒤늦게야 그들이 너무 성급하게 법정까지 갔던 것을 후회하게 되었다. "[저인망 어선의 어획물을 구입하는] 맥도날드가 가장 큰 구매자였습니다. 그러니 차라리 맥도날드를 상대로 캠페인을 전개해야만 했었습니다. 우리는 아주 영리하지는 못했던 겁니다."

정부가 해안 어민의 이야기에 '귀를 기울이지 않았다'고 표현하는 것조차도 어쩌면 지나치게 호의적인 표현인지 모른다. 정부는 대서양의 대구 어족에 대해서나 어업의 미래에 대해서나 지나치게 열광하는 태도를 견지했다. 어획고는 늘어나고 있었으며, 연어 조업 할당량을 채울 수 없었던 어민에게는 부족분을 채우기 위해 대구 조업 할당량을 추가로 부여하기까지 했다. 정부는 마이클 커비 상원의원의 지휘 아래 대서양 어업의 미래를 판정하는 특별 조사단을 조직했다. 그 조사단이 작성한 보고서의 상당 부분은 새로운 캐나다 저인망 어업 선단이 잡아 들이는 모든 생선을 내다 팔기 위한 새로운 시장을 찾아내는 문제만을 다루고 있었다.

캐나다인은 예나 지금이나 생선을 열심히 먹지는 않았다. 심지어 뉴펀들랜드인이나 노바스코샤인조차도 생선을 많이 소비하지는 않는 편이었다. 뉴잉글랜드인을 비롯한 대부분의 미국인도 사정은 마찬가지였다. 하지만 미국은 인구가 워낙 많았기 때문에 시장 확장의 잠재력은 항상 있었다. 커비의 보고서에 따르면 미국인은 매년 1인당 233파운드(약 105.8킬로그램)의 붉은 고기*를 먹는 반면, 해저 어류의 소비량은 매년 1인당 4파운드(약 1.8킬로그램)에 불과하다. 이 보고서는 이후 5년 동안 캐나다의 해저 어류 어획량이 50퍼센트 늘어나리라고 추산하면서, 미국의 1인당 해저 어류 소비량을 단지 0.1퍼센트만 늘릴 수 있어도 캐나다의 잉여분은 모조리 미국 시장이 흡수할 수 있으리라고 예상했다.

그런데 실상은 이랬다. 우선 어획량이 늘어난 것은 물고기가 풍

———— 쇠고기나 양고기처럼 살이 붉은색을 띠는 고기를 말한다.

대구

부해서가 아니라 현대식 트롤선 선단이 워낙 효율적이기 때문이었다. 즉, 아직까지 남아 있는 대구 개체군이 있는 해역을 찾아내서 체계적으로 싹쓸이할 수 있었다. 나중에 가서 생각해 보니 이런 사실은 분명했지만, 여기서 우리가 기억해야 할 것은 뉴펀들랜드의 긴 어업 역사를 살펴볼 때 이동하는 습성을 지닌 대구는 주기적으로 특정 해역에서 사라졌다가 다른 해역에 나타나는 경우가 종종 있었다는 점이다.

현재 남아 있는 기록에 따르면, 뉴펀들랜드나 래브라도의 특정 해역에서는 대구 어족이 사실상 완전히 사라지는 경우가 거의 매년 있었다. 1857년과 1874년에는 조업에 실패한 어장이 없어서 특히나 주목할 만한 해였다. 그런가 하면 1868년에는 거의 모든 해역에서 어족이 사라지는 현상이 벌어졌다. 하지만 물고기는 그 이듬해마다 반드시 어디엔가 다시 모습을 드러내곤 했다. 그때마다 어민은 깜짝 놀라곤 했지만, 그렇다고 해서 조업의 실패가 대구의 전멸로 귀결된 것은 아니었으며 단지 이 물고기의 이동 패턴에 일시적인 변화가 일어난 것에 불과했다. 그리고 이런 변화는 아마도 기온 변화에 따른 것으로 추정되었다. 1980년대부터 1990년대 초까지 캐나다 정부는 뉴펀들랜드 해역이 이처럼 익히 알려진 현상을 다시 한번 겪는 것이려니 하고 생각했다.

미국 국립해양수산청의 해양생물학자로 매사추세츠주 우즈홀에 자리 잡은 연구소에서 조지스뱅크를 연구한 바 있는 랠프 메이오는 이를 가리켜 '인식의 문제'라고 불렀다. "우리는 대구를 몇 마리 발견하고는, 그놈들이 빙산의 일각에 불과할 거라고 간주합니다. 하지만 사실은 빙산 전체가 겨우 그 몇 마리에 불과할 수도 있는 거예요."

뿐만 아니라 정부의 의뢰로 작성된 마이클 커비의 보고서는 이른바 '파괴가 불가능한' 자연의 회복력에 관한 헉슬리의 가르침으로부터 여전히 영향을 받고 있었다. 실제로 회복력이 더 강했던 것은 자연이 아니라 이런 아이디어 자체였던 것처럼 보인다. 심지어 이런 아이디어를 다룬 책도 여전히 매년 한두 권씩은 나오는 실정이었다. 아시아까지 가는 서쪽 항로에 관한 16세기의 믿음과 마찬가지로, 이 이론도 단순히 경험만 가지고는 근절이 불가능했다.

1989년 수산부 장관 존 크로스비(그의 할아버지와 아버지 모두 세인트존스에서 영향력 있는 수산물 상인으로 활동한 바 있었다)는 세인트존스의 래디슨 호텔에서 설명회를 갖고, 어업이 머지않아 중단될 수밖에 없지 않느냐는 의구심을 잠재우려 애썼다. 1992년 7월에 그는 같은 호텔로 돌아와서 결국 그런 의구심이 옳았다는 사실을 공표했다. 이렇게 북부의 대구 어족에 대한 조업 금지 조치가 내려지면서 3만 명의 어민이 일자리를 잃었다. 이미 수년째 트롤선에 대한 조업 금지를 요구해왔던 샘 리와 다른 해안 어민은 그날도 호텔 밖에서 기다려야만 했다. 크로스비가 이들과의 면담을 거절하자, 평소에는 쾌활하고 성격 좋은 사람이었던 샘 리는 분노한 나머지 문을 주먹으로 쾅쾅 두들기기까지 했다.

1994년 1월에 신임 장관 브라이언 토빈은 조업 금지 기간을 연장한다고 발표했다. 캐나다에서는 노바스코샤 남서부에 있는 한 군데 어장을 제외하고는 대서양대구 조업이 전면 중단되었고, 나머지 해저 어류에 대해서도 엄격한 조업 할당량이 부과되었다. 캐나다산 대구는 비록 생물학적으로는 멸종되지 않았지만 상업적으로는 이미 멸종된 상태였다. 이젠 워낙 희귀하기 때문에 더 이상은 상업적으로 유용하다고 간주될 수 없었던 것이다. 캐벗의 선원들이 바구니로 대구를 퍼 올렸다는 보고가 있었던 때로부터 500주년을 겨우 3년 앞둔 상황에서, 이 모두가 끝나버렸다. 어민이 그 많았던 물고기를 모두 잡아 버린 것이다.

해안 어민의 요구를 법원이 거절한 이유가 되었던 생선 가공 공장들은 결국 문을 닫게 되었다. 거대 기업이었던 피셔리 프로덕츠 인터내셔널과 내셔널시 프로덕츠는 운영 규모를 축소했으며 아이슬란드와 노르웨이에서 수입한 대구를 가공하기 시작했다. 내셔널 시 프로덕츠는 페티하버와 비슷한 뉴펀들랜드의 전형적인 어촌(만(灣)의 균열 부분에 나무로 지주를 세우고 건설한 마을)인 아널즈코브에서 직원 250명의 공장을 운영하고 있었다. 뉴펀들랜드 정부는 근해의 작은 섬들에 사는 주민들을 덜 외딴 장소로 다시 이주시키려고 계획했고, 결국 아널즈코브로 이주한 사람들은 내셔널 시 프로덕츠의 공장에서 일자리를 얻게 되었다. 이 공장에서는 머리를 잘라내고 냉동한 러시아산 대구를 노르웨이에서 수입했다. 아널즈코브에서는 이 수입산 대구를 부분적으로 녹이고 저민 다음 다시 냉동했다.

페티하버에 있는 지역사회 소유의 가공 공장도 이와 같은 일을 하고는 싶었지만 자본이 없었다. "우리는 공장을 계속 돌리기 위해 러시아산 대구를 구하려 했죠. 하지만 그건 우리 따위가 감히 건드릴 수 없는 물건이었어요." 샘 리의 말이다. 결국 이들은 공장을 학교로 만들어 개방했다. 하지만 이들은 냉동 장비를 구입하기 위해 정부에서 빌린 돈의 이자 때문에 여전히 100만 캐나다 달러 이상의 빚을 지고 있었다. "조업 금지 전까지 우리는 돈을 갚고 있었죠. 정부는 공장을 원하지 않기 때문에 우리가 계속 가질 수는 있을 거예요. 어느 누구도 공장을 원하지는 않아요. 언젠가 물고기가 돌아오면 공장도 다시 가동되겠죠. 하지만 그때도 이자는 계속 늘어났을 테니 빚은 무려 200만 달러가 되어 있겠죠."

또한 정부는 가자미^{blackback}의 조업도 금지해야만 했다. 해저에 서식하는 이 납작한 물고기를 잡으러 나간 어민의 그물에 의심스러울 정도로 많은 양의 대구가 함께 잡혔기 때문이다. 물론 이렇게 부수어획물로 대구를 잡는 것은 합법적이었지만, 이쯤 되자 어민이 오히려 이런 부수 어획물을 목표로 삼고 있는 것처럼 보이기 시작했다. 어떤 사람은 성대를 잡겠다고 나섰는데, 이 물고기는 알집만 떼어내고 나머지는 버리므로 샘 리는 이를 낭비로 간주하고 전적으로 반대했다. 해안 어민 몇 사람은 게잡이로 돌아서서 상당한 이익을 보았으며, 일부는 바닷가재잡이로 돌아섰다. 그런가 하면 쇠고등을 잡아 수출하는 일도 있었다. 하지만 해저 어업 종사자들에게는 이것이야말로 더 격이 낮은 어업으로 여겨졌다. 대부분의 어민은 단지 실업 수당만 받으며 기다릴 뿐이었다.

북아메리카에서 가장 오래된 도시인 세인트존스는 높고 위풍당당한 절벽에 에워싸인 물이 깊은 항구 위에 자리 잡고 있다. 밝은색으로 칠해진 19세기 말의 목조 주택들이 늘어선 이 도시는 가파른 언덕 위에서 항구를 내려다보고 있다. 빅토리아 시대 건축의 화려함에도 불구하고, 이 도시에는 변경 특유의 다듬어지지 않은 내력이 여전히 남아 있다. 한때 이곳의 부두에는 유럽에서 온 선박들이 줄줄이 늘어섰고 근처에는 이런 배들에 보급품을 판매하는 상점들이 붐볐다. 포르투갈인과 에스파냐인은 마을에서 축구를 하고 바삭바삭한 빵에 와인을 곁들여 먹었다. 하지만 이제 이들은 모두 사라져 버렸다. 부두에는 술집, 식당, 그리고 관광객을 겨냥한 상점만 있을 뿐이다.

이곳의 지속적인 관광 테마는 바로 대구다. 땅콩버터가 들어 있는 흰색 줄무늬의 딱딱한 사탕은 '대구 뼈codfish bones'라고 불린다. 나무로 만든 작은 트롤선 모형도 판매되고 있다. 술집에서는 외국 사람들에게 '스크리치 하기being screeched in'에 입문할 기회를 제공한다. 이것은 대구와 당밀 무역의 잔재로서, 원래의 의미는 잊히고 말았다. 관광객은 일단 스크리치Screech(뉴펀들랜드에서는 병에 담은 자메이카산 럼주를 스크리치라고 한다) 한 잔을 마신 다음 대구에게 입을 맞춰야 한다. 이때 사용하는 대구는 대개 박제 대구다. 러시아에서 수입해 저민 것이나 감시 어업단에서 가끔 한 번씩 잡는 것을 제외하면 이곳에는 대구가 한 마리도 없기 때문이다.

그 와중에 그랜드뱅크스에서는 석유가 발견되었다. 그로부터 10년 전에 조지스뱅크에서 석유가 발견되었을 때는 어민들이 나서서 석유 회사를 막는 데 중요한 역할을 했다. 뉴펀들랜드에서도 석유 회사들의 인공 지진 탐사가 물고기에 끼치는 영향에 관해 어민들이 우려를 표시하고 있지만, 딱히 수입이 없는 상태이다 보니 매우 강력한 로비를 시도하지는 못하는 실정이다. "그쪽에서는 [인공 지진 탐사가] 물고기에게 아무 영향도 끼치지 않는다고 말합니다만, 그건 거짓말입니다."

샘 리의 말이다.

모두들 "대구가 돌아왔다 하면" 이럴 거라느니, 저럴 거라느니 말하곤 한다. 샘 리는 대구가 돌아왔다 하면 생선 가공 공장을 다시 가동할 것이라고 말한다. 아널즈코브에 있는 내셔널 시 프로덕츠의 자재부 관리자인 톰 오스번은 이렇게 말한다. "이곳의 물고기가 돌아오기까지는 아주 오래 걸리지 않을 겁니다. 그때가 되면 우리는 생선을 가공하는 일로 돌아갈 수 있을 겁니다. 언젠가는 다시 선두 자리를 되찾을 겁니다. 미국 시장도 다시 되찾을 거고요."

캐벗 마틴도 대구가 돌아올 것이라고 믿는다. "차라리 물고기가 있어서 그걸 두고 싸움을 벌이는 쪽이 낫겠습니다. 그렇게 되면 이전과 똑같은 상황이 벌어지겠지요. 그들은 이전과 똑같이 하려고 들 겁니다. 예전처럼 저인망 어업을 시작하고 싶어 하겠죠. 그러면 우리도 어쩔 수 없이 그들과 싸울 수밖에 없고요."

하지만 자연은 전혀 다른 계획을 품고 있을지도 모른다.

뉴펀들랜드의 일요일

소금에 절인 대구 부레

대구 부레 2파운드(약 0.9킬로그램), 소금 절임 돼지고기 4조각, 샬럿
또는 양파

소금절임대구 부레를 물에 넣고 하룻밤 동안 재운 다음, 물을 따라
버린다. 재료를 소스 팬에 집어넣고 다시 물을 부은 다음 10분간 끓
인다. 물을 버린 후 돼지고기를 볶고 샬럿 또는 양파를 썬 다음, 부레
를 작게 썰어서 모두 넣고 볶는다. 필요하다면 물을 약간 넣는다.

이 조리법은 지금으로부터 80년 전쯤에 사용되던 것으로, 종종 일요
일 저녁 식사 때 집에서 만든 빵과 버터를 곁들여 먹었다. 오늘날에는
으깬 감자, 프렌치프라이, 통감자 등에 완두콩을 곁들여서 식탁에 내
놓곤 한다.

― 위니프리드 그린, 뉴펀들랜드주 핸츠하버, 《돼지 등비곗살과 당밀: 뉴펀들랜드
와 래브라도의 유명한 옛날 조리법 선집Fat-back & Molasses: A Collection of Favourite Old Recipes from
Newfoundland & Labrador》, 아이반 F. 제스퍼슨 편저, 세인트존스, 1974년

※329쪽을 참고하라.

자연의 회복력에서의 위험 수위

우리가 헤이크대구로 얻는 것만큼, 우리는 청어로 잃는다.[*]

| 영국 속담 |

'대구가 돌아온다, 어민 측 주장'
수산부 장관, 뉴펀들랜드 근해 조업 금지 해제 압력에 시달려

| 토론토 〈글로브앤드메일〉, 1996년 10월 5일자 제1면 헤드라인 |

뉴펀들랜드인들은 대구가 돌아오는 때가 과연 언제인지를 놓고 종종 입씨름을 벌이곤 했다. 그 일에 대해 "혹시"하면서 조심스럽게 말을 꺼내는 사람은 거의 없었다. 혹시 대구가 영영 돌아오지 않으면 바다에는 무슨 일이 일어난 것이냐고 묻는 사람도 거의 없었다. 과연 상업적 어업이 계속될 수 있을지 여부를 묻는 사람도 거의 없

_____
대구가 청어를 먹이로 삼는 데서 비롯된 말로, 한쪽에서 얻는 것이 있으면 다른 한쪽에서 잃는 것이 있다는 의미다.

기는 마찬가지였다. 대구가 돌아올 것이라는 입장을 가장 낙관적으로 대변한 사람은 바로 샘 리였다. "대구는 돌아올 겁니다. 왜냐하면 반드시 돌아와야 하니까요."

과학자들은 이들만큼 확신을 품지는 못한다. 매사추세츠주 우즈 홀에 있는 국립해양수산청 연구소의 랠프 메이오는 개체군 하나가 재생되는 데 과연 얼마나 많은 물고기가(과학 용어로 표현하자면 얼마나 많은 생물량이) 필요한지, 과연 몇 년이 걸리는지를 예측하는 공식은 아직까지 알려진 바 없다고 지적했다.

자연에서는 기적과 재난 모두가 일어나기 마련이다. 1922년에는 정확히 알 수 없는 자연적 이유 때문에 아이슬란드의 대구 어족이 무척 많은 치어를 낳았다. 그리하여 영국과 독일 트롤선이 활개를 치는 중에도 아이슬란드에는 건강한 규모의 어족이 10년 동안이나 유지되었다. "자연적 변수는 너무나도 많습니다. 예를 들어 거대한 겨울 폭풍이 불어와 유생을 뱅크 밖으로 쓸어가기만 해도 끝장입니다." 메이오의 말이다. 여기서 확실한 계산은 단 하나뿐이다. "우리가 0에 도달하는 순간, 생산량도 0이 되리라는 겁니다." 0보다는 크지만 실제 생산량을 0으로 만드는 숫자가 과연 얼마부터인지는 아직 확인되지 않았다. 낙관주의가 더욱 힘을 얻은 까닭은 다른 여러 나라에서도 크게 감소했던 대구 어족이 상당히 빨리 회복되었기 때문이다. 1989년 노르웨이 정부는 자국의 대구 어족이 심각한 감소 추세에 있음을 깨달았다. 결국 정부에서는 조업을 엄격하게 규제하여 수많은 어민과 생선 공장 노동자와 조선업자를 졸지에 파산하게 만들었으며 자국의 선단 규모를 크게 줄였다. 노르웨이 북부의 핀마르크 지역은 23퍼센트라는 유례없는 실업률을 기록하기도 했다. 하지만 정부가 이런 방법들을 실시하는 한편, 어족은 여전히 상업적 가치를 유지하고 있었고 아울러 산란이 가능한 커다란 물고기가 남아 있어 몇 년 지나지 않아 대구 개체군이 안정되면서 숫자가 늘어나기 시작했다. 노르웨이 수산물수출연합회의 페테르 가티는 캐나다의 상황에 대해 이렇게 말한다. "제 생각에는 정치인들이 사람들을 파산시킬 용기가 차마 없었던 것으로 보입니다." 하지만 노르웨이에서는 용기와 행운, 그리고 신속하게 증가하는 대구 어족이 한데 어우러졌다. 1992년 가을에 바렌츠해의 대구 어족을 측정한 노르웨이 정부의 정책 계획가들은 또다시 깜짝 놀라고 말았다. 이 어족에 관한 기록을 통틀어 가장 생산성이 높았던 두 해를 지나고 나서, 대구 개체군이 다시 건강해졌던 것이다.

1994년 캐나다 정부는 자국의 조업 금지 조치가 20세기 말까지 지속될 것이라고 추산했다. 그때 이후로는 정치인들이 그 기간을 단축시키려 시도하기도 했다. 하지만 다른 모든 조건이 충족된다 하더라도, 캐나다에서 개체군이 회복되기까지는 최소한 15년쯤이 필요할 것이었다. 건강한 개체군이 생겨나려면 산란이 가능한 커다란 물고기가 필요한데, 북부 어족의 경우에는 그런 어족이 최소한 15년쯤 자라야 했기 때문이다.

캐나다인이 그 정도로까지 오래 기다리면서 한 세대 내내 대구낚시를 하지 못한 상태로 버틸 수 있으리라고는 상상하기가 힘들다. 세인트존스 메모리얼대학교의 어류학자 조지 로즈는 정치적 압력을 고려할 때 대구 어족이 역사적인 수준으로 돌아올 때까지 조

베르호의 갑판 선원 아구스트 올라프손이 이 배의 요리사 귀드비아르튀르 아우스게이르손을 위
해 대구를 들고 포즈를 취했다. 1925년경. 아우스게이르손은 1915년부터 1940년까지 아이슬란
드의 트롤선에서 요리사로 일하며 종종 이렇게 사진을 찍었다. 레이캬비크 소재 아이슬란드 국
립박물관 소장.

업 금지 조치가 유지되기는 불가능할 것이라고 추측했다. 조업 금지 조치 요구에 앞장선 바 있었던 로즈는 이렇게 말한다. "저는 대구가 예전과 같은 상태로 되돌아오도록 우리가 가만 놓아둘 수 있으리라고 낙관하지는 않습니다. 만일 우리가 30만 마리를 보유하게 된다면 그걸 잡아 버리자는 압력을 차마 견딜 수 없을 겁니다."

주기적으로 '식량용 조업'이 가능한 날짜가 공표된다. 그러면 어느 주말 동안은 그 지역 주민이 자체 소비를 위해 대구를 낚는 것이 허락된다. 이렇게 특별한 주말이 지나고 나면 갑자기 이곳에서 잡은 대구 구입이 가능하게 되어 트럭 짐칸에 실려 있는 생선을 사람들이 앞다퉈 사가곤 한다. 하지만 이 지역 정치인들은 식량용 조업 기간이 너무 짧다고 불평한다. 루이스포트의 시장은 주말에도 일해야 하는 사람이 일부 있다면서, "모두에게 기회가 돌아갔으면 한다"고 말하기도 했다.

1996년 10월의 〈글로브앤드메일〉의 기사에 따르면 수산부 장관 프레드 미플린은 감시 어업에 나섰던 어민이 대구의 숫자와 크기 모두 늘어났다는 사실을 보고해 왔다고 주장했다. "물고기는 더 살지고 더 건강해졌기 때문에 우리는 감소가 중단되었음을 확실히 알게 되었다." 장관의 이런 발언은 페티하버의 샘 리와 그 동료들이 발견한 내용과는 전혀 상응하지 않았지만 이들은 뉴펀들랜드 전역의 감시 어업단원 400명 가운데 겨우 여섯 명에 불과했다. 미플린의 데이터를 더 면밀하게 들여다보면 이런 좋은 결과들은 어디까지나 뉴펀들랜드 남부에 국한된 내용이었다. 그곳은 물이 더 따뜻했기 때문에 성장도 더 빨랐던 것이다. 사실 그곳의 대구는 북부의 어족과는 완전히 별개의 개체군이며 뉴펀들랜드와 래브라도, 그랜드 뱅크스의 나머지 지역 근해의 해역에서 줄곧 서식하고 있었나. 즉, 이 또한 랠프 메이오가 말한 '인식의 문제'였다.

미플린의 발표가 있기 몇 주 전에 로즈는 이렇게 말했다. "우리가 플로리다주 사우스베이에서 1만 5000마리의 대구를 발견하자마자 모두들 대구가 드디어 돌아왔다고 말하더군요. 그런데 잠깐만요! 문제는 불과 10년 전만 해도 그놈들의 생물량(바이오매스) 또는 개체군이 무려 120만 마리나 되었다는 겁니다."

어떤 사람들은 아예 자연을 도와주자고 제안했다. 노르웨이의 어업이 위기를 맞이했을 때 노르웨이 정부는 대구 양식 실험에 막대한 투자를 했다. 그러다 자연산 어족이 돌아오자 노르웨이인은 가뜩이나 더 비싼 방법이었던 양식에 곧바로 흥미를 잃고 말았다. 하지만 생선 양식업자들은 자연산 치어를 가두리로 옮긴 다음, 먹이를 줘서 두껍고 크게 길러내는 일에서 기술적으로 성공을 거두었다. 이런 대구는 심지어 먹이 시간에 맞춰 모여들도록 훈련되기까지 했다. "치어 기르기야말로 우리의 자연산 어업이 추구하는 목표입니다." 노르웨이의 수산물수출위원회에서 일하는 페테르 가티의 말이다. 노르웨이산 양식 대구의 살은 극도로 하얀데, 이는 바닷가재의 경우와 유사하게 시장에 내놓기 전에 며칠 동안 굶겨서 내부의 오물을 '제거'하기 때문이다. 양식 대구가 갖는 또 다른 이점은 산 채로 시장에 내놓을 수 있다는 것이다. 페티 하버에서 캐벗 마틴이 세운 계획의 핵심도 바로 이것이었다.

비록 이런 양식 대구가 새로운 분야이고 그에 비하면 양식 연어는 이미 확고히 자리 잡은 분야이기는 하지만, 마틴은 대구 양식이 훨씬 더 쉬울 것이라고 주장했다. 연어는 섬세한 비늘 구조를 갖고 있어서 상처를 입으면 감염되기가 쉬운 반면, 대구는 사람의 손이 닿아도더 잘 견디고 질병에 대한 저항력도 있었다. 아울러 연어는 북적이는 가두리 안에 갇혀 있기를 싫어하지만 대구는 무리를 짓는 사회 구조를 지니고 있었다.

수산물 양식은 연어에서부터 홍합에 이르기까지 그 종류를 막론하고 매년 점점 더 큰 산업으로 성장하고 있다. 뉴펀들랜드에서의 양식도 시작은 수월한 편이었다. 페티하버에서의 경험 이후 마틴은 시험 삼아 가두리를 몇 개 만든 다음, 거기에 대구를 기르면서 고등어와 청어와 열빙어를 먹이로 주었다. 이런 방법대로라면 매우 훌륭한 물고기를 생산할 수 있었겠지만, 조업 금지 조치가 내려졌을 즈음 그는 100만 캐나다 달러에 달하는 빚 때문에 파산하고 말았다.

상업적으로 성공한 물고기 양식의 경우 운영비를 절감하기 위해 자연산 미끼용 물고기 대신에 어분을 압착해 만든 사료를 먹인다. 연어의 경우에는 분홍색 빛깔을 내기 위해 인공 색소도 먹이는데, 원래 자연산 연어는 야생 갑각류를 먹어서 그런 색깔이 나는 것이다. 미식가들의 입장에서 보면 자연산 연어와 양식 연어의 차이는 멧돼지 옆구리살과 일반 돼지 갈비의 차이만큼이나 크다.

미식가뿐만 아니라 과학자 역시 물고기 양식에 관해 깊이 우려하고 있다. 가두리에서 자라난 대구는 놀라울 정도의 성장률을 보인다. 같은 연령의 자연산 북부 어족보다도 훨씬 큰데, 물론 자연산 대구도 1년 사이에 크기가 무려 두 배로 커지기는 하지만 부화장의 대구는 같은 기간 동안에 무려 네 배까지 커질 수 있다. 물고기의 크기는 곧 생식력을 결정하기에 가두리에서 키운 물고기를 풀어 주는 것이야말로 어족을 재생시키는 한 가지 방법처럼 보이기도 한다. 하지만 이것은 매우 위험한 발상이다.

양식 물고기를 풀어 주어 자연산 어족과 섞이게 한다는 아이디어에 과학자들은 소스라칠 수밖에 없었다. 이는 자연이 선택하는 방식이 아니기 때문이다. 예를 들어 질병에 대한 저항력도 없고 포식자를 피하는 방법도 모르며 사냥이나 먹이 수집 기술도 결여되었다면, 심지어 체내에 잘못된 온도계를 갖고 있어서 부동성 단백질을 만들어 내지도 못하고 산란을 위해 해안으로 옮겨 갈 때를 알려 주는 수온 변화를 감지하는 능력조차 없다면 이런 대구는 야생에서 살아남을 수가 없다. 이런 대구는 가두리 안에서 더 잘 살아남을 것이다. 나아가 양식장에서의 생활에 더 적합한 특징들을 많이 갖고 있다면 이렇게 결함투성이인 물고기가 오히려 번성하게 되고 심지어 우세해질 것이다. 이런 상황에서 이 물고기가 자연산 물고기와 만나 번식을 한다면 '나쁜 유전자'가 그 후손에게 전해지는 것을 막을 수 없다.

핼리팩스 소재 댈하우지대학교의 해양어류학자인 크리스토퍼 타가트는 양식 물고기야말로 순종 개나 순종 말과 유사하다고 설명했다. "대부분의 순종 개들은 고관절 기형 같은 유전적 결함을 갖고 있습니다. 순종 말들은 사람이 그냥 쳐다보기만 해도 부러질 정도로 다리가 허약합니다. 이것이야말로 선택의 부작용이죠. 두툼하고 풍성한 털을 지니고 헤엄도 잘 치는 개를 만들어 내려다 보면 어느새 고관절 기형도 따라오게 되는 겁니다. 만일 그 개를 야생에 풀어 놓으면 결국에 가서는 고관절 기형을 가진 늑대 개체군이 나올 겁니다."

물론 물고기 양식이 가져올 유전적 결과는 아직까지도 확인되지 않은 상태다. 일반적인 예상으로는(또는 '기대'로는) 양식 물고기가 평생 동안 가두리 안에서만 살고, 혹시라도 야생으로 도망쳐 나가 야생종과 섞일 일은 없을 것이라고 간주된다. 하지만 그와 유사한 양식종의 유출 사고는 실제로 벌어진 적이 있었다.

더 큰 문제는 일부 부화장에서 자연산 어족의 회복을 위한다는 명분으로 야생에 풀어 줄 치어를 만들어 내고 있다는 점이다. 뉴잉글랜드의 연어 부화장에서는 치어를 워낙 많이 야생에 풀어 주었기 때문에 1996년에 이르러 뉴잉글랜드에 서식하는 대서양 연어 가운데 야생종의 다양한 유전적 특성을 여전히 갖고 있는 것은 500마리 내외로 추산되기에 이르렀다.

한 종의 생존에서 핵심적인 이슈는 그 다양성을 어떻게 유지하느냐 하는 것이다. 한 종이 이 세상에서의 생애 동안 여러 가지 도전에 적응할 수 있는 능력을 부여하는 광범위한 유전적 특성들이 바로 다양성이기 때문이다. 과학자들은 현재 살아남은 북부 어족의 크게 감소한 개체군에는 한때 수백만 마리의 개체군이 보유한 유전자 풀에서 표현되었던 모든 범위의 특성들이 들어 있기를 바라지만, 실제로 그런지는 아무도 모른다.

타가트는 유전적 다양성을 보전하기 위해서는 (물론 유전적 다양

대구

성이 아직 거기 남아 있다는 가정 아래) 양식이 "최대한 자연적인 상태로 유지되어야 한다"고 주장한다. "거의 야생의 부화장과 마찬가지가 되어야 합니다. 우리가 알기로, 산란 장소는 아무렇게나 선택되는 것이 아닙니다. 치어가 잘 생존할 가능성이 있고 집단이 함께 유지될 가능성이 높은 장소를 선택하는 거죠." 자연산 대구가 산란 장소를 선택하는 방법이 바로 그렇다는 것이다.

남획은 점점 커져가는 전 지구적 문제다. UN 식량농업기구^{FAO}가 추적하는 물고기 유형의 약 60퍼센트는 완전히 이용되거나 과도하게 이용되거나 심지어 고갈된 것으로 분류된다. 미국의 대서양 연안에서는 참다랑어 개체군의 숫자가 극적으로 감소했지만, 글로스터의 어민은 아직까지도 어획량이 좋다는 사실을 들어 이런 주장을 반박한다. 대서양 중부에 서식하는 황새치 어족도 줄어들고 있다. 소라와 연어도 카리브해에서 점점 사라지고 있다. 멕시코만에서는 새우를 잡을 때 나오는 부수 어획물인 붉은퉁돔이 상업적 멸종의 위험에 처해 있다. 페루에서는 안초비 개체군이 줄어들고 있다. 폴락대구 역시 러시아의 오호츠크해에서 줄어들고 있다.

전 세계의 어장 90퍼센트가 현재는 200마일 배타 해역 때문에 접근이 통제되고 있어, 어민은 새로운 종을 찾아 더 깊은 바다까지 나가야만 한다. 이런 깊은 바다의 생태학에 관해서는 아직까지도 알려진 바가 적지만 이런 곳에는 매우 차가운 물이 있기 마련이므로 번식 역시 매우 느릴 것으로 추정된다. 오렌지러피^{orange roughy}라는 물고기는 200마일 영해선이 도입된 이후에 세계 시장에 소개되었으며, 곧바로 대단한 인기를 끌어 뉴질랜드 근해의 깊은 바다에서 시간당 5톤씩 잡힐 정도였다. 그러다가 1995년에 이르자 어획량이 거의 없을 지경에 이르고 말았다.

구소련의 붕괴와 함께 상당수의 어업 관련 조약이 무효화되는 일도 발생했다. 러시아는 주된 대구 어업 국가가 되었으며 바렌츠 해의 러시아 해역에서 벌어지는 어업에서 대구는 거의 현금과 같은 대접을 받게 되었다. 캐나다가 노르웨이에서 가공된 러시아산 대구를 구입하는 까닭도 러시아산 대구가 이미 노르웨이 시장을 석권했기 때문이다.

유럽인은 오랜 세월 대서양에서 과도할 정도로 조업을 하다가 이제는 태평양으로 자리를 옮겼다. 이곳에는 일본과 러시아, 미국, 한국의 어업 선단이 있을 뿐만 아니라 국제 협력의 역사라고는 전혀 없는 중국조차도 자국의 어업 역량을 눈에 띄게 확장시키고 있다.

어업의 무대를 대서양에서 태평양으로 옮기는 것은 새로운 아이디어도 아니었다. 태평양대구는 1867년에 미국이 러시아에서 알래스카를 매입한 한 가지 이유이기도 했다. 하지만 주요 시장이 저 멀리 대서양 연안에 있었기에 태평양대구는 대서양대구만큼 성공을 거두지는 못했다. 그럼에도 불구하고 1890년에만 해도 50만 마리의 태평양 대구가 잡혔다. 1897년 미국의 학자 제임스 데이비 버틀러가 쓴 책을 보면, 태평양대구 어업이라는 대안이 등장함으로써 미국과 캐나다 사이에 유일한 분쟁 원인이었던 대구 어업이 예전보다는 덜 중요해져서 이제는 "캐나다와의 궁극적인 통일"로 가는 길이 열렸다는 주장이 나온다.

대구

하지만 태평양대구는 대서양대구와 전혀 다른 물고기였으며 그 살은 맛있지도 않았다. 이 물고기는 이동을 하지 않았고 기껏해야 12년 이상 살지도 못하는 것처럼 보였다. 더 중요한 사실은 그 어획량도 대서양에 사는 그 사촌 격인 물고기와 비교할 수 없을 만큼 적었다는 점이다. 대신 왕눈폴락대구(명태)가 태평양 북부에서 인기 있는 어획물이 되었다. 이 물고기는 고턴스의 어느 직원이 한 말처럼 "우리 시대의 대구"가 되었다. 하지만 워낙 남획되었기 때문에 1970년대 중반에 이르자 그 어족은 물론이고 포식자인 바다사자와 여러 종의 바닷새조차도 숫자가 극적으로 줄어들고 말았다.

해양의 생태는 복잡하고도 긴밀하게 상호 연관되어 있다. 북해에서 커다란 공모선이 까나리와 다른 작은 물고기들을 남획한 결과(덴마크에서는 이런 물고기를 갈아서 만든 어분을 난방용 연료로 사용했다*) 대구뿐만 아니라 바닷새조차도 굶주리게 되었다. 1986년에는 물범 떼가 북해의 남부 여러 곳에 자리 잡고 노르웨이 근해에서 해안 서식 어종을 잡아먹었는데, 이는 열빙어의 남획으로 먹을 것이 없어졌기 때문이었다. 그러자 어민은 북해의 어업을 지켜야 한다는 명분 아래 물범 사냥을 요구했다. 1995년 노르웨이와 캐나다는 물범 사냥 금지 조치를 취소했다. 물범들이 개체수가 늘어나면서 대구를 먹기 시작했던 것이다.

캐나다의 물범 사냥은 1950년대 말 환경보호주의자들의 표적이

정확히 말하면 '어분(생선가루)'이 아니라 '어유(생선기름)'를 덴마크의 발전소에서 보조 연료로 사용한 것이다.

었다. 당시에는 물범 모피 가격이 비싸서 무자비하고 경험도 없는 아마추어 사냥꾼들이 헬리콥터를 타고 뉴펀들랜드 래브라도의 해안으로 잔뜩 몰려오는 상황이 벌어졌다. 1964년에는 전 세계 동물 애호가들의 분노를 자극한 사건이 일어났다. 몬트리올에 있는 아텍이라는 영화사에서 만든 물범 사냥 다큐멘터리에 살아 있는 물범의 가죽을 벗기는 장면이 고스란히 담겨 있었기 때문이다. 머지않아 가죽을 벗긴 사람은 영화사에서 돈을 받고 그렇게 한 것뿐이며 다른 '사냥꾼' 두 명은 영화 제작진이라는 사실까지도 밝혀졌지만, 물범 사냥에 대한 국제적인 항의는 식을 줄 몰랐다. 환경보호 단체들로부터 강력한 압력을 받은 유럽공동체가 물범 제품을 보이콧하기 시작하자, 캐나다는 1983년에 뉴펀들랜드와 래브라도의 전통적인 산업이었던 물범 사냥을 금지하게 되었다.

1995년에 물범 사냥이 재개되자 캐나다 국내는 물론 국제적으로도 환경보호주의자들과 동물 권리 옹호 단체에서 비난이 폭주했다. 물범을 옹호하는 사람들은 물범 사냥을 뒷받침할 과학적 근거가 전혀 없다고 주장했다. 어떤 사람들은 심지어 물범이 대구를 잡아먹는다는 사실조차도 부정했다.

하지만 물범을 보호하는 것이 일종의 유행이 되기 전부터, 뉴펀들랜드에 사는 사람이라면 물범이 대구를 잡아먹는다는 사실을 누구나 알고 있었다. 현재 뉴펀들랜드의 유명한 음료 회사인 G. H. 게이든의 상표에는 물범 한 마리가 부빙 위에 앉아 있는 모습과 함께 '시원함을 유지한다keep cool'는 문구가 있다. 하지만 지금보다는 덜 정치적으로 공정했던 19세기에만 해도 이 상표에 나오는 물범은 입에 대구를 한 마리 물고 있었다.

캐나다 정부에 따르면 물범 사냥 금지 조치 때문에 하프물범의 개체수가 무려 두 배인 480만 마리로 늘어났고, 만약 금지 조치를 철회하지 않았다면 2000년에 이르러서는 그 숫자가 무려 600만 마리로 늘어날 것으로 예상되었다. 물범은 막대한 양의 물고기를 잡아먹었으며, 그것도 먹이를 낭비하는 방식으로 잡아먹어 어민들로부터 각별히 미움을 받았다. 북아메리카의 일반적인 소비자와 마찬가지로 회색물범, 잔점박이물범, 하프물범 등은 생선 뼈를 일일이 발라내는 것을 싫어했다. 그래서 이놈들은 대구의 말랑말랑한 배 부분만 뜯어 먹고 나머지 대부분은 그냥 버렸다.

"실제로 먹어치우는 대구의 양이 많지 않더라도 물범은 상당히 큰 영향력을 행사할 수 있습니다." 조지 로즈의 말이다. "그렇다고 해서 우리가 물범과의 전쟁을 선언해야 한다는 것은 아닙니다. 다만 물범의 개체수를 조절할 필요가 있을 뿐이에요." 캐나다의 한 언론인은 1977년에 프랑스 여배우 브리지트 바르도가 부빙 위에서 박제된 아기 물범과 함께 포즈를 취한 캠페인을 보고는, 그녀에게 이번에는 대구를 한 마리 끌어안고 포즈를 취해 보라고 제안하기도 했다.

생물 종들의 상호 의존성을 고려할 때 근본적인 문제는 과연 대구가 돌아올 때까지 15년이라는 기간을 다른 생물 종들이(물범뿐만 아니라 식물성 플랑크톤, 동물성 플랑크톤, 청어, 바닷새, 심지어 고래까지도) 기다릴 수 있는지 여부다. 어쩌면 자연이 정치인보다 더 참을성이 없을 가능성도 있다. "무엇이든지 성공할 놈이 성공할 겁니다. 반드시 예전과 똑같은 결과가 나오리라는 보장은 없어요." 로즈의 말이다. 대구가 줄어들어 그 먹이가 되던 종이 풍부해지면 새로운 종이 대구의 자리를 차지할 수도 있다. 만일 그 새로운 종이 성공을 거둔다면 더 이상 대규모의 대구 개체군을 유지할 만큼 먹이가 충분해지지 않을 수도 있다. 일부 생물학자들은 가오리, 홍어, 돔발상어(작은 상어의 일종)가 대구의 자리를 차지하지 않을까 우려하고 있다.

한 가지 덧붙이면, 오라고 부른 적도 없었던 대구의 친척도 갑자기 나타난 상황이다. 바로 북극대구^{arctic cod}다. 해양 생태에는 별로 나쁜 소식이 아닐 수도 있지만 어민에게는 매우 나쁜 소식이 아닐 수 없다. 북극대구는 길이가 8인치(약 20센티미터)쯤이고 얼마 전까지만 해도 상업적 가치가 거의 없다고 간주되었다. 훨씬 크기가 작은 물고기라서 그 성체는 감히 대서양대구와 먹이 경쟁을 하지 못하지만 치어는 충분히 경쟁을 할 수 있다. 더 나쁜 소식은 북극대구가 대서양대구의 알과 유생을 먹어치운다는 것이다.

북극대구는 더 북쪽에 서식하는 몇 가지 종 가운데 하나인데, 대구가 사라진 즈음에 와서 그 서식 범위를 더 남쪽으로 넓혀 뉴펀들랜드와 래브라도까지 내려온 것으로 보인다. 대게와 새우도 그렇게 해서 남쪽으로 내려온 경우로, 이 두 생물종은 어민에게 매우 큰 이익을 안겨 주었다. 전통적으로 뉴펀들랜드에서는 사회적으로 게잡이의 지위를 낮게 보았기에 어민들도 이 일에 대해 거부감을 갖고 있었다. 하지만 대게를 원하는 아시아 시장이 워낙 크다 보니 뉴펀들랜드에서도 1990년대 중반에 이 사업으로 부자가 된 사람이 일부 있었다. 1995년에 대게가 기록한 총 도매가는 뉴펀들랜드의 어업 역사상 그 어떤 어획물보다도 가장 높은 액수의 달러를 기록했다.

과학자들은 왜 이 세 가지 종이 남쪽으로 이동했는지 확실히 설명하지 못한다. 어쩌면 새우와 게를 잡아먹던 대구가 더 이상은 없기 때문일 수도 있지만 이것만 가지고는 북극대구의 존재를 설명할 수가 없다. 아니면 이 지역의 바닷물이 최근 수년간 더 차가워졌기 때문일 수도 있다.

하지만 북부 어족을 연구하기 위해 바다에 종종 나가는 로즈의 말은 다르다. "어민은 뭔가가 잘못되었다는 사실을 보여 주는 갖가지 기이한 현상을 바다에서 발견하고 있습니다." 그중 한 가지는 대구가 더 어리고 더 작은 상태에서도 성적 성숙기에 도달한다는 것이다. 예를 들면 아직 크기가 작은 연령 4년짜리 대구가 산란을 하는 경우다. 물론 이 자체가 놀라운 것은 아니다. 멸종 위협에 처한 종은 더 일찌감치 성적 성숙기에 도달하는 경우가 있다. 자연은 계속해서 생존에 초점을 맞추기 때문이다.

하지만 로즈의 말에 따르면 대구가 섭씨 영하 1도인 물에서 산란하는 모습도 보였다고 한다. 지금까지 대구는 산란 때마다 더 따뜻한 물로 이동한다고 알려져 있다. 이 밖에도 어민들은 계속해서 이상한 현상들을 보고했다. 이전에는 전혀 본 적이 없었던 물고기가 나타나는가 하면, 원래 있었던 물고기도 엉뚱한 깊이나 엉뚱한 온도, 또는 엉뚱한 시기에 나타난다는 것이다.

어쩌면 이보다 더 심란한 소식은 로즈의 연구에서 나온 결론, 즉 북부 어족이 이동을 완전히 중단했다는 소식이 아닐까. 본래 이 어족은 계절에 따라 500마일에 달하는 거리를 이동했지만, 로즈의 생각에 따르면 1992년 이후로는 아직 남아 있는 어족이 해안으로 이동해서 거기 줄곧 머물러 있다. 그 이유까지는 정확히 알 수 없지만 어쩌면 무리의 지도자 노릇을 하는 더 크고 오래된 물고기가 더 이상 없기 때문일 수도 있다. 또는 이동의 목적이 식량과 산란 장소를 얻기 위해서라는 점도 이유가 될 수 있다. 이렇게 개체군이 감소한 상황에서 더 이상은 굳이 이동할 필요가 없을 수도 있는 것이다.

어떤 조치를 취하든지 간에 뉴펀들랜드 근해에서 대구 어족의 회복을 가로막는 가장 큰 장애물 하나는 현실을 애써 외면하는 사람들의 병적인 집단 부정이다. 뉴펀들랜드인은 그들이 자연의 선물을 전멸시켰다는 사실을 한사코 믿지 않는 것처럼 보인다. 캐나다의 한 언론인은 뉴펀들랜드에서 대구가 사라진 것과 비슷한 시기에 노르웨이에서 대구 어족이 재건되기 시작했음을 지적하기도 했다. 그러면서 자국의 북부 어족이 무리를 지어 노르웨이로 이동했음이 분명하다고 주장했다.

사람들은 자연과 진화를 인간 활동과 완전 별개인 것으로 간주하고 싶어 한다. 마치 한쪽에는 자연의 세계가 있고 다른 한쪽에는 인간이 있다는 식의 사고방식이다. 하지만 인간 역시 자연의 세계에 속해 있다. 만일 인간이 광포한 포식자라면 그 역시 진화의 일부분이다. 만일 대구와 해덕대구와 기타 종이 인간 때문에 전멸해서 살아남지 못한다면 그놈들보다 더 잘 적응한 뭔가가 그놈들의 자리를 차지할 것이다.

궁극적인 실용주의자인 자연은 뭔가 성공할 만한 것을 끈덕지게 물색한다. 그리고 바퀴벌레의 경우에서 잘 드러났듯이, 자연에서 가장 성공한 놈들이라고 해서 항상 우리의 마음에 드는 것은 이니다.

소금에 절인 신선한 대구가
파리에 처음 나타났을 때

> 대구는 무척 아름답다. 그 살이 하얗게 겹겹이 펼쳐지는 모습
> 이 그렇다.
>
> | 알랭 상드랑 |

알랭 상드랑은 불과 29세 때 처음으로 파리에 식당을 개업하여 그
이래로 줄곧 스타였다. 그는 뛰어난 마케팅 감각에 호기심 많고 명
상적인 지성을 겸비한 요리의 천재였으며, 그만큼 음식에 대해 많
이 생각하는 사람은 세상에 별로 없었다.

1972년 파리에 새로 개업한 레스토랑 라셰스트라트의 젊은 요리사
로 이름을 날리던 상드랑의 인습 타파적인 여러 발상 가운데 하나
는 바로 신선한 대구, 즉 카비요로 만든 요리를 내놓는 것이었다. 이
전까지만 해도 파리의 일급 식당에서는 신선한 대구를 이용한 요리
자체가 없었다. 소금절임대구와 마찬가지로, 파리에서 활동하던 대
부분의 요리사는 남쪽 지방 출신이었고 상드랑 역시 남서부 출신이
었다. 물론 소금절임대구, 즉 모뤼는 과거에만 해도 남부에서 소농

의 요리로 여겨지다가 나중에는 프랑스의 영예로운 전통으로까지 격상된 바 있었다. 하지만 신선한 대구는 그렇지 않았다.

상드랑은 신선한 대구의 조리법을 만들어 '카비요 로티^{Cabillaud Rôti}(대구구이)'라는 메뉴를 선보였다. 하지만 아무도 이 메뉴를 주문하지 않았다. 그래서 그는 '카비요'라는 단어를 빼고 '모뤼 프레셰^{morue fraîche}(신선한 소금절임대구)'라는 말을 집어넣었다. 예상대로 이 메뉴는 대단한 인기를 누렸다. 그 조리법은 다음과 같다.

모뤼 프레셰 로티(신선한 소금절임대구구이)

껍질 붙은 대구 220그램짜리 4조각, 가지 캐비아, 피망 깍둑썰기 한 것 750그램, 고추 깍둑썰기 한 것 1.5킬로그램, 버섯 다진 것 1.5킬로그램, 토마토 으깬 것 500그램, 샬럿 20개 다진 것, 마늘 10개 다진 것, 안초비 살 20개 다진 것, 섭씨 60도에서 4시간 동안 구운 가지 10개, 호박 3개 채 썬 것

1. 올리브유에 샬럿, 마늘, 안초비를 넣고, 이어서 고추와 피망과 토마토를 넣는다. 물기가 증발할 때까지 볶는다. 구운 가지와 으깬 가지, 버섯을 넣는다. 몇 분쯤 더 볶고 나서 옆에 놓아 둔다.
2. 호박 채 썬 것을 볶는다.
3. 대구는 껍질 있는 쪽을 아래로 가게 해서 팬에 튀기다가 오븐에 넣어서 요리를 마무리한다.
4. 재료를 접시에 옮겨 담는다.

— 알랭 상드랑, 요리사, 파리

에스파냐 선단 막아서기

필드 레인의 경계선에 국한되기는 하지만 그곳에는 자체 이
발소, 자체 커피숍, 자체 맥줏집, 그리고 생선 튀김 가게가 있
었다.

| 찰스 디킨스, 《올리버 트위스트》, 1837~1838년 |

가장 소중히 간직되어온 전통의 상당수가 공격을 당하고 있었던 영
국에서도, 점점 더 자주 논란의 대상이 되었던 이슈는 바로 진정한
피시 앤드 칩스의 생존 여부였다. "우리가 두툼한 생선 조각을 전혀
구할 수 없을 때가 오지 않을까 하는 상상까지 하게 되더라고요."
데번 동부의 초록 언덕이 펼쳐진 고장에 자리 잡은 엑서터에서 인
기 있는 피시 앤드 칩스 가게인 폴슬로 브리지를 남편과 함께 운영
하는 모린 화이트헤드의 말이다. 신선한 대구를 잘 아는 사람이라
면 누구나 그렇듯이, 그녀 역시 생선살 두께의 중요성을 잘 이해하
고 있었다. "작은 생선이 크게 자라도록 내버려 두지 않는다면 정말
끝장이 나는 거죠." 그녀가 덧붙였다.

대구

비록 전부는 아니더라도 영국의 대부분 노동자들에게 '생선'은 곧 대구를 의미했다. 하지만 요크셔에서는 생선이 곧 해덕대구를 의미했다. 1928년에 리즈의 교외인 기즐리에서 시작된 피시 앤드 칩스 체인점 해리 램즈던스는 무려 60년 이상 해덕대구튀김으로 명성을 쌓았다. 하지만 1990년에 이르러 램즈던스는 잉글랜드 남부로 지점을 확장했고, 그로 인해 어쩔 수 없이 대구로 재료를 바꾸지 않을 수 없었다. 런던을 제외하면 잉글랜드 남부에서는 대구 이외의 재료를 사람들이 받아들이지 않았기 때문이다.

찰스 디킨스는 런던 뒷골목에 자리 잡은 도둑들의 소굴을 묘사하면서 노동 계급의 상업 지구를 형성하는 여러 가지 기본 요소들을 집어넣었다. 런던의 생선튀김 사업은 1830년대에 산업혁명과 함께 시작되었다. 처음에는 이스트엔드와 소호의 유대인 상인들이 생선튀김을 만들어 가게에서 팔다가 수십 년이 지난 뒤에야 '얇게 썬 chipped' 감자를 곁들이게 되었다. 지금도 마찬가지지만 예전에는 빌링스게이트 시장에서 적당한 가격으로 판매되는 것이면 대구, 해덕대구, 넙치, 헤이크대구는 물론 홍어나 돔발상어까지도 재료로 사용했다. 최근 들어서는 돔발상어가 칩 가게chip shop에 나타나는 경우가 점점 늘고 있지만 이는 어디까지나 런던의 가게 주인들 사이에서만 묵인되는 사실이다. 잉글랜드의 대부분 지방에서는 대구, 그중에서도 커다란 대구가 사라졌다는 사실 자체가 생활 방식에 대한 위협이나 마찬가지다.

짙은 색깔의 벽돌집들이 부두까지 줄지어 있는 도시 뉼린은 콘월의 어업 항구로 잉글랜드에서 가장 멀리까지 바다로 나아간 육지

끄트머리인 랜즈엔드에서 몇 마일 떨어진 곳에 자리하고 있다. 이곳에서 피시 앤드 칩스 가게를 운영하는 데이비드 주얼은 자기도 진짜 '생선'을 손님들에게 항상 제공하지는 못한다고 시인했다. 보통 사람들의 음식인 피시 앤드 칩스는 반드시 적당히 낮은 가격에 판매되어야 하는데, 대구의 가격이 높다 보니 때로는 폴락대구나 화이팅대구로 타협을 하지 않을 수 없었다.

아울러 음식 중에서도 가장 영국적인 이 음식의 재료조차도 더 이상은 영국산이 아닌 경우가 종종 있었다. 1891년에 코번트리에서 개업하여 잉글랜드에서 가장 오래된 칩 가게인 피시무어스만 해도 잉글랜드산 대구는 이미 포기한 상태였다. 미들랜즈에 있는 코번트리는 잉글랜드에서도 가장 내륙에 자리하고 있었다. 하지만 무려 80년 동안이나 무어 가족은 매일 아침 기차를 타고 잉글랜드 반대편에 자리 잡은 스케그니스로 가서 방금 전에 하역된 신선한 북해산 대구를 구입해서 돌아오곤 했다. 1968년 이들 가족은 가게를 다른 사람에게 넘겼다. 아버지의 뒤를 이어 가게를 운영하고 있는 현재의 주인 숀 브리턴은 이렇게 말했다. "이제는 좋은 영국산 대구를 구하기가 거의 불가능하죠. 부두에 나가봐도 거기 있는 건 사흘 동안이나 배에 실려 있던 것들이거든요." 피시무어스는 결국 아이슬란드나 노르웨이, 가끔은 페로 제도에서 오는 냉동 대구를 구입하게 되었다.

생선튀김만큼 영국의 노동 계급에게 기본적이고 보편적인 것이 또 있다면, 바로 외국에 대한 혐오일 것이다. 그래서 영국의 노동자가 먹는 대구를 외국인이 빼앗아 갈지도 모른다는 주장은 정치적으로 유효했다. 영국의 어민이 보기에, 그리고 상당수의 영국인들이 보기에도 유럽공동체가(현재는 유럽연합^{EU}이) 해 온 일은 비로 그것이었다. 물론 이런 주장은 남획에 관한 영국의 긴 역사를 부정하는 것은 물론, 지금은 보편적인 비난의 대상인 저 무시무시한 에스파냐의 초대형 트롤선조차도 원래는 영국의 발명품이었다는 사실을 부정하는 셈이 된다. 그리고 바다에 자유롭게 접근할 수 있는 어민의 권리로 말하자면 영국은 아이슬란드의 해역에서만 해도 그 권리를 얻기 위해 그토록 고상한 수사를 동원해 가며 싸운 적이 있었다. 하지만 정작 유럽연합 소속 국가들도 영국의 해역에서 조업할 권리를 얻어야 한다는 주장이 브뤼셀에서 나올 때마다, 영국은 과거의 자기 행적을 깡그리 잊어버리곤 했다.

영국 정부에 따르면 영국의 해역에 서식하는 어종의 70퍼센트는 남획되고 있다. 북해에서는 어획량이 1981년에 28만 7000미터톤에서 1991년에 8만 6000미터톤으로 감소했다. 캐나다의 북부 어족과 마찬가지로, 이제 영국의 대구는 정상적인 경우에 해당하는 3~5년의 연령이 아니라 그보다 훨씬 더 어린 연령에서 성숙기에 도달한다. 커다란 대구는 점점 더 보기 드물어지고 있다.

1990년대에 들어 북해의 어업이 재난을 맞이하면서 어업 선단은 아이리시박스 쪽으로 옮겨갔다. 이미 수년째 북해에서 줄어드는 어족에 관해 경고한 바 있었던 국제해양개발위원회는 아일랜드 근해에서도 비슷한 상황이 벌어지고 있다고 보고하기 시작했다.

유럽연합 내에서도 어업 관련 이슈는 무척이나 미움을 받았던 관료 조직인 공동어업정책에 의해 조정되곤 했다. 여기서는 각 나라별로, 그리고 각 선박별로 매달 특정 해역에서 특정 어종에 대한 조업 할당량을 부과했다. 하지만 이 시스템조차도 대구라든지, 기타 상업적으로 가치 있는 어종의 감소를 저지하는 데 실패했다는 사실은 모두가 인정했다. 의사결정 과정에서 환경보호주의보다는 정치와 민족주의가 더 큰 역할을 담당했기 때문이다. 수년간 과학자들과 유럽의 각국 장관들은 헤이크대구가 크게 위협을 받고 있으므로 조업 할당량을 40퍼센트 감소해야 한다는 데 동의해 왔다. 하지만 매년 유럽의 수산부 장관들이 회의를 가질 때마다 헤이크대구를 기본 식량으로 하는 에스파냐인은 어획량을 기존대로 유지하도록 로비를 했고, 결국 조업 할당량 감소는 합의되지 못했다.

1994년 12월 유럽 각국 장관들의 회의에서 공동어업정책은 40척의 에스파냐 어선이 아이리시박스에서 조업할 수 있도록 허락한다고 합의했다. 콘월과 데번의 어민으로서는 무려 40년간의 남획 끝에 드디어 대구 어족의 감소를 탓할 누군가를 만난 셈이었다. 40척의 에스파냐 어선이 나타나기 훨씬 전부터 잉글랜드 남서부에 사는 사람들의 입에는 '에스파냐'라는 단어가 뭔가 좋지 않은 의미로 붙어 버렸다. 엑서터에서 피시 앤드 칩스 가게를 운영하는 모린 화이트헤드도 이제는 생선 조각이 예전보다 조금 얇아진 것이 누구 탓인지를 알게 되었다. "에스파냐인이 모조리 잡아가면 지금보다 더 두툼한 조각은 더 이상 없을 거예요." 그녀가 경고했다.

향기 가득하고 초록이 우거진, 그리고 멕시코 만류의 온기 덕분에 식물이 푸르게 자라나는 저 멀리 콘월에서는 에스파냐인에 대한 반감이 점점 자라나고 있었다. 유럽에서는 각국이 역사적으로 좋

대구

지 않은 관계를 맺어온 경우가 많다 보니, 콘월에서도 에스파냐인
은 예전부터 평판이 별로 좋지 않던 참이었다. 콘월 사람들은 불과
수십 년 전에 독일인을 상대로 벌였던 두 차례의 잔혹한 세계대전
을, 여러 세기 동안 프랑스인을 상대로 벌였던 전투들을, 그리고 한
때 에스파냐인들이 범선을 타고 나타나 뉼린의 좁고 가파른 거리에
서 저질렀던 약탈을 지금도 또렷하게 기억하고 있었다. 그런데 이
제 또다시 에스파냐인들이 오고 있다는 것이었다.

어업 선단의 규모는 가장 컸지만 딱히 갈 만한 어장이라곤 없었
던 에스파냐는 대서양의 어업에서 종종 비난의 표적이 되었다. 하
지만 이 나라가 사실은 어업 분야에서 가장 큰 시장이라는 사실이
언급되는 경우는 드물었다. 에스파냐는 인구에 비해 1인당 생선 소
비량이 이례적으로 높았다. 그래서 여러 세기 동안 대서양의 어민
은(과거 뉴잉글랜드의 '나그네들'부터 비교적 최근에 독립한 아이슬란드인까지
도) 에스파냐 시장 덕분에 생계를 유지해 왔다.
더 이상은 에스파냐인도, 심지어 애초에 이 일을 시작한 장본
인이었던 바스크 어민도 대구를 거의 잡아 오지 못했다. 자체 트롤
선 선단을 보유하고 있으며 여러 뱅크에서 잡아 소금에 절인 대구
를 하역하고 이를 다시 말려서 판매하던 거대한 바칼라오 회사들은
모두 문을 닫았다. 트루에바 이 파르도Trueba y Pardo는 한때 빌바오에서
큰 회사였다. 그리고 산세바스티안의 항구 파사헤(파사이아)에는PYSBE
Pesquerías y Secadores de Bacalao de España(에스파냐 소금절임대구 어업 및 건조 회사)라
는 곳이 1926년부터 설립되어 운영되어 왔다. 하지만 1960년대에

들어 두 회사 모두 문을 닫고 말았다.

PYSBE에서는 어민과 부두 노동자를 제외하고도 생선 세척과 건조 부문에서만 무려 500명이나 되는 직원을 더 고용하고 있었다. 트루에바 이 파르도에는 세척 담당 직원이 200명이나 있었다. 이 직원들은 대부분 여성이었으며, 매우 낮은 임금을 벌면서도 복지 혜택이라곤 전혀 없었고 매일같이 생선 내장을 둘러싼 짙은 회색의 막을 벗겨내며 하루하루를 보냈다. 이런 일은 매력이 없다고 여겨졌고, 따라서 이런 노동자 때문에 회사가 부담해야 할 비용은 매우 적었다. 여성 노동자 한 명이 하루에 가공하는 대구의 양은 1000킬로그램(2200파운드)에 달했다. 이렇게 가공된 대구는 산속에서 공기에 말리는 과정을 거친다. 만일 현대적인 봉급과 복지 혜택을 도입했다면 이런 회사들은 직원 고용에 들어가는 막대한 비용을 차마 감당하지 못했을 것이다.

200마일 영해선이 적용되면서 바스크인들은 대부분의 대구 어장에 접근할 수 없게 되었다. 1980년대에 에스파냐가 유럽공동체에 가입했을 무렵에는 이미 유럽 각국의 영해에 대구가 거의 남지 않은 상황이었다. 1990년대에 이르자 바스크의 항구에서 대구를 잡으러 출항하는 배는 아주 오래된 트롤선 몇 척에 불과하게 되었다.

빌바오와 산세바스티안이 한때나마 무역 중심지로 명성을 날린 덕분에 여기서 수립된 금융 서비스는 계속해서 번영을 누렸다. 이런 상업적 환경에서 바스크인은 대구의 하역과 가공이라는 본연의 업무에서 점차 벗어나 대구의 수입업자로 변신하는 데 성공했다.

빌바오에서 네르비온강을 따라 몇 마일쯤 상류로 거슬러 올라가면 아리고리아가라는 도시가 나온다. 그곳에 있는 아돌포 에기노의 사무실 창밖에는 가파르고 초록이 우거진 바스크의 ·산들이 있다. 이 창문에 붙어 있는 단철 쇠창살은 반으로 쪼갠 소금절임대구의 모습을 하고 있다. 에기노는 바스크에서 가장 큰 바칼라오 회사 가운데 하나인 바이스파의 대표다. 체구는 작지만 강인한 외모를 지닌 이 50대 남성의 무뚝뚝한 태도는 상대방의 기분을 상하게 하기보다는 오히려 매력으로 작용했다. 에기노는 오래된 항구 도시인 포르투갈레테에서 자라났는데, 포르투갈레테는 '범선의 항구'라는 뜻이었다. 일찍이 늉린을 습격했던 에스파냐인 일부는 어쩌면 그곳 출신일 수도 있었다. 어린 시절에 그는 학교를 싫어해서 열네 살에 자퇴하고 사업을 시작했다. 그는 아버지가 소유한 것과 유사한 작은 식품점에서 바칼라오 파는 일을 전문으로 했다. 그러면서 PYSBE와 트루에바 이 파르도에 있는 사람들과 알게 되었고, 이 회사들을 통해 만난 여섯 명의 동업자들과 의기투합하여 바이스파를 시작했다.

이제 이 회사는 소금절임대구를 모두 아이슬란드에서 수입하며 그 양은 매년 1500톤에 달한다. 1994년부터는 소금절임생선을 아이슬란드에서 선박에 싣고 곧바로 가져오는 것이 아니라, 일단 아이슬란드에서 로테르담으로 보낸 뒤에 거기서 다시 트럭에 옮겨 싣고 육로로 가져오게 했다. 이렇게 하면 많은 양을 선박으로 몇 달에 한 번씩 받지 않고 컨테이너 하나에 해당하는 적은 양을 매주 받을 수 있었다. "좋은 소금절임대구를 얻는 비결은 물건을 배에 실은 상태로 오래 두지 않는 것이니까요." 에기노의 말이다.

하지만 어째서인지 콘월 사람들 모두와 잉글랜드인의 상당수는 그들의 대구를 에스파냐인이 모조리 빼앗아 가고 있다고 확신한다. 오히려 에스파냐인이 실제로 더 관심을 두는 일은 그들의 헤이크 대구를 모조리 가져가는 것이라고 해야 맞다. 하지만 잉글랜드인이 관심을 두는 대상은 오로지 대구이기 때문에 그들로서는 에스파냐인이 대구를 노리고 있으리라 지레짐작하는 것도 당연한 일이었다.

늘린의 양옆에 자리 잡은 펜잰스와 마우절이라는 또 다른 콘월의 마을들은 상황이 전혀 다르다. 양쪽 모두 휴양 도시이며 이곳에 모인 영국인 휴양객들은 스웨터와 목도리로 온몸을 감싸고 바닷가와 산책길을 거니는 영국 특유의 소일거리를 즐긴다. 이와는 달리 늘린은 어업 도시다. 아니, 이곳은 시간이 지날수록 점점 더 '일이 끊긴 어업 도시'가 되어가고 있다. 1990년대에는 평소 트롤선들이 줄줄이 정박되어 있었던 도시 아래의 긴 부두에서 '폐기'되는 운명을 맞이한 선박 한두 척의 선체가 조각조각 잘려나가 고철로 매각되는 광경을 흔히 볼 수 있었다. 영국 어업 선단의 규모를 줄이려는 시도로, 정부에서는 어민에게 각자의 배를 부수라며 돈을 주기에 이르렀다. 하지만 콘월에서는 어업을 제외하면 다른 일거리가 없었다. 콘월 어업생산자협회의 사무국장인 마이크 타운젠드는 콘월 어민의 입장을 다음과 같이 요약했다. "여기에는 다른 게 아무것도 없습니다. 물고기를 잡지 못하면 사람들은 할 일이 아무것도 없어요. 하지만 생계를 유지할 만큼 계속 물고기를 잡다 보면 결국 물고기가 없어지겠지요."

길이가 135피트(약 40미터) 되는 데이지 크리스티안호의 선장인 윌리엄 후퍼는 이렇게 말했다. "정부에서 이 배까지 폐기하고 나면 제겐 사탕 하나 사 먹을 돈도 남지 않을 겁니다." 55세의 체격이 좋은 후퍼는 콘월의 여러 항구에서 40년 넘게 어업에 종사했다. "지금도 어족의 숫자는 10년 전에 비할 바가 아니에요. 지금껏 줄곧 천천히 줄어들어 왔지요. 그러니 우리도 수입을 평소대로 유지하려면 더 큰 배에, 더 큰 그물에, 더 많은 비용을 쓸 수밖에 없었죠. 그렇게 해도 우리가 10년 전에 잡았던 것만큼은 못 잡았어요."

후퍼의 말에 따르면 그가 처음 바다에 나간 1955년에만 해도 "전쟁 때문에 조업이 거의 이루어지지 않아 물고기가 정말 득실득실"했었다. 하지만 이제 그는 예전에 소유했던 것과 같은 40피트(약 12미터)짜리 보트로는 생계를 유지할 수 없는 형편이다. 현재 그는 배당을 받는 어부가 되어 회사 소유의 트롤선에서 작업을 한다. 그리고 다른 동료들과 마찬가지로 열심히 물고기를 잡아 그 어획물의 판매액에서 몇 퍼센트를 받는다. 수익을 올릴 만큼 물고기를 많이 잡으려면 5톤짜리 그물을 끌어 올릴 수 있을 만큼 큰 배가 필요한데, 이제는 그런 배의 연료 및 유지 비용을 어부 한 사람이 감당할 수가 없다.

영국의 어민 사이에서는 유럽연합의 공동어업정책이 실패했다면서 탈퇴하라는 목소리가 점점 커지고 있다. 마이크 타운젠드는 이 운동에서 가장 목소리를 높이는 지도자이다. "때로는 우리가 이렇게 말해야 할 때도 있는 겁니다. '그만둡시다. 우리는 어족을 지속 가능한 방식으로 관리하고 있지 않아요.'" 그의 주장은 영국이 자국의 영해를 관리하는 더 나은 보호자가 될 수 있다는 것이다.

　어업 관리의 기본 도구인 조업 할당량 제도를 놓고도 열띤 토론이 이루어졌다. 이는 본래 물고기 개체군을 감시하기 위한 국제해양개발위원회의 시도에 근거한 것이었다. 만약 해저 어류가 감소하고 있다면 어민은 그런 종류의 물고기를 덜 잡는 대신 해저 어류의 먹이가 되는 더 작은 물고기를 더 많이 잡아야 했다. 조업 할당량 제도를 통해 종의 균형을 인공적으로 재적용하는 한편으로 어민이 계속 생계를 유지할 수 있도록 의도했던 것이다.

　하지만 어족의 크기에 대한 예측은 하역량, 즉 시장에 나오는 물고기의 양에 근거한 것이었다. 조업 과정에서 죽은 물고기의 실제 양을 알고 싶다면 이보다는 오히려 어획량, 즉 그물에 잡혀 배 위로 끌려온 물고기의 양을 따져봐야 했다. 조업 때마다 어획물의 최대 40퍼센트쯤은 도로 바다에 쏟아버리기 마련이었고, 대부분의 물고기가 이미 죽은 다음이었어도 마찬가지였다. 어민은 무전을 통해 수산물의 현재 시장 가격을 바다에 나가 있는 선박에 알려주었다. 어떤 어종의 가격이 너무 떨어졌다면 선박에서는 이미 잡은 물고기를 바다에 도로 쏟아버리고 말았다.

　타운젠드와 다른 많은 사람들은 조업 할당량 제도가 어족의 실제 상태와는 아무런 관계가 없다고 믿어 의심치 않았다. 대구가 없어지는 문제에 대해서도 그는 도리어 웃어넘겼다. "우리는 줄곧 대구 때문에 골치를 앓고 있었습니다. 그놈들을 어떻게 해야 할지는 우리도 모르겠습니다." 하지만 후퍼를 비롯한 어민은 이런 의견에 동의하지 않는다. 후퍼의 말에 따르면 비록 일시적인 증가가 있긴 했지만 어족은 확실히 줄어들고 있었다.

1995년 캐나다 수산부 장관 브라이언 토빈은 어업 이슈라는 짜증스러울 만큼 복잡한 문제에서 잠시 벗어나 소일거리를 찾아냈다.

캐나다 정부에서 '에스타이호'라는 에스파냐 국적의 트롤선 한 척을 나포해서 그 선박과 어획물과 장비 모두를 압류했던 것이다. 에스타이호는 일주일 동안이나 억류되었다. 그 기간 동안 캐나다 수산부 관리들은 선박에 실려 있던 350미터톤의 어획물을 샅샅이 뒤져서 이 배의 선장이 북대서양 환경보호 기준을 위반했다는 증거를 찾아냈다. 하나는 에스타이호가 그랜드뱅크스의 공해상에서 잡은 그린란드산 넙치(일명 '터벗넙치') 가운데 크기가 기준 이하인 것들의 사진이었고, 또 하나는 에스파냐 트롤선의 갑판에서 발견한 그물 가운데 그물눈이 기준 이하인 것들이 있다는 사실이었다.

토빈은 이 두 가지 증거로 무장하고 뉴욕의 UN 본부로 달려갔다. 이곳에서 그는 오만한 태도로 연설하면서, 캐나다의 200마일 영해선 너머의 해역에 대한 국제적인 환경보호 정책이 수립되기 전까지 계속해서 에스파냐 트롤선들을 나포하고 그물을 끊어버릴 것이라고 주장했다. 나아가 그는 캐나다가 이런 태도를 취하는 것이 부끄러움 때문이라며, 과거에 남획을 범한 죄가 있었음을 시인했다. 그는 캐나다인이 이런 일을 하면서도 전혀 자부심을 갖고 있지는 않았다고 말했는데, 이런 수사적 변명을 캐나다의 언론은 곧바로 파악했다. 〈토론토 스타〉는 이렇게 평가했다. "거기서 토빈은 약간 불성실했다. 캐나다인들은 자부심을 갖고 있으며, 심지어 기쁨에 넘치기까지 한다. 우리의 한 정치가가 마침내 자리에서 일어나 전 세계의 환경 재난 가운데 하나를 해결하기 위해 뭔가를 하고 있는 모습을 보면서 말이다. 엄격한 비용 절감의 시대에, 헤드라인을 장식할 만한 현란한 언어와 격분을 구사하는 토빈이야말로 최고의 배우라 할 만하다."

토빈은 에스파냐인 선장을 가리켜 '악당 해적'이라고 불렀다. 뉴펀들랜드의 주지사인 클라이드 웰스는 크기가 기준 이하인 물고기 사진을 번쩍 치켜들고는 에스파냐 어민이 거짓말과 속임수를 늘어놓고 있다고 비난했다. 캐나다 해안 경비대는 계속해서 그랜드뱅크스의 공해상에서 에스파냐 트롤선을 추적했으며, 트롤선 한 척이 물러서자 아이슬란드 해안 경비대처럼 상대 선박의 그물을 절단해 버렸다. 이에 캐나다인들은 매우 기뻐했다. 영국인 역시 매우 기뻐했다. 늘린에서는 사람들이 캐나다의 단풍잎 깃발을 꺼내 흔들기까지 했다. 뉴펀들랜드에서 로드아일랜드와 콘월에 이르기까지 각지의 어민은 환호해 마지 않았다.

1996년 선거에서 토빈은 뉴펀들랜드의 주지사로 당선되었으며 캐나다 자유당은 대승을 거두었다. 유럽인도 역시 나름대로의 승리를 거두었다. 유럽연합의 수산업 집행위원장이었던 이탈리아의 엠마 보니노는 캐나다의 수산부 장관이야말로 진짜 해적이라고 꼬집으면서, 캐나다의 무분별한 행동 때문에 공해상에서 에스파냐 어민이 생명의 위협을 받고 있다고 비난했다. 그러자 캐나다 정부는 억류되어 있던 에스파냐 선원들과 선박과 장비를 슬그머니 풀어 주었다. 에스파냐 측에서도 유권자를 염두에 둔 일부 정치인들이 나서서 캐나다를 고소하겠다고 위협했다. 정치적으로만 보자면 이 사건은 관련 당사국 모두에게 승리로 끝난 셈이었다.

페티하버에서는 샘 리가 이렇게 말했다. "구경하기에는 **좋았습**니다만, 어딘가 현실 같지는 않았어요. 마치 극장에서 영화를 보는 느낌이더군요."

콘월의 어민에게는 이것이야말로 에스파냐를 상대로 한 그들의 생존 투쟁을 입증하는 또 다른 증거였다. 윌리엄 후퍼는 이렇게 말했다. "우리의 가장 큰 문제는 바로 에스파냐인입니다." 어째서 이 모두가 에스파냐인의 잘못이냐고 그에게 반문하지 않을 수 없었다. 그들은 최근에야 이 해역에 나타났지만 이 해역의 어획량은 지난 40년 동안 꾸준히 감소하는 추세였다. 이 얘기를 듣자 후퍼는 잠시 생각을 하더니 이렇게 덧붙였다. "맞아요. 남획의 주범은 스코틀랜드인이 분명합니다."

바칼라오 민족적 요리와
국제적 요리

바칼라오 알로 코무니스타Bacalao A Lo Comunista▪

소금절임대구를 얇게 저미고 밀가루를 뿌려서 튀긴다. 빵 굽는 쟁반
에 소금절임대구를 한 층 깔고 나서, 그 위에 얇게 썬 감자와 파르메
산치즈를 한 층 깐다. 그 위에 베샤멜소스를 뿌리고 오븐에 굽는다.
_《엘 바칼라오 El Bacalao》, PYSBE▪▪의 조리법, 산세바스티안, 1936년

바칼라오 반데라 에스파뇰라Bacalao Bandera Española▪▪▪

품질 좋은 소금절임대구를 골라서 삶은 다음, 껍질과 뼈를 제거하고
작은 조각으로 부숴 그 부스러기를 접시에 모아 담는다. 마늘을 넣은

───── 직역하면 '공산당식 소금절임대구'란 뜻이다.
═════ 에스파냐의 소금절임대구 어업 및 건조 회사.
═════ 직역하면 '에스파냐식 소금절임대구'란 뜻이다.

마요네즈를 충분히 만든다. 소금절임대구를 모두 뒤덮을 정도로 마요네즈를 부어 접시에 가득하게 만든다. 양옆에 붉은 고추 씬 것을 굽거나 튀긴 채로 올려서 에스파냐 국기의 색깔을 표현한다. 이때 붉은 고추로 만든 띠의 너비는 마요네즈로 만든 띠 너비의 절반쯤 되어야 한다.

— 알레한드로 본, 《레오노르, 뛰어난 요리사Leonor, Superior Cook》, 바르셀로나, 1946년

캐나다 선단 막아서기

> 언젠가는 이 해안이 정말로 바닷가를 방문하고 싶어 하는 뉴
> 잉글랜드인들을 위한 휴양지가 되는 날이 반드시 오고야 말
> 것이다.
>
> | 헨리 데이비드 소로, 《케이프코드》, 1851년 |

오늘날의 글로스터는 케이프앤과 나란히 있는 이웃 도시 록포트와
비슷한 점이 거의 없다시피 한데, 이는 대서양 건너 뉼린과 마우절
이 서로 닮은 데가 없는 것과 매한가지다. 록포트는 값비싼 요트들
이 가득 정박되어 있는 아주 작은 항구가 있는 아주 작은 도시다.
부두의 가게에서는 소로의 말마따나 "정말로 바닷가를 방문하고 싶
어 하는 뉴잉글랜드인들을 위한" 공예품과 음식을 판매하고 있다.

　이에 비해 글로스터는 뉼린과 흡사한 모양을 하고 있다. 이곳은
거친 언덕 비탈에 자리 잡은 어업 도시다. 언덕 위에는 멋지고 오래
된 나무 상점들이 저 아래 펼쳐진 바다를 바라보고 있고, 풍파에도
안전한 부두 근처에 자리 잡은 도시의 아래쪽에는 19세기와 20세

기에 지어진 벽돌 건물들이 옛날의 블루칼라 뉴잉글랜드의 모습을 보여 주고 있다.

움직임이 부산한 부두에는 저인망 어선, 몇 안 되는 주낙 어선, 자망 어선, 바닷가재잡이 어선이 줄지어 서 있다. 이른 아침이면 이 배들은 한 번에 몇 척씩 항구 밖으로 빠져나갔다가 오후 네 시쯤부터 돌아오기 시작한다. 갈매기 떼가 뒤를 쫓는 가운데 각자의 어획물을 싣고 돌아오는 배들은 수산물 회사의 하역용 부두로 향한다.

이곳의 회사들은 규모가 작다. 버즈아이의 옛날 회사는 나중에 포스툼으로 바뀌었다가 다시 제너럴 푸즈로 바뀌었는데, 결국 오도넬 유즌에 매각되어 플로리다로 이전했다. 수산물 회사는 더 이상 어업 항구에 자리 잡을 필요가 없게 되었다. 이들이 가공하는 생선은 냉동 컨테이너에 담겨 오며, 종종 외국에서 수입되어 오기 때문이었다. 고턴스는 여전히 글로스터에 자리 잡고 있다. 이곳에서 가장 큰 간판을 내건 가장 큰 공장이지만 벌서 수년째 글로스터의 어민들로부터 생선을 사들이지 않고 있다.

고턴스는 더 이상 어느 누구에게서도 대서양대구를 사들이지 않는다. 1933년에 생선살 저미는 기계가 발명된 이후, 그전까지만 해도 배 밖으로 내던졌던 생선인 연어가 주된 어획물이 되어 1951년에 이르면서는 글로스터에 하역되는 전체 생선의 70퍼센트를 차지하게 되었다. 하지만 1966년이 되자 고턴스가 글로스터에서 연어를 사들이는 것도 마지막이 되었다. 회사는 '연어 부두'라는 별명으로 통하던 곳에 있었던 공장의 문을 닫아 버리고 말았다.

1990년대 중반에 이르러 이 도시에는 400명의 현직 어민만이 남아 있었다. 40년 전의 2000명에 비하면 크게 감소한 숫자였다. 글로스터의 어업 선단이 지닌 치명적인 결함은 바로 그림 같은 외관이었다. 선체가 목재로 된 낡은 트롤선이 워낙 많아서 보험회사들도 더 이상은 선뜻 나서지 않았다. 뿐만 아니라 녹슬어 가는 낡은 철제 트롤선, 건현이 짧은 자망 어선도 무척 많았다. 이런 배들이야말로 오래된 항구에서는 멋진 구경거리였지만, 바꿔 말하면 현대적인 것과 거리가 멀다는 의미였다. 하지만 이곳에서 현대화는 미래로 나아가는 길이 아닐 수도 있다.

뉴잉글랜드 어업관리위원회는 어업 선단이 뉴잉글랜드의 바다에서 해저 어류를 마지막까지 싹싹 긁어 올리는 것을 방지하는 임무를 맡고 있다. 1976년의 매그너슨 어업 보호 및 관리법은 미국의 배타적인 조업 해역을 200마일(약 322킬로미터)로 연장하는 한편, 각 지역의 어업 이해 당사자들이 주도하는 어업관리위원회를 만들어 규제 당국 역할을 담당하도록 했다. 하지만 어민은 예나 지금이나 훌륭한 규제 당국과는 거리가 멀었다. 과거에 미국의 어업 선단 숫자를 막대하게 증가시킨 대출 보증과 기타 금융 유인책을 고려해 보면, 이는 정부로부터 규제 당국 노릇을 하지 말라는 독려를 받은 것이나 마찬가지였다.

1994년 국립해양수산청에서는 어족의 숫자를 확인하는 작업 끝에 현재 지속 가능한 어족의 숫자에 비해 어업 선단이 대략 두 배나 더 많다는 결론을 내렸다. 이 판정에 따르면 당시 조지스뱅크의 대구 어족은 불과 몇 년 사이에 1990년에 비해 약 40퍼센트나 감소해 있었다. 이 정도로 급격한 감소는 이제껏 단 한 번도 조지스뱅크에

대구

서 측정된 적이 없었다. "이 발견에 뉴잉글랜드 어업위원회는 정신을 바짝 차리게 되었고, 결국 더 강력한 방법이 적용되기에 이르렀습니다." 국립해양수산청의 해양생물학자 랠프 메이오의 말이다.

각 선박의 해저 어류 조업 가능일은 매년 139일로 제한되었다. 이런 조치는 매년 어족의 15퍼센트만을 잡도록 하는 것이 목표라 할 수 있었다. 하지만 1996년에 나온 계산에 따르면 매년 139일의 조업 가능일 동안 어민은 어족의 무려 55퍼센트를 잡은 것으로 나타났다. 이에 조업 가능일은 또다시 88일로 더 제한되고 말았다. 이런 환경보호 조치 아래서는 대형 트롤선보다는 소형 보트가 훨씬 더 유리했다. 대형 저인망 트롤선의 소유주는 막대한 유지비를 감당해야 했으므로 (매년 보험에 들어가는 돈만 3만 달러 또는 그 이상이었다) 매년 277일 동안 선박을 놀려 둘 수가 없었다. 대부분의 어부는 해저 어업이 제철을 맞이하는 겨울에도 여전히 대형 트롤선보다는 차라리 소형 자망 어선에 타는 편이 더 낫다고 말한다. 예닐곱 명이나 되는 트롤선 선원들끼리 나누기에는 어획물이 너무 적기 때문이다. 만일 어업 관리로 인해 더 큰 선박이 실제로 퇴출되기만 한다면 선단의 조업 역량도 크게 감소할 것이고 이야말로 해결책이 될 수도 있다.

조지스뱅크는 대구 조업이 여전히 이루어지는 뱅크들 중 한 곳이다. 캐나다는 일명 '노스이스트피크'의 일부 해역에 대한 권리를 얻어냈고 6월부터 12월까지 이곳에서 조업을 한다. 1994년 이후로 미국은 노스이스트피크의 자국 소유 해역에서 어업을 금지했지만 조지스뱅크의 서쪽 일부에서는 여전히 성공적인 어업이 이루어지고 있다. 해저 어업을 나갈 수 있는 날수가 극도로 제한되면서, 글로스터의 어민은 각자의 선박을 중간 수심용 트롤선으로 개조할 수 있도록(200마일 영해선이 수립된 후 저인망 선단을 만들었을 때처럼) 정부에 금융 보조를 요구하기 시작했다.

바다에는 이른바 '부어(浮魚)'에 해당하는 어종, 즉 청어나 고등어나 태평양청어처럼 중간 수심에 사는 어종이 갑자기 확 늘어난 것처럼 보였다. 이런 물고기는 이제 사라지고 있는 대구가 먹이로 삼는 것들이어서, 몇몇 어종의 급증과 한 어종의 급감이라는 두 가지 현상은 서로 연관되었을 가능성이 있었다. 하지만 랠프 메이오는 이런 이론을 부정하면서 청어의 급증 현상은 대구가 급감하기 이전, 또는 대구의 급감이 사람들에게 인식되기 이전인 1980년대 말부터 시작되었음을 지적했다.

대구라면 가장 좋은 먹이가 사라졌을 때 다른 먹이를 찾아 나섰을 것이다. 이는 사람도 마찬가지여서, 어민은 현재 이용 가능한 다른 식품 원료로 관심을 돌렸다. 1960년대에만 해도 바닷가재잡이 어민은 1달러에 1부셸씩 홍어를 구입해 미끼로 사용했으며 주낙에서는 청어가 단연 저렴한 미끼였다. 자망 어선에서는 돔발상어가 잡힐 때마다 재수가 없다고 여겼다. 돔발상어의 거친 껍질 때문에 어부가 손을 다치는 경우가 종종 있어서 그물에 얽힌 이 물고기를 떼어내는 작업 자체가 어려웠다. 어민은 종종 칼을 가지고 돔발상어를 토막 내서 배 밖으로 던져 버렸다. 하지만 1990년대에 이르자 청어며 홍어며 돔발상어 모두가 어민이 노리는 어종이 되고 말았다.

1990년대에 돔발상어는 '케이프상어cape shark'라는 새로운 이름을 얻게 되었다. 돔발상어는 여전히 가격이 낮기는 했지만 상당히 잘 팔려나갔고 특히 유럽과 아시아에 많이 수출되었다. 실제로 1990년대 중반에는 돔발상어가 먹이 연쇄에서 대구의 지위를 차지할 가능성은 더 이상 없어 보였다. 이 작은 상어들이 어느 정도 남획되었기 때문이다. 상어는 매년 수백만 개의 알을 낳지 않고 격년으로 대여섯 마리의 '새끼'를 낳는다. 따라서 돔발상어는 애초에 생물학적으로도 대구가 직면했던 것과 같은 맹공을 차마 견딜 수 없는 처지였다.

트럭 운전기사, 수리공, 부두 노동자, 유람선 선장에 이르기까지 이 도시에서는 전직 어민을 곳곳에서 찾아볼 수 있다. 올드 포트 수산물 회사의 선착장에서 일하는 사람들도 모두 전직 어민이다. 글로스터의 토박이로 체구가 작은 40대의 데이브 몰로이는 어려서부터 아버지와 함께 물고기를 잡았다. 그러다 1988년에 그는 이 일을 그만두었다. "이제는 끝났다는 걸 알았어요. 저는 17년 동안이나 물고기를 잡았지만 마지막 3년 동안은 쫄쫄 굶었거든요."

올드 포트 수산물 회사의 콘크리트 부두에는 화물 하역용 크레인이 두 개나 있다. 밧줄과 도르래로 이루어진 작은 장치에, 밧줄을 잡아당기는 데 사용되는 모터 달린 드럼이 붙어 있는 것이었다. 공장 안 에는 남자 한 명과 여자 몇 명이 스테인리스스틸 조리대 앞에 서서 작은 대구를 저미며 스크로드로 가공하고 있었다. 남자는 레드삭스 야구팀의 모자를 쓰고 있었다. 대구와 레드삭스, 이 두 가지는 매사추세츠 사람들이 사랑하는 '패배자'였다.• 부두의 양쪽 끝에

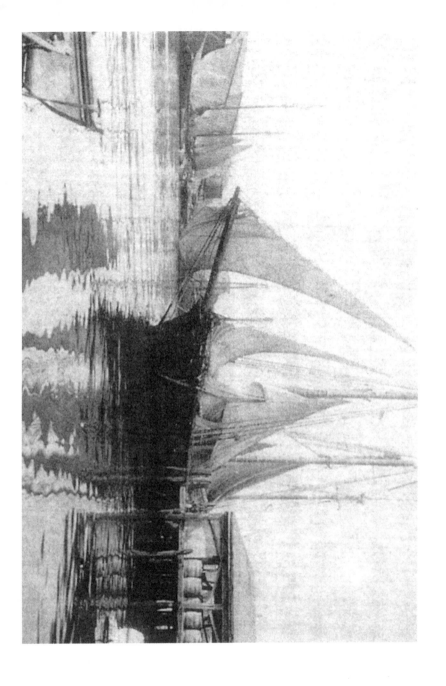

글로스터 항구의 스쿠너선들. 20세기 초의 모습. 매사추세츠주 세일럼 소재 피바디 에식스 박물
관 소장.

는 녹슨 강철 선체 트롤선이 정박되어 있었고, 선미 높이 그물을 둘둘 말아 묶어놓은 모습이 마치 더 나은 때를 기다리는 듯했다.

이제는 트롤선 대신 작은 보트들이 낯설고도 새로운 어획물을 가지고 돌아왔다. 한 자망 어선은 청어를 조금 잡아가지고 도착하더니, 재빨리 생선을 삽으로 퍼 담고 하역하고 무게를 재고 얼렸다. 그리고 또 다른 보트가 들어왔다. 이번에는 러셀 셔먼이 모는 길이 70피트(약 20미터)의 트롤선이었다. 이 배에 실린 물건이 무엇인지는 새들이 대신 이야기해 주고 있었다. 단 한 마리도 굳이 이 선박을 뒤따라오지는 않았던 것이다. 넙치와 아귀가 몇 마리 있었지만 새들은 도통 관심을 보이지 않았다.

사실 넙치와 아귀 이 두 가지 어종도 뉴잉글랜드인들이 최근에야 잡기 시작한 것들이었다. "그냥 부스러기들뿐이죠. 하지만 최소한 제 배는 선착장을 벗어날 수는 있었으니까요." 러셀의 말이었다. "이따위 물고기에 제 인생을 낭비하지는 않을 겁니다. 지금은 그물눈이 3인치(약 7.6센티미터)짜리인 걸로 잡고 있어요. 겨울까지 기다렸다가 6인치(약 15.2센티미터)짜리 그물로 바꿔 [대구를] 잡으러 갈 겁니다. 겨울이 되기 전까지는 굳이 그물을 바꿀 필요가 없어요."

이런 서글픈 이야기가 시작되면 어민은 서둘러 대구라는 주제로 관심을 돌리곤 한다. 지게차를 모는 데이브 몰로이는 이렇게 말한

매사추세츠주 보스턴을 연고지로 하는 레드삭스는 1901년에 창단되어 월드시리즈 5회 우승을 이루며 승승장구하다가, 1918년 강타자 베이브 루스를 이적시키면서 시작된 '밤비노의 저주'로 무려 86년 동안 월드시리즈 우승을 이루지 못하는 징크스를 겪었다(이 저주는 이 책의 초판이 간행된 이후인 2004년에 월드시리즈 우승을 하면서 풀렸으며, 레드삭스는 2007년, 2013년, 2018년에도 우승을 차지했다).

다. "대구에 관해 알고 싶다고요. 그럼 제가 한 말씀 드리죠." 그는 한 손을 입에 갖다 대고 속삭이는 듯한 시늉을 했다. "이제는 대구가 하나도 없어요."

"대구는 돌아오는 중이에요." 러셀은 주장했다. "20년 전부터 진즉에 이런 일을 해야만 했어요. 그랬다면 지금쯤 대구가 더럽게도 흔했을 거예요. 그러니까 20년 전부터 그물눈 6인치짜리를 써야 했었다고요. 아이슬란드에서 그랬던 것처럼 말이죠."

"저는 그 이야기를 여러 해 전에 했었죠. 그 중요성이 막대해지기 전부터요." 또 다른 어부가 뉴잉글랜드 연안에서만 발견되는 특유의 말투로 이렇게 주장했다. 러셀 셔먼이 나이 많은 시칠리아 출신 어부에게 최근 체중 조절에 노력하고 있다는 이야기를 하고 있는 사이에, 전직 어부이자 이 수산물 공장의 공동 소유주인 니키 아벨라스는 양도 얼마 안 되는 어획물의 가격을 계산했다. 니키가 키우는 밝은 갈색의 커다란 개 한 마리가 주인의 행동을 유심히 지켜보더니, 그중에서 주워 먹을 만한 것을 찾아냈다. 러셀은 하역을 마치고 인수증을 받은 다음 자기 배의 갑판을 청소하고 그곳을 떠났다.

"내일 또 봅시다." 데이브 몰로이가 이렇게 말하며 계류용 밧줄을 풀어서 던져주었다. 배가 천천히 글로스터 항구를 빠져나가 줄지어서 쉬고 있는 저인망 어선들 너머로 사라지자 데이브가 고개를 저으며 말했다. "저 친구, 여름 내내 땡전 한 푼 못 벌었답니다." 당시는 9월이었다.

다음 배가 들어오기를 기다리면서 사람들이 투덜거렸다. 이번 주 내내 글로스터 사람들이 모두 그랬듯이, 항구에 들어온 러시아

국적의 커다란 배가 험담의 대상이었다. 물론 외국 어선은 더 이상 미국 영해에서 조업을 할 수 없었고 지금은 다만 이민에게서 뭔가를 사려고온 것뿐이었다. 어민은 항상 그들에게 뭔가를 팔면서도 온갖 불평을 늘어놓곤 했다. 한 어부는 그 배가 자기네 붉은 깃발을 미국 국기보다 더 높은 곳에 걸어 놓았더라고, 심지어 항구에 들어와 있으면서도 그랬다고 비난했다. 그는 자기 눈으로 똑똑히 보았다고 말했지만 러시아가 더 이상은 붉은 깃발을 사용하지 않는다는 사실조차 모르는 듯했다.

선원이 세 명인 길이 50피트(약 15미터)짜리 자망 어선이 들어왔다. 그 배의 선장인 세실은 키만큼이나 체구가 옆으로 퍼져 있었고 풍파에 시달린 얼굴보다는 밝은 금빛 머리카락이 더 눈에 띄는 인물이었다. 세 명의 선원 가운데 한 명은 그의 아들이었는데, 역시 아버지와비슷한 체구였다.

이들은 참치잡이 어선을 따라다니다가 돌아온 참이었다. 참치잡이 어선은 밑밥을 뿌리곤 했는데, 돔발상어란 놈들이 바로 그 밑밥을 따라다녔던 것이다. 밤사이에 참치 어장에 그물을 설치해 놓은 덕분에 그들은 피를 흘리는 작은 상어들을 선창에 가득 채워서 돌아올 수 있었다. 돔발상어는 1파운드에 겨우 13센트밖에 못 받는다. 더 큰 놈은 17센트도 받지만 이번의 어획물은 대부분 작은 놈이었다. 세실이 밧줄을 움직이자 미끈거리는 물고기들이 가득한 커다란 나무 상자가 부두 위로 흔들거리며 운반되었다. 누군가 그걸 보며 농담 삼아 외쳤다. "저기 좀 봐봐. 런던으로 팔려 나갈 피시 앤드 칩스 재료로군."

글로스터인들은 참다랑어가 예전에만 해도 잘 잡혔다면서, 이 물고기가 희귀해졌다는 이야기는 모두 레저 낚시꾼들의 술책일 뿐이라고 주장한다. "환경보호주의자들과 레저 낚시꾼들이란. 하나같이 수준 높은 척하는 사람들이지." 참치라면 지금도 충분히 하역되고 있고, 심지어 올드 포트 수산물 회사의 로고로도 사용되고 있다. 어떤 물고기를 계속 잡을 수 있는 한, 어민은 그 어종이 위기에 처해 있다는 생각을 받아들이지 않고 거부한다. 하지만 대구의 경우에는 뭔가 문제가 있음을 모두가 인식하고 있었다. 그런데 니키 아벨라스는 생각이 달랐다.

"실제로는 저 어딘가에 대구가 아주 많아요. 그물눈이 3인치(약 7.6센티미터)짜리인 그물을 써도 합법적인 대구를 상당히 많이 잡을 수 있죠. 길이 20인치(약 50센티미터)짜리 물고기라면 6인치(약 15.2센티미터)짜리 그물눈을 빠져나갈 수 있으니까요. 만일 정부에서 계속해서 규제를 유지한다면 물고기는 결국 돌아오게 될 거예요. 다만 정부에서 계속 새로운 규제를 덧붙인다면 물고기는 돌아온다고 해도 어민은 사라지고 말 거예요."

글로스터에서는 남획으로 인한 피해는 단지 일시적이지만 규제로 인한 피해는 더 영구적으로 어촌에 피해를 입힌다는 믿음이 팽배했다. 사람들은 머지않아 대구가 돌아올 것이라고, 그리고 어민은 사라지고 어선은 고철 덩어리가 될 것이라고 믿었다. 그다음 주장은 이 시나리오에서 가장 얼토당토않은 대목이다. 즉, 자기들이 망하고 나면 역사적으로 경쟁자였던 캐나다인들이 아래로 내려와서 물고기를 모두 잡아가고야 말리라는 것이었다.

캐나다 어민과 뉴잉글랜드 어민 사이의 악감정은 프렌치 인디언 전쟁으로까지 거슬러 올라간다. 당시 케이프브레턴섬에 있던 프랑스 어민은 뉴잉글랜드인들을 위협했는데, 이에 글로스터인들은 루이부르(루이스버그)에 있는 요새화된 프랑스 어업 기지에 주둔하던 병력에 맞서 싸웠다. 노바스코샤인과 퀘벡인은 미국 독립 혁명 당시에 뉴잉글랜드인의 편을 들어주지 않았다. 1866년에는 영국과 캐나다가 짜고 캐나다의 3마일 영해선 밖으로 뉴잉글랜드인을 몰아냈다. 1870년에는 다섯 척의 글로스터 스쿠너선이 캐나다에 나포되어 글로스터 시민들이 캐나다와의 국교 단절을 의회에 청원하기까지 했다. 글로스터의 스쿠너선 '에드워드 A. 호턴호'가 노바스코샤주 가이스버러로 끌려가서 돛까지 벗겨낸 상태로 억류되었다는 이야기는 글로스터에서는 유명한 이야기로 회자된다. 급기야 뉴잉글랜드인 여섯 명이 한밤중에 창고로 잠입했고, 압류된 장비를 되찾아 스쿠너에 도로 설치한 다음 밀물 때에 맞춰 몰래 빠져나왔다.

아이러니하게도 오늘날 글로스터의 어민 대부분의 조상들은 이처럼 악감정이 쌓여가던 기간 내내 뉴잉글랜드가 아니라 다른 곳에서 어업에 종사했다. 즉, 그들은 시칠리아 근해나 그리스의 여러 섬들 사이에서, 또는 아조레스 제도 근해에서 지그 낚시를 했던 것이다. 따라서 현재 이들이 군이 캐나다에 대해 악감정을 가질 이유는 전혀 없다. 다만 최근에 이르러 고턴스가 글로스터에 있던 연어 가공 공장을 캐나다로 이전했던 것이 이유가 되었을 뿐이다. 200마일 영해선이 수립되었을 때 뉴잉글랜드인은 조지스뱅크에서 노바스코샤인을 몰아내기 위해 싸웠고, 노바스코샤인은 반대로 그랜드뱅크스에서 뉴잉글랜드인을 몰아내기 위해 싸웠다. 캐나다인과의 경쟁에 대한 두려움은 이미 글로스터 문화의 일부가 되었다. 이는 에스파냐인에 대한 두려움이 뉼린의 벽돌담 안에 자리 잡은 것과도 유사했다.

어업 정책 때문에 어민이 쫓겨난다는 주장은 물론 사실이다. '글로스터 어민 부녀회'라는 활동가 단체의 대표인 앤절라 산필리포는 어민에게 다른 직업을 얻어 주는 프로그램을 조직했다. 불과 2년 만에 그녀는 29명의 어민에게 새로운 일자리를 얻어 주었다. 선착장 일꾼, 트럭 운전사, 기계공, 그리고 컴퓨터 분야의 몇몇 일자리도 있었다. 하지만 그녀의 남편 존 산필리포는 아내에게 이렇게 말했다. "누가 말리더라도 나는 계속 물고기를 잡으러 갈 거야."

20세기 말의 다른 글로스터 어민과 마찬가지로, 산필리포 부부 역시 이곳보다 어획량도 더 적고 어선도 작은 시칠리아에서 미국으로 이민 온 사람들이었다. 1945년생인 존 산필리포는 어부 가문의 아홉 번째 자녀로 태어나 아버지와 함께 작은 도리선을 타고 물고기를 잡기 시작했다. 이들은 자망, 주낙, 지그, 대형 건착망(巾着網, 선망) 등을 사용하면서 전쟁 직후의 가난 속에서 생존했다. 그는 22세 때 미국으로 이민 왔다.

앤절라는 17세 때인 1963년에 미국으로 이민 왔다. 그녀의 집안 남자들도 대대로 어부였다. 친척 중에는 알래스카에서 연어를 잡는 사람도 있었고 샌디에이고 근해에서 참치를 잡는 사람도 있었다. 앤젤라는 부모를 따라 밀워키로 갔는데, 그곳에 살던 사촌들은 오대호에서 물고기를 잡고 있었다. 하지만 환경오염으로 물고기가 죽

대구

어나가는 것을 본 그녀는 환경오염의 주범들이야말로 어민의 적이라고 확신하게 되었다. 그녀의 아버지는 가족을 먹여 살리기 위해 주물 공장에서 일했지만 그래도 여전히 물고기 잡는 일을 포기할수가 없어 주말마다 야외로 나갔다. 무척이나 상황이 안 좋아서 여차하면 시칠리아로 돌아갈까 생각하던 즈음, 이들은 친구들로부터 글로스터에 관한 이야기를 듣게 되었다.

글로스터에 도착한 존은 다른 어업 방식을 모두 내버리고 저인망 어업에 매달렸다. 여기서는 해저 어류를 최상으로 쳤지만, 그래도 그는 휴일인 일요일마다 스테이트 부두*에 가서 배스를 낚았다. 대부분의 어민은 직업을 바꾼 뒤에도 물고기 잡는 일을 그만두지는 못했다. 바닷가재잡이들도 조수가 바뀌기를 기다리는 동안 낚싯대를 꺼내 들고 견지낚시를 했다. 포르투갈의 '백색 선단'도 선창에 대구를 가득 채운 뒤 귀향에 필요한 보급품을 마련하러 세인트존스에 들렀다 하면 선원들은 개울로 달려가 송어 낚시를 했다.

앤절라가 딸을 임신했을 때, 존은 들뜬 나머지 어느 러시아 공모선에서 미끼를 구입하고 염소(鹽素)가 들어 있던 빈 통으로 부표를 만들어 주낙으로 황새치를 잡아왔다. 1975년 8월 3일, 그러니까 그의 딸이 태어난 날 밤에도 그는 200마일 영해선 너머에 있는 '협곡'이라 불리는 깊은 바다까지 나가서 황새치를 65마리나 잡았다. 아이들이 다 자라고 난 후 이들 부부는 버뮤다로 여행을 떠났다. 존은 그곳의 프린세스 호텔 근처 부두에서 낚싯대 두 개를 가지고 물고

───── 글로스터 내항(內港)에 있는 부두의 이름.

기를 잡으러 갔다. 프렌치프라이를 미끼로 이용해 그는 시칠리아의 볼락과 비슷하게 생긴 열대어를 잡았다. 그리고 그 물고기를 손질하는 방법을 주방에 조언해 주기까지 했다. 산필리포 부부의 아들 도미니크는 터프츠대학교에 들어가서 정치학을 전공했다. 하지만 불과 2년 뒤에 글로스터로 돌아와서는 어부가 되겠다고 선언했다. 앤젤라는 울고불고했다. 뉴펀들랜드의 샘 리도 아들과 대판 싸움을 벌였었다. 그의 아들 역시 학교를 그만두고 물고기를 잡겠다고 했기 때문이다.

"하지만 몇 달이 지나고 난 다음에는 그 애가 행복해한다는 것을 깨달았죠." 앤젤라의 말이다. "아들이 조지스뱅크에 가보고 싶다고 하더군요. 이전에는 갈 수가 없었어요. 아빠랑 같이 작은 보트를 타고 가기에는 너무 멀었거든요. 그래서 그 애는 커다란 저인망 어선의 선원이 되었어요. 덕분에 그 뱅크가 폐쇄되기 직전에 결국 거기서 물고기를 잡았죠. 이제는 자기 어선을 하나 사고 싶어 해요. 저는 아들한테 돈을 아끼라고 충고하죠. 그거 말고 다른 일에 필요할지도 모르니까 말이에요. 하지만 그 애는 이러더군요. '바다에서 해가 뜨고 지던 모습이랑, 갈매기들이 제 머리 위에서 날아다니던 모습이 그리워요.'"

시칠리아 출신의 전직 어부로, 지금은 글로스터 지역사회개발부 산하 어업위원회에서 일하는 비토 칼로모는 이렇게 말한다. "아버지와 할아버지 모두가 어부였던 사람을 이 직종에서 몰아낸다는 건 무려 100년간 이어져온 지식을 지워버리는 것과 마찬가지입니다. 어부는 특별한 사람이에요. 선장이고, 항해사이고, 기술자일 뿐

대구

아니라 생선 절단과 손질, 그물 수선의 전문가이자 중요한 시장 투자자죠. 게다가 어부는 관광객들의 구경거리이기도 하죠. 관광객이라면 누구나 입에 시가를 물고 발에 장화를 신은 채 그물을 수선하는 어부의 모습에 감탄하니까요. 그런데 우리는 이 모든 것을 잃어버릴지도 모른다는 겁니다."

바로 그 순간 잔디 깎는 트랙터를 짐칸에 실은 트럭 한 대가 해안 도로를 따라 이쪽으로 달려왔다. 칼로모가 트럭 기사를 향해 고함을 질렀다. "제 동생입니다. 원래는 선장이었는데, 지금은 잔디 깎는 일을 하죠. 원래는 선장인데 지금은 잔디 깎는 일을 한다니까요. 어떤 친구는 식당에서 접시를 닦고, 또 어떤 친구는 경비원으로 근무하는 걸 본 적도 있습니다."

칼로모와 산필리포, 그리고 글로스터의 어촌에 속해 있는 대부분의 사람이 보기에 이들이 겪는 곤경은 자기들의 잘못이 아니라 정부의 책임이었다. "레드삭스의 경우에도 무슨 일이 벌어졌는지 보셨죠?" 콜로모는 연패를 거듭했던 보스턴의 야구 구단을 예로 들며 말했다. "연패를 한다고 해서 레드삭스 자체를 없애지는 않았어요. 오히려 그 구단의 관리자들을 해고했죠."

칼로모는 말한다. "캐나다는 결국 전성기의 미국이 될 거고, 우리는 그보다 못한 과거의 캐나다 같은 신세가 되고 말 겁니다. 저쪽은 실직한 어민에게 보조금을 주고 있거든요. 그러니 물고기가 돌아왔을 때도 어민이 남아 있을 겁니다. 자기네 어민을 계속 보전하고 있는 거죠. 그들은 아마도 우리 시장의 빈 부분을 대신 채우게 될 거예요. 설령 물고기가 돌아온다 하더라도 그때 이곳에 그걸 잡으러 갈 사람이 남아나 있겠어요?"

조지스뱅크에서 석유 탐사를 중단시키기 위한 투쟁에 적극적으로 참여하고 있는 앤절라 산필리포는 이렇게 말한다. "어민이 사라지고 나면, 바다는 과연 누가 돌보겠어요?" 이것도 틀린 질문은 아니었다. 설마 고턴스를 매입한 거대 다국적기업인 유니레버가 그 임무를 맡겠는가?* 어떤 기업이 바다를 오염시켰다고 해서 유니레버가 과연 그들처럼 분노에 찬 시위를 벌이겠는가?

그렇다면 정말로 모두 끝난 것일까? 자연에서 식량을 수집하는 이 최후의 사람들은 점차 사라지게 될까? 이것이야말로 자연산 식량의 최후란 말인가? 길들여지지 않은 자연과 우리의 마지막 유대는 머지않아 가끔 먹는 꿩고기처럼 예기치 않은 진미로만 남게 될까? 글로스터는 록포트처럼 옷 가게가 늘어선 도시, 또는 '예술가 군락'이라는 딱지가 붙은 고장이 될까? 뉼린도 언젠가는 그 이웃 도시의 경우처럼, 또는 산세바스티안에 이미 벌어진 것처럼 오로지 산책을 위해 찾아가는 도시가 될까? 글로스터 항구도 결국 요트 선착장으로 바뀔까? 아니면 노바스코샤주 루넌버그처럼 어업의 전성기를 보여 주는 박물관으로 보전될까?

정부는 어민을 보유하고 어업 항구를 보유하는 일에 어떤 사회

우리에게 생활용품 회사로 더 친숙한 다국적기업 유니레버는 크노르와 립턴을 비롯한 유명 식품 회사를 다수 보유하고 있으며, 현재 세계에서 가장 큰 수산물 구매 업체 가운데 하나다. 1990년대 중반에는 일시적으로 WWF(세계자연보호기금)와 공조하여 환경 친화적인 수산물만 구매하는 운동을 펼치기도 했다.

적 기능이 있음을 이해하고 있다. 비록 한편으로는 어족을 보호하기 위해 어업 선단의 규모를 줄이는 프로그램을 운영하고 있지만, 다른 한편으로는 어업에 보조금을 지급하고 있다. 대부분의 전직 어민에게는 다른 일자리가 없기 때문이다. 선진국 가운데 어업이 자국 경제에 중대한 기여를 할 수 있다고 기대하는 나라는 오로지 아이슬란드뿐이며, 그조차도 어민의 수를 줄이려고 노력 중이다.

1989년 UN 식량농업기구가 수행한 연구에 따르면 전 세계의 어업 선단을 운영하기 위해 들어가는 비용은 매년 약 920억 달러로 추산된다. 반면 어업으로 벌어들이는 수입은 겨우 700억 달러에 불과하다. 이런 격차의 상당 부분은 정부가 어민과 조선 업체에 주는 보조금

이 차지한다. 식량농업기구에 따르면 1990년대 초에 이르러 유럽연합의 12개 국가는 매년 어업 보조금으로 5억 8000만 달러를 지출하고 있으며, 이 가운데 노르웨이 한 곳에서만 무려 1억 5000만 달러를 지출하고 있었다. 일본 정부는 곤란을 겪고 있는 어업 분야에 190억 달러를 신용 대출해주었지만 그중 상당수는 결코 상환되지 않을 것이다.

글로스터 항구에서 몇 마일 떨어진 뉴잉글랜드의 바위투성이 해안(한때 이 바위들은 대구를 말리는 중요한 역할을 했지만 지금은 풍경의 일부로 사랑받고 있을 뿐이다)을 따라 늘어선 호텔들에서는 관광객들이 아침 식사를 하고 오늘 하루를 계획하고 있다. 저 멀리서는 여전히 바닷가재잡이 배와 작은 트롤선이 지나가지만 디젤 엔진 소리가 너무 멀어서 들리지 않는다. 관광객 가운데 상당수는 '고래 관찰whale watching'을 하러 갈 계획이다. 이들은 고래가 사랑스러운 애완동물인 양 그놈들이 폴짝 뛰어오르고 바닷속으로 떨어지고 코 고는 듯한 소리를 내는 것에 대해 이야기를 나눈다. 한때 사람들이 고래를 사냥해 한재산 마련했던 이 울퉁불퉁한 해안선은 이제 관광 철이 되면 고래 관찰의 중심지로 떠들썩하다. 이 고래 관찰용 선박의 선장들은 대개 전직 어민들이다.

고래를 사냥하는 사회에서 살아가는 것과, 고래를 구경하는 사회에서 살아가는 것에는 커다란 간극이 있다. 자연은 오락과 교육을 위한 귀중한 예시로 축소되는 중이며, 이는 사냥보다 훨씬 덜 자연스러워 보인다. 그렇다면 우리는 공원을 제외하고는 자연이 전혀 남지 않은 세계를 향해 나아가는 것일까? 고래는 포유류이며, 포유류는 한 번에 100만 개의 알을 낳지는 않는다. 그래서 우리는 상업적 사냥을 포기한 대신 가축용 포유류를 길러 고기를 조달하며, 야생의 포유류는 최대한 잘 보전하려고 한다. 물론 포유류를 죽여 없애는 것보다는 물고기를 죽여 없애는 쪽이 더 어렵다. 하지만 1000년에 걸친 대서양대구 사냥 이후에 우리는 그런 일이 실제로 가능하다는 사실을 알게 되었다.

대구

"어떤 사람은 그것[대구]이야말로

(빵을 제외하고는) 우리가 일단 그 맛에 익숙해지고 나면

결코 질리지 않는 식품이고,

그것 없이는 결코 살아갈 수 없는 식품이며,

그 어떤 진미와도 바꿀 수 없는 식품이라고 말할지도 모른다.

엘레나 이바노브나 몰로코베츠, 《젊은 주부에게 주는 선물A Gift to Young Housewives》,
상트페테르부르크, 1862년_엘레나 이바노브나 몰로코베츠,
《젊은 주부에게 주는 선물A Gift to Young Housewives》, 상트페테르부르크, 1862년

어느 요리사의 이야기:

6세기 동안의 다양한 대구 조리법

부록

COD:

A BIOGRAPHY OF THE FISH THAT CHANGED THE WORLD

단위비교표

1그램 = 0.35온스
1킬로그램 = 2.2파운드
1밀리리터 = 0.03액량온스
1데시리터 = 0.3액량온스
1리터 = 2.1파인트 = 1.06쿼트 = 0.26갤런
1작은술 = 5밀리리터
1큰술 = 15밀리리터
1컵 = 0.24리터
1파인트 = 0.47리터
1쿼트 = 0.95리터

대구를 씻는 올바른 방법

"그래, 그래. 너한테서 소금기를 없애 주마.
이 대구^{grande morue}야!"

| 에밀 졸라, 《목로주점》, 1877년 |

장대건조생선이나 소금절임생선을 요리가 가능한 상태로 복원하는 방법에 관해서라면 딱히 정해진 바가 없다. 가공된 대구는 그 굵기나 건조된 정도, 소금의 양이 어느 것도 서로 똑같지는 않기 때문이다. 뿐만 아니라 사람마다 선호하는 맛은 제각각이며 어떤 종류의 음식을 만드느냐에 따라 맛도 달라지기 마련이다.

음식 재료를 물에 담가 불리는 과정은 대개 24시간 이상 걸리지만 아주 딱딱하게 말린 장대건조생선의 경우는 며칠이 걸릴 수도 있다. 가공된 생선이 지금쯤 요리할 준비가 되었는지 여부를 알아내는 유일한 방법은, 한 조각을 떼어 직접 맛보는 것뿐이라고 대부분의 요리사들은 입을 모은다. 더 오래 말린 생선일수록 물에 담가 불리는 시간도 더 길어야 한다. 소금 절임 생선의 경우에는 담가놓은 물을 주기적으로 갈아 주어야만 생선이 소금물에 들어앉는 것을 막을 수 있다.

해나 글래스는 영국 요리를 소개한 저서의 1758년 판본에서 장대건조생선은 우유와 따뜻한 물에 담가 불려야만 한다고 썼다. 대부분의 현대 요리사들은 찬물을 고집하고, 또 상당수는 물에 담가 냉장고에 넣어 두는 게 최고라고 (따뜻한 날씨에는 특히 그렇다고) 믿는다. 또, 어떤 사람들은 이 일을 위해 현대의 한 가지 발명품에 눈을 돌렸는데 바로 수세식 변기다.

프랑스의 깊은 내륙 지역으로 프랑스인이 '라 프랑스 프로퐁드La France profonde(진짜 프랑스)'라고 부르는 마시프상트랄산맥의 제일 끝부분에 아베롱이라는 곳이 있다. 고지에는 양떼를 치는 초록의 목초지가 있고, 깊은 협곡과 울퉁불퉁한 바위 노두가 있는 이 험한 지역에서도 가장 유명한 곳인 로크포르쉬르술종Roquefort-sur-Soulzon에는 세계에서 가장 유명한 치즈를 숙성시키는 데 사용되는 천연 동굴들이 있다. 워낙 외지기 때문에 양치기들은 지금도 이 지역 특유의 방언으로 말한다. 이 지역은 멀리 떨어진 보르도에서 강으로 오가는 바지선을 통해서 각종 물자를 얻는다. 바지선은 가론 강과 로트 강을 거슬러 올라가 아베롱에 있는 로데즈와 다른 도시에까지 이른다. 보르도에서 구입한 장대건조생선을 줄에 묶고 바지선 뒤쪽에 늘어뜨려 강물에 담근 채, 이틀 동안의 여정 끝에 강을 따라 거슬러 올라오면 이미 부드러워져서 요리에 사용할 수 있는 상태가 된다.

20세기에 이르러 로트 강은 점점 더 오염이 심해지고 배가 오갈

대구

수 없게 되었지만, 장대건조생선의 요리 준비에 딱 어울릴 만한 새로운 발명품이 등장했다. 바로 수세식 변기였다. 1947년 프랑스 통치체인 국무원의 의장은 일주일 내내 한 시간에 한 번씩 변기 물을 내리

라고 시종에게 지시하면서, 이는 일요일에 특별 만찬을 준비하기 위해서라고 설명했다. 그가 준비한 음식은 바로 장대건조생선이었다. 당시 수세식 변기에 물을 대려면 화장실 벽 높은 곳에 물통, 즉 '샤스 도chasse d'eau'를 설치해야 했다. 이 샤스 도에 장대건조생선을 이틀 동안 넣어 두면 부드러워져서 요리에 사용할 수 있는 상태가 되었다. 이 시스템은 소금절임대구에도 이상적이었는데, 물을 갈기가 쉽기 때문이었다. 물론 이 모두는 별로 아름답지 못한 것으로 여겨질 수도 있겠지만 가론강과 그 지류의 물을 이용하는 것보다는 오히려 더 위생적이었다.

장대건조생선을 보는 두 가지 시각

[장대건조생선은] 나무 조각처럼 단단하지만 그래도 나쁜 맛은 전혀 없으며 사실은 별다른 맛 자체가 없다. (…) 애피타이저로는 매우 훌륭하다. 하기야 어쨌거나 바로 그런 기능이 있는 물건치고 아주 나쁠 수야 없기 마련이지만 말이다.
— 포지오 브라치올리니(저명한 인문학자),* 1436년

———— 1380~1459년. 이탈리아의 인문학자. 교황청에서 일하며 탁월한 라틴어 실력으로 명성을 얻었으며, 특히 루크레티우스의 《사물의 본성에 관하여》를 비롯한 여러 고전 필사본을 발굴해서 서지학자로도 명성을 얻었다.

말린생선은 아이슬란드의 주식이다. 이것은 손가락으로 잘게 뜯어서 버터와 함께 먹어야 한다. 질긴 정도는 일정하지가 않다. 더 질긴 종류는 마치 발톱 같은 맛이 나고, 더 부드러운 종류는 마치 사람 발바닥에서 벗겨낸 피부 같은 맛이 난다.

— W. H. 오든, 루이스 맥니스,《아이슬란드에서 보낸 편지》, 1967년

장대건조생선 두들기기

수세식 변기와 냉장고가 생기기 이전까지만 해도 장대건조생선과 불가피하게 연관된 도구는 바로 망치였다. 품질 좋은 장대건조생선은 마치 아무렇게나 자른 나무 조각, 즉 발사*보다 약간 더 가볍고 연한 나무 조각처럼 보였다. 따라서 요리를 하려면 어찌어찌해서 그 섬유가 서로 떨어지게 만들어야만 했다.

> 만일 그것[대구]을 먼 바다에서 잡아 앞으로 10∼12년 동안 간수할 생각이라면 내장을 빼고 머리를 제거한 다음, 바람과 햇빛에 말려야 하며 불에 말리거나 훈제해서는 절대로 안 된다. 이렇게 하고 나면 장대건조생선이 된다. 이를 오랫동안 보관하다가 먹고자 할 때 나무망치로 한 시간 동안 꼬박 두들긴 다음, 12시간 또는 그 이상을 꼬박 따뜻한 물에 넣어서 불린 후에 조리하면 마치 쇠고기처럼 잘 뜯어진다.

―――― 벽오동과의 상록 교목으로 매우 가벼워 구명구(救命具)나 모형 비행기, 절연성을 이용한 방음 장치 따위의 재료로 쓰인다.

— 저자 미상,《파리의 가장^{Le Mesnagier de Paris}》,[•] 1393년경

장대건조생선 죽이기: 루테피스크^{Lutefisk}

노르웨이인은 장대건조생선을 잿물에 넣어 거의 젤리처럼 만들어 먹는다.

우선 두들긴 장대건조생선을 찬물에 집어넣고 나흘 내지 닷새 동안 두되, 물은 반드시 정기적으로 갈아 주어야 한다. 그러고 나서 잿물 또는 자작나무나 너도밤나무로만 만든 순수한 재를 물이 담긴 항아리에 넣고 끓인 다음, 재가 바닥에 가라앉을 때까지 둔다. 항아리에 들어 있는 찬물을 다른 용기로 옮겨 담고, 내용물이 가라앉아서 그 물이 맑아질 때까지 둔다. 이렇게 맑아진 물속에 생선을 집어넣고 사흘 동안 기다렸다가 꺼낸 후 세 시간이 지난 뒤에 찬물에 씻어 내고, 다른 여느 생선과 마찬가지로 삶아서 녹인 버터와 겨자를 곁들여 먹는다.

— 마르타 마리아 스테펜센,《숙녀를 위한 쉬운 요리 지침 문고^{A Simple} ^{Cookery Pocket Booklet for Gentlewomen}》, 1800년(하들프레뒤르 외르든 에이릭손 번역)

───── 중세 프랑스에서 간행된 여성을 위한 생활 지침서로, 결혼 생활과 가사 노동에 관한 여러 가지 조언이 담겨 있다.

대구 요리법으로 딴청 피우기

1982년 영국의 소설가 그레이엄 그린은 니스에서 말년을 보내던 중 그곳 시청에서 벌어지는 부패에 관해 얼핏 보기에는 편집증처럼 보이는 공개 고발을 내놓기 시작했다. 이에 주변에서는 이 유명한 작가가 음모를 다룬 소설을 여럿 써내다 보니 혹시 현실감각을 잃어버린 것은 아니냐고 수군거렸다. 하지만 당시 시장이었던(아울러 역시 니스의 시장을 역임했던 저명인사의 아들이기도 했던) 자크 메데생은 한 인터뷰에서 그린의 주장에 관한 질문을 받자 갑자기 요리에 관한 이야기를 꺼내더니 장대건조생선 조리법에 대해 한참 설명했다. 얼마 후에 시장은 남아메리카로 도주했는데, 그곳이라면 소금절임대구는 좋은 것이 나와도 진짜 장대건조생선은 전혀 없는 곳이었다.

다음에 소개하는 조리법은 그때 메데생이 소개한 것이다. 비록 그의 발언을 모두 신뢰할 수는 없지만, 그의 말에 따르면 이 조리법은 그 지역에 살던 '바르바 치캥Barba Chiquin(그 지역 방언으로는 '좋은 술을 좋아하는 아저씨'라는 뜻이다)'이라는 이름의 한 어부에게서 그의 아버지가 직접 전수받은 것이라고 한다. 바르바 치캥은 이 요리를 해놓고 아이들을 초대했다고 전한다.

마른 장대건조생선 100그램을 돌 위에 놓고 망치로 두들겨 마치 가루와 유사한 상태로 만든다. 장대건조생선 100그램에 쓸 마늘 4개를 빻는다. 올리브유를 프라이팬에 넣고 연기가 날 때까지 가열하고, 페브레타pébréta[붉은 고추] 2개를 갈색이 되도록 굽는다. 올리브유에서 연기가 나기 시작하면 말린 장대건조생선과 마늘 섞은 것을 집어넣는다. 재료가 살짝 갈색이 돌 정도로 익으면 그 위에 팽 드 콩파뉴^pain de compagne [시골식빵] 조각을 흩뿌리고 요리를 맛있게 먹는다.

— 자크 메데생, 전 니스 시장

메데생은 장대건조생선에 들어 있는 염분 때문에 "최소한 나흘이나 닷새쯤은 지속될 갈증"을 해결해 줄 정도로 잘 구비된 와인 저장고가 없는 사람은 감히 이 조리법을 시도하지 말아야 한다고 경고했다.

※94쪽을 참고하라.

월든 호수에 전해진 비보

가을에는 이곳의 암소들에게 대구 머리를 먹이로 주는 경우가 간혹 있다는 소문이 돌았다! 그것이야말로 대구에서 가장 귀중한 부분이며 인간의 머리와 마찬가지로 흥미롭고도 놀랍게 만들어졌다. 다만 그 안의 두뇌가 더 작을 뿐이다. 그런데 그것이 그런 최후를 맞이하다니! 암소들에게 씹혀 먹히다니! 어찌나 딱하던지 내 두개골이 부서지는 듯한 기분이었다. 만약 인간의 머리를 잘라내서 에테르 속 섬에 거주하는 더 우월한 존재가 키우는 암소에게 먹인다면 어떨까? 당신의 훌륭한 두뇌가, 사고와 본능의 집이 반추동물의 새김질 위를 부풀어 오르게 할 것이다! 하지만 주민 한 사람이 장담한 바에 따르면, 이곳에는 암소에게 대구 머리를 먹이는 풍습이 없다고 한다. 단지 가끔 암소들이 알아서 주워 먹을 뿐이라는 것이다.

| 헨리 데이비드 소로, 《케이프코드》, 1851년 |

소로는 케이프코드를 여행하던 중에 이런 관찰을 남겼다. 그가 여행한 바로 그해에 허먼 멜빌은 《모비 딕》을 발표하여 낸터컷의 암

소들이 대구 머리를 밟으며 돌아다니는 모습을 묘사할 예정이었다. 사람들이 암소에게 대구 머리를 주지 않는다는 소로의 설명은 옳은 것이었지만, 그 이유는 어디까지나 사람들이 대구 머리를 즐겨 먹었기 때문에 남는 것이 없어서였다.

입술을 제거한 대구머리튀김

중간 크기의 대구 머리 4개를 준비한다. 가족의 숫자가 많으면 더 많이 준비한다. 대구 머리를 떼어낸 뒤에(떼어내는 방법: 예리한 칼로 눈 있는 데까지 머리를 자른 다음 머리를 단단히 붙잡고 잡아당긴다) 아래와 같이 요리할 준비를 한다.

머리를 잘라서 둘로 나누고, 껍질을 벗기고 입술을 제거한다. 잘 씻어서 말린다. 머리 양쪽 모두에 밀가루를 묻히고 소금과 후추를 뿌려 간을 한다. 돼지기름에 튀겨서 양쪽 모두 황금빛이 도는 갈색으로 만든다. 감자와 완두콩 또는 선호하는 기타 야채를 곁들여서 내놓는다.

— 로이드 G. 한, 뉴펀들랜드 주 웨슬리빌,《돼지 등비곗살과 당밀: 뉴펀들랜드와 래브라도의 유명한 옛날 조리법 선집》, 아이반 F. 제스퍼슨 편저, 세인트존스, 1974년

눈을 제거한, 어부의 대구머리차우더

눈을 제거한 대구 머리 8개 | 소금절임돼지고기 3온스 | 양파 2개 썬 것

감자 6개 썬 것 | 버터 | 소금과 후추

돼지고기를 볶는다(기름을 빼낸다). 양파를 넣고 밝은 갈색이 돌 때까지 볶는다. 솥에 넣고 대구 머리와 감자를 넣는다. 찬물을 붓고 감자가 익을 때까지 삶는다. 간을 맞춘다. 버터를 넉넉히 넣는다. 어민은 굳이 뼈를 발라내는 일을 우습게 여긴다. 대구 머리에는 당연히 대구의 혀와 볼이 들어 있다. 때로는 대구의 공기주머니도 들어 있는데, '폐' 또는 '부레'라고 하는 이것은 소금절임돼지고기에 넣어 볶아서 차우더에 넣곤 한다.

— 해리엇 애덤스 편찬, N. M. 핼퍼 주석,《선장들을 위한 음식: 케이프 코드 바다 음식 조리법Vittles for the Captain: Cape Cod Sea-Food Recipes》, 프로빈스타운, 1941년

※76~77쪽을 참고하라.

마블헤드

1750년 프랜시스 골레트 선장은 매사추세츠주 마블헤드를 가리켜 "북아메리카에서 가장 크다"고 할 수 있는, 덩치가 좋고 잘 먹인 아이들이 살아서 유명한 곳이라고 했다. 골레트의 말에 따르면 "그 주된 원인은 그곳 사람들이 주식으로 삼는 대구의 머리를 아이들에게도 먹였기 때문"이다.

> 케이프코드의 아이들은 썰매를 안 탄다네,
> 당겨라, 영차, 감아라, 영차,
> 대구 머리를 타고 언덕을 미끄러져 내려가지.
> — 뱃노래

대구

아이슬란드의 지혜

이 세기까지만 해도 아이슬란드에서는 말린 대구 머리를 조랑말에 실어 내륙까지 운반했다. 그럴 때면 60개의 머리를 실은 받침대가 조랑말의 양옆으로 비죽 튀어나와 있었다. 노르웨이인과 아이슬란드인 모두 이것을 갈라서 그 내용물을 꺼내 먹었다. "알고 계시겠지만." 레이캬비크의 요리사 울파르 에이스테인손은 이렇게 말했다. "그저 식탁에 둘러앉아 이야기를 나누면서 우두두둑." 그는 이 말과 함께 대구 머리를 잡아당겨 여는 모습을 흉내 냈다.

1914년에 이르러 대구 머리를 먹는 관습 전체가 비판을 받았다. 저명한 아이슬란드의 금융인 트리그비 군나르손의 말에 따르면 이것이야말로 스칸디나비아의 악습 가운데 가장 큰 악습인 비효율성을 보여 주기 때문이다. 그는 이 식품의 영양가가 생산 비용에 비해 턱없이 부족하다고 지적했다. 심지어 이를 먹는 시간을 계산한 수학 공식을 동원해 가면서 이런 사실을 입증했다. 이에 국립도서관의 관장은 대구 머리를 먹는 행위의 사회적 가치를 설명한 논고를 통해 그를 반박했다. 관장은 이 식품이 다른 여러 가치 중에서도 '인내'를 가르친다고 주장하면서 동물의 머리를 먹는 행위는 지능을 높여준다는 오래된 아이슬란드의 믿음에 대해 다시 한번 설명했다(아이슬란드인은 양의 머리도 요리해 먹었다).

요즘 아이슬란드의 젊은 세대는 말린 대구 머리나 양 머리를 아주 많이 먹지는 않으며, 그럼에도 불구하고 지능지수에서 뚜렷한 저하는 발견되지 않았다.

카리브해의 대구 머리

소금절임대구를 먹는 상당수 지역에는 대구 머리에 관한 전설이 있는데, 이는 시중에 판매되는 대구에는 그 머리가 달려 있는 경우가 드물기 때문이다. 중세 카탈루냐의 한 전설에서는 대구의 머리가 제거되는 이유가 그것이 바로 인간이라는 사실을 감추기 위해서라고 설명한다. 소금절임대구는 카리브해의 식단에서 일정한 자리를 차지하고 있긴 하지만 정작 대구의 머리를 본 카리브해 사람들은 무척 드물었다. 1919년생인 과들루프의 유명한 크리올 요리사 카르멜리트 마르티알 역시 평생 동안 한 번도 대구 머리를 본 적이 없었다. 하지만 그녀는 1871년생인 할머니로부터 대구 머리는 금고에 넣어서 치워 버린다는 이야기를 들었다. 뿐만 아니라 대구 머리에는 머리카락이 나 있다는 이야기도 들었다고 한다. "저는 평생 한 번도 본 적이 없어요." 그녀의 말이다. 그래서일까, 그녀의 수많은 대구 관련 메뉴 중에는 대구 머리를 재료로 삼은 것이 하나도 없었다.

자투리 부위

몹시 야위고 작은 남자아이 두 명이 마치 덩치 작은 노인이라 해야 더 어울릴 만한 모습으로 양철 깡통을 들고 나타났다. 이들은 무릎까지 올라오는 장화를 신고 물가에 널려 있는 생선 머리 사이를 돌아다녔다. 저마다 주머니칼을 하나씩 들고 있다가 자기가 좋아하는 머리를 하나 찾으면 턱 아래에 삼각형으로 구멍을 뚫고 혀를 꺼냈다. 들통이 가득해지자 한 아이가 혀를 빈 식탁 위에 쏟아 놓고 자기 깡통을 깨끗한 바닷물로 씻었다. 그런 다음에 혀 무더기를 씻고 나서 자기 깡통에 도로 집어넣었다. (…)

(…) 우리는 일주일 동안 매일같이 사람들이 그 생선 손질하는 것을 지켜보았지만 그럼에도 불구하고 식사 메뉴에서 대구에 대한 우리의 입맛이 변하는 일은 전혀 없었다. 하지만 '대구혀구이'라는 메뉴를 볼 때마다 그 아이들의 여위고 지친 얼굴이며 작은 몸뚱이가 대구 머리 더미 위로 몸을 숙이는 장면이 눈앞에 나타났기 때문에, 우리는 차마 혀를 주문할 가능성은 없으리라는 것을 깨달았다.

| 도리스 몽고메리, 《가까이서 본 가스페해안 The Gaspé Coast in Focus》, 1940년 |

일단 생선의 고기와 머리와 간을 먹어 치우고 나면 그 나머지는 갈아서 어분으로 만들어 버릴 준비가 된 것인가?

뉴펀들랜드와 래브라도 해안의 허름한 어촌에는 물론이고 소박한 뉴잉글랜드의 지역사회에도, 브르타뉴와 노르망디의 어민 가족들에게도, 노예나 다름없는 저임금을 받으며 소금절임대구를 씻는 바스크 여성들에게도, 그리고 가진 것이라고는 거의 아무것도 없는 20세기 이전의 아이슬란드인에게도 다음과 같은 조리법이 있었다. 비록 이 중 대부분은 오늘날에 진미로 여겨지지만 원래는 가난한 사람들의 음식에서 유래한 것들이다.

혀와 볼

대구의 머리 양쪽에는 가리비 정도의 크기로, 또는 그보다 더 커다랗게 살로만 이루어진 원반이 들어 있다. 이것은 대구에서도 가장 맛있는 살(가장 맛있다고 여겨지는 '볼' 부위)이다. 이 부위는 대구의 '혀', 즉 목구멍과 함께 요리해서 내놓는데, 혀 부위는 더 풍부한 맛과 젤라틴 느낌의 결을 더 가지고 있다.

대구의 혀와 볼에 옥수수가루를 묻힌 다음 갈색이 될 때까지 튀긴다. 여기서 혀라고 부르는 부위는 사실 혀가 아니라 혀 아래에 자리 잡은 살덩어리를 말한다.

폭찹 역시 원래는 돼지의 턱뼈 일부분과 함께 잘라내서 튀긴 볼의 살이었다.

대구

— 해리엇 애덤스 편찬, N. M. 핼퍼 주석, 《선장들을 위한 음식: 케이프 코드 바다 음식 조리법》, 프로빈스타운, 1941년

대구허스튜

대구 혀 신선한 것 1파운드 | 양파 큰 것 1개 | 돼지비계 깨끗한 것 0.5파운드
소금 | 후추

돼지고기를 프라이팬에 넣고 갈색이 될 때까지 볶다가, 양파를 먼저 넣고 혀를 나중에 넣는다. 혀는 미리 깨끗이 씻어 놓아야 한다. 소금과 후추를 넣어 간을 맞춘다. 반 시간 동안 은근한 불에 끓인다.

— 잉고니시 여성병원후원회 편찬, 《고지대와 바다의 재료를 이용한 요리책From the Highlands and the Sea》, 노바스코샤주 케이프브레턴섬 소재 잉고니시, 1974년

바스크식 혀요리

코코아차스 데 바칼라오 베르데Kokotchas de Bacalao Verde

바스크인은 생선의 혀에 열광한다. 그 생선이 소금절임대구든, 아니면 신선한 헤이크대구든 간에 마찬가지다. 이들은 이 부위를 바스크어로 '코코아차스kokotxas(철자와 발음이 상이한데, 현대 바스크어가 확립되기 전에는 발음 그대로 적기도 했다)'라고 부르며, 보통 열댓 가지의 조리법이 있다. 아래에 소개하는 조리법은 그중에서도 가장 잘 알려진

것이다. 그리고 여기서 말하는 '기름'은 항상 올리브유다.

> **소금절임대구의 혀 100그램** | 파슬리(많을수록 더 좋음) | 양파 작은 것
>
> 기름 | 우유 | 입맛에 따라 마늘

대구 혀는 24시간 동안 물에 담가 놓고 하루 세 번씩 물을 갈아 준다. 물을 따라서 완전히 빼낸다. 냄비에 기름을 두르고 입맛에 따라 마늘을 넣은 다음, 파슬리와 양파 약간을 넣는다. 약간 갈색이 돌도록 볶은 다음 대구 혀를 넣는다. 한 번 뒤집어주고 불을 끈 다음에 10분간 놓아 둔다.

다시 불을 켜서 아주 은근한 상태로 유지하고 우유를 세 큰술 넣는다. 가끔 한 번씩 냄비를 가볍게 저어 준다. 요리가 되었다 싶으면 불을 끄고 식탁에 내놓을 준비를 한다.

—《엘 바칼라오》, PYSBE의 조리법, 산세바스티안, 1936년

대구 알집

프랑스인 또는 로마가톨릭교도용 요리

넉넉히 소금을 뿌리고 식초에 절인 대구의 알집이 이곳에서는 외면을 당하지만, 프랑스에서는 소스를 만드는 재료로 좋은 가격에 판매된다고 전한다.

이 재료를 사용하려 한다면 우선 나무 접시 두 개 사이에 끼

워서 찧은 다음, 식초와 화이트 와인 등과 섞어서 휘젓는다. 은근한 불에 올려놓고 뭉근히 익히거나 끓인 다음 안초비와 소스에 사용되는 다른 재료를 넣고 버터를 넣은 뒤 또다시 휘젓는다. 연안에 사는 우리는 신선한 대구의 알집을 가지고 소스를 만든다.

— 존 콜린스, 《소금과 어업》, 1682년

영국 선원용 요리

지시한 대로 삶아서 물 1갤런당 식초 1질^{gill}■과 소금 2온스를 넣는다. 물이 끓으면 [알집을] 넣고 솥을 불 가장자리로 끌어다 놓아서 은근한 불에 생선을 익힌다. 파슬리나 케이퍼 소스를 곁들여서 내놓거나 계란 또는 버터와 빵부스러기를 덮어서 튀긴다. 레몬이나 안초비 소스를 곁들여서 내놓는다.

— C. H. 앳킨스, 《상선의 사환과 요리사를 위한 항해용 요리책^{The Nautical Cookery Book for the Use of Stewards & Cooks of Cargo Vessels}》, 글래스고, 1941년

그리스의 사순절용 요리: 타라모살라타

지중해의 여러 기독교 국가에서는 소금절임대구가 사순절의 전통으로 여전히 남아 있다. 그중 그리스에서는 사순절 동안에 타라모살라타^{Taramosaláta}를 먹는다. 소금에 절이거나 훈제하지 않은 알집은 빨리 먹어야 해서 대부분 북부 국가들의 진미로 여겨진다. 타라모

───── 액량 단위로 0.25파인트(약 0.12리터)에 해당한다.

살라타는 원래 지중해 토착 어종인 금색숭어의 알집으로 만들었다. 하지만 지중해의 어업이 쇠퇴하면서 그리스인은 노르웨이산 가공 대구 알집을 수입하기 시작했다. 대구 알집을 그리스어로는 '타라마taramá'라고 부른다.

타라마(소금에 절인 대구 알집) 150그램 | 양파 중간 크기 1개 갈거나 잘게 썬 것

오래된 빵 조각(두께 5~6센티미터) 1개 | 감자 삶은 것 1개

레몬 1~2개 즙을 낸 것 | 올리브유 1컵

빵 껍질을 떼어내고 물에 담갔다가 꽉 짜서 말린다. 타라마를 눈이 촘촘한 체에 담고 물에 헹궈 소금기를 약간 제거한다. 양파가 있을 경우에는 절구('고우디goudi')에 넣어 곤죽이 되도록 찧고 다음으로 빵과 감자를, 다음으로 기름과 레몬즙을 번갈아 넣고 부드러워질 때까지 치대거나 섞는다. 재료 모두를 전기 믹서에 집어넣는다. 표면에 기름을 약간 넣은 다음 올리브로 장식을 한다.

알집의 일부는 다른 알집보다 색깔이 더 진하다. 비트 뿌리 즙을 약간 더하면 알집의 연한 색깔을 더 진하게 만들 수 있지만, 사실은 색깔이 더 연해야 품질이 더 좋은 것이다.

• 빵과 감자는 둘 중 하나만 사용해야 하지만 두 가지 재료를 함께 사용해도 괜찮은 조합이 나온다. 통밀 빵을 사용하면

맛이 더 좋다.

— 안네 야노울리스, 《그리스 명절 요리책Greek Calendar Cookbook》, 아테네,
1988년

대구 부레

대구 부레 굽는 법

부레를 씻어서 아주 뜨거운 물로 데친 다음 소금으로 문지른
다. 미끈거리는 점액을 벗겨내고 다시 살짝 데친 다음, 밀가루
를 뿌리고 익을 때까지 구워준다. 접시에 담고 소스를 붓는다.
소스는 갈색이 된 고기 국물, 후추, 고추, 소금을 넣고 갈색이
된 밀가루에 버터 약간을 버무려 넣은 다음, 연겨자를 찻숟갈
로 하나 넣고 간장을 찻숟갈로 하나 넣어서 만든다. 대구의 부
레는 라구ragout(스튜)로 조리하는데, 위에 설명한 것처럼 삶아서
(물을 넉넉히 넣고 소금을 한 주먹 넣어서 천천히 삶는다) 맑은 고기
국물에 넣어 뭉근히 익힌다. 크림과 버터 약간을 밀가루에 버
무려 넣은 다음 레몬 껍질과 육두구와 메이스(육두구화)를 넣는
다. 완성된 요리를 저며서 내놓는다. 튀겨서 만들 수도 있다.
— 마거릿 도즈, 《요리와 주부 편람Cook and Housewife's Manual》, 런던, 1829년

※251쪽을 참고하라.

대구의 위

동물의 위(胃)는 소시지 껍질로 사용된다. 아우르니 마그누손 연구소의 민속학자 하들프레뒤르 외르든 에이릭손의 말에 따르면, 아이슬란드에서는 대구의 위를 "깨끗이 씻고 그 안에 간을 집어넣거나 간과 호밀 섞은 것을 집어넣은 다음 삶아서 먹는다. 때로는 부레를 가지고 똑같이 만들어 먹기도 한다."

때로는 대구의 위, 즉 위의 안쪽을 사용할 때도 있다. 1571년에 파리에서는 샤를 9세와 결혼한 오스트리아의 엘리자베트 공주를 환영하는 행사가 열렸다. 이때의 메뉴 중에 '대구의 위' 요리가 있었다.

헤이크대구와 오징어 요리에 대구의 위를 곁들인 카탈루냐식 요리

4인분 요리 재료

헤이크대구는 좋은 것으로 가운데 토막 4개

오징어는 잘 씻은 것으로 30그램짜리 2개

대구의 위 100그램 | 쇠고기 육수 | 시금치 100그램 | 블랙코린트 건포도 1큰술

흰콩 | 차빌 1줄기 | 샬럿 1개 | 버터 | 버진 올리브유 | 레드 와인 | 소금과 후추

* 콩, 건포도, 대구의 위를 요리하기 전날 밤에 따로따로 물에 담가 놓는다.
* 대구의 비늘을 벗기되, 껍질은 그대로 둔 채 씻는다.
* 오징어를 씻고 발은 잘라낸다.

대구

- 콩을 물에 넣고 은근한 불에서 익힌다.
- 대구의 위를 데치고, 그 물은 버리지 말고 남겨 둔다.
- 오징어를 채 썰어 올리브유에 살짝 튀긴다.
- 팬에 버터를 넣고 중간 불로 달군 다음, 다진 샬럿을 볶는다. 샬럿이 물러지면 미리 물을 섞어놓은 레드 와인을 넣는다. 이어서 콩을 넣고, 깍둑썰기 한 대구 위를 넣고, 쇠고기 육수를 약간 넣고 팔팔 끓인다. 버터와 소금과 후추를 넣는다.
- 헤이크대구에 간을 하고 껍질 쪽이 기름에 닿도록 팬에 올려놓는다.
- 미리 씻어 놓은 시금치를 살짝 튀기고 잣과 건포도를 넣는다.
- 접시마다 바닥에 콩을 가득 깐 다음, 대구의 위를 한 숟갈 올리고 소스 약간과 오징어를 얹는다. 그 위에 헤이크대구를 올리되, 껍질 쪽이 위로 가게 한다. 접시 가장자리를 콩, 시금치, 잣, 건포도로 장식한다. 생선 위에 차빌 줄기를 얹는다.

— 바르셀로나 소재 엘 라코 데 콘 파베스 레스토랑, 라파엘 가르시아 산토스 편저,《바스크 요리 속의 소금절임대구와 세계 최고의 조리법[티] Bacalao en la cocina Vasca y las mejores recetas del mundo》, 1996년

껍질과 뼈까지 모조리

현대화 이전의 아이슬란드에서는 대구 껍질을 굽고 버터를 발라서 아이들에게 주곤 했다. 하들프레뒤르 에이릭손은 어린 시절을 이렇

게 회고했다. "대구 껍질은 항상 먹기 직전에 말린 생선에서 뜯어냈다. 마른 껍질은 질겼지만 모닥불에 구우면 부드러워져서 먹을 만하게 되었다."

대구 뼈 역시 (양과 소의 뼈와 마찬가지로) 다음과 같이 음식으로 요리했다.

> [뼈는] 신 유장(乳漿)에 집어넣어 부분적으로 허물어지고 부드러워질 때까지 그대로 둔다. 통째로 은근한 불에 끓여서 뼈가 더 물러져 그 혼합된 응유(凝乳)가 마치 걸쭉한 포리지*처럼 되게 만든다.
> ― 안드레아 니콜리나 욘스도티르, 《새로운 요리책Ný matreidslubók》, 1858년

_____ 오트밀(귀리)에 우유나 물을 부어 걸쭉하게 죽처럼 끓인 음식.

대구

차우더

‘차우더chowder’라는 단어는 커다란 무쇠 솥을 가리키는 프랑스어 ‘쇼디에르chaudière’에서 유래했다. 비록 재질은 알루미늄으로 바뀌었지만 이 솥은 지금도 어선의 기본 장비 가운데 하나로 신선한 생선과 어선에 구비된 식량을 이용해 단순하고도 뜨끈뜨끈한 요리를 한 솥 가득 만드는 데 이용된다. 대부분의 북대서양 어촌에서는 저마다 차우더의 일종을 만든다. 16세기의 차우더 조리법 하나는 콘월에서 켈트어로 작성되었다. 콘월의 언어에서는 생선 장수를 ‘조우터jowter’라고 했기 때문에 일부 역사학자들은 ‘차우더’라는 단어가 콘월에서 유래했다고 주장하기도 한다. 종종 이야기되는 바에 따르면 그랜드뱅크스를 찾아온 프랑스와 잉글랜드의 어민이 차우더를 뉴펀들랜드에 소개했으며, 바로 거기서부터 이 요리가 남쪽의 노바스코샤와 뉴잉글랜드까지 전해졌다고 한다. 하지만 이 지역에 살던 아메리카 인디언 역시 유럽인이 찾아왔을 무렵에는 그들 나름대로의 생선 차우더(비록 돼지고기를 넣지는 않았지만)를 이미 만들고 있었다.

원래의 재료는 소금절임돼지고기, 비스킷, 신선한 대구 또는 소금절임대구였으며 이 모든 재료를 솥 안에 조심스레 층층이 깔았다. 이 재료들은 어선에 기본적으로 구비된 것으로 장기간 보관이 가능한 식량이었다. 비스킷 또는 건빵은 나중에 다양한 모양과 크기에 따라 나름대로의 이름이 붙여졌으며(예를 들면 '키잡이 빵-pilot bread' 또는 '크로스 크래커Cross Cracker'처럼) 오늘날 크래커의 선조 격이 되었다(사실 크래커는 너무 딱딱하기 때문에 눅눅해지지 않는 빵인 셈이다). 나중에는 차우더의 조리법에 감자가 추가되었다. 뉴펀들랜드의 '어부 찌개'는 고전적인 차우더이지만 여기서는 국물을 졸여 없앤다(31쪽 참고).

그건 제발 좀…

> 오늘날에는 그것[차우더]이 쥐꼬리만큼 식탁에 오르는 경우가 너무 빈번하다. 심지어 점안기로 쏙 빨아들일 수 있을 만큼 양이 적다. 하지만 그 전성기에만 해도 차우더는 식사 시간의 메인 메뉴였다. 비록 지금은 자랑스러운 지위에서 격하되기는 했지만, 그렇다고 해서 고상한 귀부인의 다실에서 맛있고, 묽고, 순식간에 사라져 버리는 수프와는 전혀, 전혀 똑같지가 않다. (…) 한마디 덧붙이자면 제발 그것을 컵에 담아 식탁에 내놓지 좀 마시라.
> — 해리엇 애덤스 편찬, N. M. 핼퍼 주석, 《선장들을 위한 음식: 케이프 코드 바다 음식 조리법》, 프로빈스타운, 1941년

각자 좋아하는 것을 넣으라

생선 4파운드면 너덧 명이 먹을 차우더를 만들기에 충분하다.

소금절임대구 대여섯 조각을 솥에 넣는다. 솥을 높이 걸어서 돼지고기가 타지 않도록 한다. 고기가 아주 진한 갈색으로 익으면 도로 꺼낸다. 솥에 생선을 한 층 까는데, 이때 생선은 길고 얇게 썬다. 다음으로는 크래커를 한 층 깐다. 양파는 작은 것 또는 얇게 썬 것을 넣고, 감자는 4펜스^{pence}주화 두께(1밀리미터)로 얇게 썰어서 넣는다. 그리고 아까 볶은 돼지고기 조각을 섞는다. 그 위에 다시 생선을 한 층 깔고, 이런 식으로 계속한다. 크래커는 여섯 개면 충분하다. 각 층마다 소금과 후추를 약간씩 뿌린다. 재료를 다 넣고 나면 사발 하나 분량의 밀가루를 넣고 솥 안의 재료가 간신히 잠길 만큼 물을 붓는다. 얇게 썬 레몬을 넣으면 맛도 더 나아진다. 토마토케첩 한 컵을 넣으면 아주 훌륭하다. 어떤 사람은 맥주를 넣기도 한다. 대합조개 몇 개도 훌륭한 첨가물이다. 솥에는 뚜껑을 덮어서 가능한 한 증기가 조금이라도 빠져나가지 못하게 해야 한다. 요리가 거의 완성되었을 즈음 간이 맞는지 확인하기 전까지는 절대로 열지 말아야 한다.

— 리디아 마리아 차일드,《검소한 미국 주부^{The American Frugal Housewife}》, 보스턴, 1829년

19세기의 뉴잉글랜드에서는 차우더 파티가 유행처럼 되었다. 열댓 명 이상의 사람들이 오전에 배를 타고 나가 선상에서 또는 더 늦게 바닷가에서 차우더를 준비했다. 또한 이때는 차우더에 우유를 넣는 것이 유행처럼 되었는데, 이는 결국 당시의 차우더가 기본적

인 항해용 식량 이상의 재료들을 필요로 하게 되었다는 의미였다
(113~114쪽 참고).

생선 차우더: 새로운 접근법

어마어마한 영향력을 발휘한 요리책의 저자인 패니 메리트 파머는
극도로 정확한 지시를 신봉한 인물로, 조리법의 정확한 계량이라는
발상을 유행시켰다. 이는 당시에 과학이 표준 관행으로 자리 잡으
면서 생겨난 환상이었으며 이후 100년 동안이나 주부들이 이렇게
중얼거리게 된 원인이 되었다. "뭐가 잘못된 거지? 조리법을 그대로
따랐는데." 파머는 그로부터 한 세대 전에 노동 계급 여성에게 '과
학적으로' 요리하는 법을 가르치기 위해 설립된 보스턴 요리학교의
역대 교장 중에서도 가장 유명했다. 바로 이 학교의 영향력 때문에
조리법에서는 선택의 자유가 서서히 사라졌으며 실험 역시 점점 더
위축되었다.

　패니 파머의 차우더 조리법은 이전의 다른 조리법과 큰 차이를
보인다. 한편으로는 정확한 계량을 도입했기 때문이지만, 다른 한편
으로는 요리를 한 솥에서 만들지 않았을 뿐만 아니라 심지어는 재
료를 층층이 쌓아 만드는 차우더라는 발상 자체를 완전히 포기했
기 때문이기도 하다. 다음에 나오는 조리법은 스토브를 염두에 두
고 고안된 것이 분명하다. 즉, 여러 개의 솥을 사용하고 두 개 이상
의 불을 사용하는 것을 염두에 두었다는 뜻이다. 스토브가 아궁이
를 대체하게 되면서 사람들의 요리 방식도 바뀌었다.

대구 또는 해덕대구 4파운드

감자 0.25인치로 얇게 썬 것 6컵 또는 0.75인치로 깍둑썰기한 것 4컵

양파 1개 썬 것 | 소금 절임 돼지비계 1.5인치로 깍둑썰기 한 것

소금 1큰술 | 후추 8분의 1작은술 | 버터 3큰술 | 우유 데운 것 4컵

크래커 보통 크기 8개

생선은 껍질을 벗긴 것으로, 그러나 머리와 꼬리는 여전히 붙은 것으로 주문한다. 머리와 꼬리를 잘라내고 생선에서 등뼈를 제거한다. 생선을 2인치씩 토막 내고 옆에 둔다. 머리와 꼬리와 등뼈를 작게 부숴 스튜 팬에 넣는다. 찬물을 두 컵 붓고 은근한 불로 천천히 끓인다. 20분간 조리한다. 소금절임돼지고기를 작은 조각으로 잘라 볶은 다음, 양파를 넣고 5분 동안 볶는다. 돼지기름을 스튜 팬에 넣는다. 감자를 끓는 물에 넣어 5분 동안 데치고 나서 감자를 돼지기름에 넣는다. 끓는 물을 두 컵 넣고 5분간 조리한다. 뼈와 생선에서 나온 국물을 넣는다. 재료를 덮도록 국물을 넉넉히 붓고 은근한 불에서 10분간 조리한다. 우유, 소금, 후추, 버터, 크래커를 넣는다. 크래커는 미리 쪼개서 찬 우유에 충분히 담가 촉촉하게 만든다. 때로는 보통 크래커 대신에 '키잡이 빵'을 사용하기도 한다.

— 패니 메리트 파머, 《보스턴 요리학교 요리책The Boston Cooking-School Cook Book》, 1896년

최후의 테르뇌바

도버 해협의 프랑스 쪽에 자리 잡은 여러 항구에서는 뉴펀들랜드까지 가서 조업하는 사람들을 가리켜 '테르뇌바'라고 불렀다. 그중에서도 최후에 해당하는 사람들은 1970년대에 이르러 브르타뉴의 항구 생말로와 노르망디의 항구 페캉에서도 사라졌다. 하지만 다음에 소개할 책이 간행된 이듬해인 1961년에 원정을 마치고 페캉에 하역된 그랜드뱅크스산 소금절임대구의 양은 2만 2000톤에 달했다. 이즈음 차우더를 가리키던 프랑스어 '라 쇼드레[la chaudrée]'는 사라져버렸기 때문에, 다음 조리법에서는 마르세유 특유의 또 다른 단어로 이 수프를 지칭하고 있다.

페캉의 '부야베스[bouillabaisse]'▪

조리 시간: 30분

소금절임대구 500그램 | 감자 750그램 | 양파 100그램 | 셀러리 몇 줄기

리크[leek]▪▪의 하얀 부분 1개 | 마늘 2개 | 토마토 페이스트 2큰술 | 기름 3큰술

부케가르니▪▪▪ 1개 | 소금 | 후추 | 다진 파슬리

소금절임대구에서 소금기를 빼고 데친 다음, 물기를 뺀다. 솥에 기름을 넣고 가열한다. 다진 양파와 리크를 넣고 셀러리도

▪ 프랑스 남부에서 유래한 해물탕 요리를 말한다.

▪▪ 지중해 연안이 원산지로 줄기가 대파나 큰 부추와 비슷한 채소.

▪▪▪ 음식을 요리할 때 향을 더하기 위해 넣는 작은 향초 주머니.

대구

다져서 넣는다. 10분간 조리한다. 감자는 껍질을 벗기고 두껍고 둥글게 썰어 앞서의 재료에 집어넣고 조리한다. 감자가 거의 다 익었으면 소금절임대구를 넣는다. 은근한 불에 10분 동안 천천히 익힌다. 아주 뜨거운 상태에서 식탁에 내놓으며 다진 파슬리를 뿌려 준다.

선택 사항: 음식을 식탁에 내놓을 때 생크림을 약간 더한다.

이 조리법은 테르뇌브상을 수상했다.

― 소금절임대구 소비 진작을 위한 연구 및 정보 위원회, 《소금절임대구: 생선과 조리법, 그리고 영양학적, 요리적, 경제적 특성Salt Cod: The Fish, Its Preparation, Its Nutritional, Culinary, and Economic Qualities》, 파리, 1960년

서인도 제도산 가공품의 디아스포라

서아프리카: 장대건조생선과 '에구지'

서아프리카는 노예무역 때문에 가공 대구의 맛을 알게 되었지만 현재 대부분의 서아프리카인에게 남은 것은 그 지역에서 생산되는 생선을 소금에 절이고 말리는 전통뿐이다. 서아프리카의 일부 도시, 예를 들어 세네갈의 카올라크 같은 곳에 가면 글로스터나 페티하버에서는 이미 사라져 버린 광경을 볼 수 있는데, 바로 바닷가를 따라 몇 마일이나 길게 늘어서 있는 생선 건조용 덕이다. 카올라크는 내륙에 자리하고 있지만 살로움 강을 통하여 해안에서 가까운 데다 니제르 강의 상류로 올라가는 출발지 역할을 하기 때문에, 인근에서 생산되는 소금절임생선을 사하라 이남 및 사하라 지역으로 유통시키는 역내 무역의 대동맥 역할을 담당한다.

하지만 나이지리아는 석유 덕분에 경화(硬貨)를 보유하고 있으므로 대구를 수입할 수도 있다. 나이지리아인, 특히 이보족Ibos은 말린 대구를 좋아하는데 이들 역시 이를 가리켜 장대건조생선이라고 부른다. 아래의 조리법은 니제르강 삼각주에 자리한 '벤데'라는 도시에서 태어나 지금은 미국에서 살고 있는 어느 이보족으로부터 알게 된 것이다.

장대건조생선을 뜨거운 물에서 씻고 5분 동안 담가 놓는다. 살이 부드러워질 때까지 몇 시간 동안 삶는다. 염소고기를 넣는다. 염소고기가 다 익으면 에구지^{eguzi}[나이지리아에서는 멜론으로 통하는 초록색 호박의 씨앗]를 넣는다. 양파와 다진 우카지^{ukazi}[약초 잎사귀의 일종]를 넣는다. 가재를 넣는다. 우그보^{ugbo}[씨앗의 분말로 만든 점도증진제로 씨앗을 여러 시간 동안 삶아 부드럽게 해서 만든다]를 넣고 저어 준다.
— 조이 오코리, 워싱턴 D.C., 1997년

브라질: 바칼라우 콤 레이테 데 코코Bacalhau com Leite de Coco●

소금절임대구 1파운드 | 코코넛 1개 방금 간 것 | 버터 또는 기름 4큰술

양파 2개 다진 것 | 토마토 2개 다진 것 | 고추 소스 2~3방울

덴데^{dendê} 기름 1큰술[덴데는 브라질 바히아주에서 생산되는 야자유를 말한다]

소금절임대구에서 소금을 제거한다. 코코넛에서 진한 즙을 짜내서 놓아둔다. 다시 코코넛에 뜨거운 물을 2컵 붓고 체에 넣고 짜서 연해진 즙을 짜낸다. 소금절임대구를 버터나 기름에

―――― ● 직역하면 '코코넛 즙을 곁들인 소금절임대구 요리'란 뜻이다.

볶은 다음, 양파와 토마토를 넣고 함께 볶다가 코코넛의 연한 즙을 뿌린다. 은근한 불에 조리하면서 가끔 한 번씩 저어준다. 음식을 내놓을 준비가 되면 고추 소스를 생선에 뿌리고 덴데 기름과 진한 코코넛즙을 첨가한다.

— 로사 마리아, 《브라질 요리 기법A Arte de Comer Bem》, 리우데자네이루, 1985년

자메이카: 대구 런다운

오늘날 '런다운Run Down'이란 요리의 재료는 대개 이 지역에서 생산되는 검고 기름진 생선이다. 하지만 예전의 방법에서는 소금절임대구를 재료로 사용했다. 요리사 알판소 맥클린은 친구들을 위해 이 요리를 만들면서도, 이 요리가 "너무 촌스럽다"고 생각해서 자기 일터에서는 손님들에게 내놓지 않았다.

코코넛을 갈아서 물에 넣어둔다. 체에 넣어서 물기를 짜낸다. 짜낸 액체를 끓인다. 기름이 표면에 떠오를 때까지 계속 젓는다. 소금절임대구, 양파, 토마토를 넣고 노란 얌yam■과 파란 바나나를 곁들인다.

— 알판소 맥클린, 테라노바 호텔 요리사, 킹스턴, 1996년

_____
주로 열대와 아열대 지방에서 자라는 야생 참마.

대구

자메이카: 아키와 소금절임대구

> 엘레나는 경솔하게도 우리에게 토착 음식을 대접해 주라며
> 바이올렛에게 부탁했다. 바이올렛은 이른바 '소금절임대구와
> 아키 요리'라는 것을 만들었다. 나중에 알아보니 이는 토착민
> 들 사이에서는 높은 평가를 받지만 다른 사람들 사이에서는
> 그보다 덜한 평가를 받는 음식이었다.
>
> — 에드먼드 윌슨, 《1960년대 The Sixties》, 1993년

이 주제에 대한 윌슨의 불평 가운데 상당수는 그가 '아키ackee'를
먹고 탈이 났다는 사실에서 비롯된 듯하다. "이렇게 특이한 방식으
로 고통을 받기는 난생처음이다." 그는 이렇게 썼다. 아키는 서아프
리카 원산의 과일로 1793년에 저 악명 높은 블라이 선장**이 자메
이카에 처음 들여왔으며 이후 그의 이름을 따서 학명(Blighia sapida)
이 지어졌다. 명칭이 유래한 인물이 그랬듯이 아키는 조심해서 다
룰 필요가 있다. 산이 많은 자메이카의 시골에서 자라나는 나무에
불타는 듯한 붉은색을 띠며 매달려 있는 이 과일은 완전히 익은 다
음에야(즉, 익어서 껍질이 터진 다음에야) 비로소 안전해진다.

'아키와 소금절임대구 요리'는 원래 자메이카인의 국민 요리나
다름없었지만, 지금은 소금절임대구가 워낙 비싸서 자메이카인들

** 영국의 해군 장교 윌리엄 블라이(1754~1817년)를 말한다. 그는 바운티호의 선장으로 일하던
1789년에 선상 반란에 직면해 배를 빼앗기고 소수의 부하들과 함께 구명정으로 47일간 항해한 끝
에 육지에 도달했다. 이후 '블라이'라는 이름은 지나치게 독선적이어서 부하들의 반발을 부르는 지
도자의 대명사가 되었다.

사이에서는 이를 '국제 요리'라고 불러야 한다는 농담이 돌기도 한다. 다시 말해 관광객만 주문이 가능한 비싼 음식이 되었다는 뜻이다. 테라노바 호텔의 요리사 알판소 맥클린은 넓고 바람이 잘 통하는 호텔 베란다에서 '아키와 소금절임대구 요리'에 튀긴 비스킷을 곁들여 자메이카식 아침 식사를 차리곤 하는데, 그 음식을 먹는 손님들은 애초에 킹스턴에는 잘 찾아오지 않는 관광객이 아니라 자메이카의 부유한 사업가와 정치인 등이다. 튀긴 비스킷은 '자니케이크johnnycakes'라는 이름으로 통하며 또 다른 테라노바인 뉴펀들랜드*에서 아침 식사 때 자메이카산 당밀과 함께 내놓는 비스킷과 똑같다. 원래는 뉴잉글랜드 동남부에서 유래한 이 비스킷은 옥수수가루와 당밀로 반죽해서 돼지기름에 튀겨 만든 것이다. '자니케이크'라는 이름은 '저니 케이크journey cakes', 즉 '여행용 식량'이라는 뜻의 이름에서 비롯되었다. 이 음식 역시 당밀과 소금절임대구의 무역 경로를 따라 전해졌다.

카리브해의 소금절임대구 요리는 하나같이 이 생선을 산산조각으로 부수어 만드는데, 이곳에서 유통되던 생선의 품질이 워낙 저급했기 때문이다. 소금 절임 생선을 물에 오래 담그지 않은 상태에서 사용하면 딱딱하고 짜기만 하다. 하지만 이곳의 요리들은 바로 이런 특성을 이용해 맛을 내는 것들이다.

영어의 '뉴펀들랜드(Newfoundland, 새로 발견한 땅)'는 라틴어 '테라노바(Terra Nova, 새로운 땅, 신대륙)'와 같은 뜻이다.

4분의 1파운드의 소금절임대구를 20분간 담가 놓는다. 10분간 삶는다. 신선한 아키 열댓 개에서 발라낸 과육을 5분간 삶는다. 프라이팬에 식물성 기름을 두르고 가열한다. 시골에서 우리는 코코넛 기름을 사용했지만, 여기서 나는 콩기름을 사용한다. 다진 양파, 부추, 타임, 갈아 놓은 후추를 첨가한다. 갈아놓은 후추를 넣으면 맛이 훌륭해진다. 그다음으로 다진 고추를 넣는다[여기서 말하는 '고추'란 칠리 고추의 일종인 '스카치 보넷'이다]. 아키와 함께 잘게 부순 소금 절임 생선을 넣는다.

— 알판소 맥클린, 테라노바 호텔, 킹스턴

푸에르토리코: 세레나타 데 바칼라오 Serenata de Bacalao..

푸에르토리코의 산후안에는 라 카시타 블랑카라는 식당이 있다. 이 단층짜리 하얀색 건물은 1922년에 동네 술집으로 지어졌으며, 1985년에 헤수스 페레스가 인수했다. 이곳이 위치한 바리오 오브레로는 밤만되면 사람들이 별로 가고 싶어 하지 않는 지역이다. 하지만 청록색과 주홍색을 띠고 있는 단층 또는 이층집들이 늘어선 이곳은 산후안에서도 특히 오래된 지역이면서 고층 건축물이 아직까지는 들어서지 않은 지역이기도 하다.

페레스는 그의 가족들이 항상 바칼라오에다 뿌리채소, 얌, 빵나무 열매, 유카 등을 곁들였다고 회고했다. "쌀밥보다는 오히려 그

===== 직역하면 '대구탕'이란 뜻이다.

런 것들을 곁들여 먹는 것을 더 좋아했지요. 어머니는 항상 단단하고 납작한 생선을 통째로 샀어요. 지금 전 저민 생선(필레)을 사죠. 그건 살이 부드럽습니다. 소금이 절이기는 했지만 말리지는 않았으니까요." 생선을 말리면 가격도 더 비싸진다. 이제는 이 섬에도 냉장 기술이 널리 퍼져서 푸에르토리코인들도 선진국의 다른 사람들과 마찬가지로 파릇한 생선을 사서 비용을 절약한다. 그가 어린 시절에 먹던 소금절임대구 요리 중에서도 여전히 인기를 누리고 있는 것은 바로 '세레나타Serenata'다. 똑같은 요리를 세인트루시아에서는 '브륄 졸Brule Jol'이라고 부르며, 트리니다드에서는 '부르졸Buljol'이라고 부르고 아이티와 과들루프와 마르티니크에서는 '치크타유Chiquetaille'라고 부른다.

소금절임대구(소금을 제거하고 씻어서 잘게 부수고 삶은 것) 2컵

양파 큰 것으로 1개 썬 것 | 마늘 1개 다진 것 | 초록색 고추 2개

속을 채운 올리브 0.5컵 | 계란 4개 삶아서 썬 것

감자 2개 껍질을 벗기고 깍둑썰기해서 삶은 것 | 올리브유 1컵

재료를 잘 섞고 입맛에 따라 소금과 후추를 뿌려 식탁에 내놓는다.

— 헤수스 페레스, 라 카시타 블랑카 식당, 산후안, 1996년

※128~129쪽을 참고하라.

대구

과들루프: 페로세

가장 좋아하는 소금 절임 생선 요리가 무엇이냐고 묻자, 카르멜리
트 마르티알은 이렇게 대답했다. "음, 사실 소금 절임 생선은 별로
좋아하지 않기 때문에 기껏해야 '페로세^{Feroce}•' 정도겠지요. 그래도 아
보카도는 좋아합니다."

아보카도, 카사브^{kassav}(카사바 가루), 소금절임대구 구워 놓은
것, 고추 약간, 해바라기씨 기름을 섞는다. 주걱을 가지고 휘
저어 준다. 어떤 사람은 오이를 넣기도 하지만 꼭 그래야 하는
것은 아니다.

— 카르멜리트 마르티알, 라 타블 크레올레 식당, 생펠릭스, 과들루프

_____ 소금절임대구와 아보카도로 만든 요리 '페로세 다보카(Féroce d'abocat, 매운 아보카도)'를 말한다.

프랑스의 뛰어난 위장술

난 너를 알아, 소금절임대구야
네가 위장을 하고 있어도 말이야
Te conozco, bacalao
Aunque vengas desfrazao

| 쿠바 속담 |

최소한 타이유방의 시대 이후부터는 소금절임대구에 항상 풍부한
장식을 곁들이게 되었는데, 그 이유는 재료 자체가 입에 껄끄러운
식품이기 때문이었다. 이런 장식을 위해 버터, 올리브유, 크림 같은
재료가 동원되었다. 아이슬란드인은 양의 콩팥에서 추출한 기름을
그 위에 뿌렸다. 1654년 루이 14세의 궁정에서 재무장관으로 일하
던 누앙텔 후작루이 드 베샤멜은 뉴펀들랜드에서의 어업에 막대한
금액을 투자했다. 하지만 프랑스인들은 이처럼 소금에 절여 말린
지 오래된 생선을 좋아하지 않았다. 후작은 판로가 신통치 않다는
사실을 뒤늦게 깨닫고는 이 생선에 사용할 소스를 개발했는데, 바

대구

로 오늘날 '베샤멜소스'라는 이름으로 통하는 것이다. 이 소스는 소금절임대구 요리는 물론이고 다른 요리에도 사용되어 대단한 인기를 누렸다. 원래 이것은 육두구 같은 향신료를 곁들인 간단한 크림소스였다. 하지만 나중에는 계란을 넣어 맛이 더 풍부해졌다.

크림을 곁들인 소금 절임 생선

> 품질 좋은 나무통 대구를 골라서 삶는다. 생선을 작은 조각으로 부수고 소스 팬에 넣은 다음, 크림을 붓고 후추를 약간 넣어서 간을 맞춘다. 데쳐서 다진 파슬리를 한 움큼 넣고 부드러워질 때까지 은근한 불에 올려놓는다. 굳은 버터와 계란 노른자 두세 개를 집어넣고 잘 섞어 준 다음, 접시에 담는다. 수란과 얇게 썬 레몬으로 장식한다.
>
> — 찰스 카터, 《완벽 실용 요리법The Compleat Practical Cook》, 런던, 1730년

나중에는 밀가루가 재료에 추가되었다. 이 소스는 20세기 초 유명한 요리사였던 오귀스트 에스코피에가 1921년에 선보인 정교한 조리법에 이르러 그 복잡함의 절정을 맞이했는데, 이때는 소스 재료 중에 송아지 고기 덩어리도 포함되어 있었다. 하지만 포르투갈, 에스파냐, 이탈리아, 뉴잉글랜드('크림 넣은 대구 요리creamed codfish')에서는 이보다 더 간단한 밀가루 크림 베샤멜이 소금절임대구용 소스의 표준으로 여전히 남아 있었다. 다시 말해 소금절임대구를 먹는 곳이면 어디에서나 이것이 표준이었던 셈이다.

완자

대구를 먹는 문화라면 어느 곳을 막론하고 가장 일반적인 요리로 대구 완자를 꼽는다. 19세기 말 미국 상원에서 식품위생법의 법안을 놓고 토론을 벌일 때 조지 프리스비 호어 상원의원은 자리에서 일어나, 일찍이 대니얼 웹스터가 차우더의 미덕을 격찬한 적이 있었던 바로 그 존엄한 장소에서 "소금에 절이고 완자로 만들어 일요일 아침에 먹는 대구의 절묘한 맛"에 관해 길게 연설했다.

뉴잉글랜드: 토요일에 시작하는 편이 낫다

소금 절임 생선과 감자를 함께 으깬다. 버터나 돼지고기 조각을 함께 넣으면 반죽이 촉촉해진다. 당일보다는 하루 정도 숙성시켜야 더 좋아진다. 생선은 따뜻할 때 아주 잘게 다진다. 차갑게 마른 다음에는 잘 다지기가 쉽지 않기 때문이다. 소금 절임 생선을 아침 식사에 내놓는 최상의 방법은 생선을 으깬 감자와 섞은 다음, 작은 완자로 만들어 계란에 담갔다가 건져내서 황갈색이 되도록 튀기는 것이다.

— 리디아 마리아 차일드, 《검소한 미국 주부》, 보스턴, 1829년

프랑스: 모뤼 앙 크로케트Morue en Croquettes

다음 조리법이 등장하는 책은 20세기 초 프랑스에서는 집집마다 한 권씩 있는 고전이었다.

> 소금절임대구를 요리할 때는 위에서 지시한 대로(소금절임대 구를 찬물에 넣고 가열한다. 물이 끓기 시작할 무렵 불을 끄고, 위에 뜬 찌꺼기를 걷고 덮어 둔다) 껍질과 뼈를 제거하고, 베샤멜소스를 준비해서 소금절임대구와 섞은 다음 차갑게 식힌다. 충분히 차가워야만 소금절임대구를 완자로 만들 수 있다. 그러기 위 해서는 소스도 걸쭉해야 한다.
>
> 완자를 열댓 개쯤 만들어 고운 빵가루를 묻히고 풀어놓은 계 란에 담갔다 꺼낸 다음, 다시 빵가루를 묻혀 아주 뜨거운 프 라이팬에 집어넣는다. 먹음직스러운 색깔이 되면 완자를 꺼낸 다. 완자를 피라미드 모양으로 쌓고 그 위에 다진 파슬리를 흩 뿌린다.
>
> — 탕트 마리,* 《진짜 가족 요리La Véritable Cuisine de Famille》, 파리, 1925년

_____ '마리 이모'라는 뜻으로 1920년대에 프랑스에서 출간되어 선풍적인 인기를 끈 요리책의 저자로 알 려졌지만, 실제로는 다양한 요리법을 모은 책을 좀 더 실감나게 만들 요령으로 출판사에서 만들어 낸 가공의 인물로 추정된다. 1954년에 영국에서 설립된 세계적인 요리학교 '탕트 마리'의 이름도 이 인물의 이름에서 따온 것이다.

이탈리아: 소금절임대구크로켓

프랑스에 탕트 마리가 있다면 이탈리아에는 아다 보니가 있었다. 이탈리아 최고의 여성 잡지 〈프레지오사Preziosa〉의 편집장이었던 그녀의 요리책은 1928년에 처음 간행되었다. 아래에 소개하는 조리법은 그 책의 제15판에 수록된 것으로, 마틸데 라 로사가 번역했다.

소금절임대구(바칼라) 물에 담근 것 1.5파운드

안초비 3마리 저며서 다진 것 | 파슬리 다진 것 1큰술 | 후추 2분의 1큰술

파르메산 치즈 간 것 1큰술 | 흰빵 물에 담갔다 짠 것 2조각

계란 2개 가볍게 섞은 것 | 밀가루 0.5컵 | 계란 1개 가볍게 섞은 것

생선은 물에 넣어 30분간 삶았다가 식힌다. 뼈와 껍질을 제거하고 잘게 다진다. 안초비, 파슬리, 후추, 치즈, 빵, 계란을 넣고 최대한 잘 섞는다. 크로켓 모양으로 만들고 밀가루를 묻힌다. 계란을 묻히고 빵가루를 묻힌 다음 올리브유에 넣어 전부 갈색이 될 때까지 튀긴다. 튀기는 시간은 한쪽 면당 4분씩이다. 4개씩 접시에 담는다.

— 아다 보니, 《행복의 부적Talismano della Felicità》, 1950년

——— 직역하면 '대구의 꿈'이라는 뜻이며 아래에 나온 조리법처럼 대구완자튀김을 말한다.

포르투갈: 소뉴 데 바칼랴우 Sonhos de Bacalhau▪

소금에 절인 대구 잘게 찢은 것 1컵 | 밀가루 1컵 | 물 1컵, 버터 1큰술

소금과 후추는 입맛대로 | 계란 3개

소금에 절여 말린 대구 두 조각을 밤새 물에 담가 불린다. 물
은 버리지 말고 보관한다. 손으로 대구를 아주 잘게 찢는다.
남겨 두었던 물에 생선을 넣고 끓인 다음, 버터와 후추를 넣고
밀가루를 넣고 빨리 휘저어 팬의 가장자리에 밀가루 반죽이
모일 정도로 휘젓는다. 불을 끄고 재료를 식힌다. 계란을 넣되
한 번에 하나씩 넣어서 잘 섞는다. 속이 깊은 프라이팬에 기름
을 넉넉히 넣고 뜨겁게 가열한 다음, 재료를 작은 숟가락으로
하나씩 떠 넣고 튀긴다. 황갈색이 될 때까지 튀긴다. 이 정도
재료면 20~24개가 나온다.

— 데올린다 마리아 아빌라, 《아조레스 제도의 음식Foods of the Azores Islands》,
1977년

자메이카: 스탬프 앤드 고 Stamp and Go▪▪

- 밀가루 1파운드에 물을 섞어서 질척하게 반죽한다.
- 물에 담갔다가 삶아서 잘게 부순 소금절임대구 0.25파운드

===== 자메이카의 생선완자튀김의 명칭. 직역하면 '짓밟고 간다'인데, 배가 고파서 발을 쿵쿵 구르며 음식
을 하러 갔기 때문이라는 데서부터 손쉽게 만들어 들고 다니며 먹을 수 있기 때문이라는 데에 이르
기까지 그 어원에 대해서는 다양한 설명이 있다.

를 넣는다.

- 계란 두 개를 넣어 휘젓는다.
- 베이킹파우더 약간에 살짝 튀긴 양파, 부추, 타임을 넣는다.
- 재료를 섞는다.
- 뜨거운 기름에 한 숟가락씩 떠 넣어 튀긴다.

— 알판소 맥클린, 테라노바 호텔, 킹스턴

푸에르토리코: 바칼라이토Bacalaitos▪

보통 '푸파Pupa'라는 별명으로 통하는 프로비덴시아 트라발은
푸에르토리코에 관한 주제라면 무엇에 대해서든지 열성을 보
인다. 그녀는 텔레비전에서 푸에르토리코 전통 요리 조리법을
선보인 적도 있었다.

이제 트라발은 산후안의 자기 아파트에 있는 좁지만 천장이
높은 부엌에서 친척들을 위해 요리를 하고 있다. 그녀가 바칼
라이토를 만드는 방법은 다음과 같다.

- 밀가루는 2컵 정도를 준비한다.
- 베이킹 소다는 1~2큰술을 준비한다.
- 소금절임대구를 담가 놓았던 물에서도 맨 마지막에 갈아 준
  물을 더한다.
- 반죽을 걸쭉하게 한다.

_____ 푸에르토리코의 생선튀김.

- 이미 삶아 놓은 소금절임대구 0.5파운드를 잘게 부수어서 넣는다.
- 다진 마늘과 오레가노 섞은 것을 1큰술 넣는다.
- 잘게 다진 양파를 2큰술 넣는다.
- 잘게 다진 토마토를 2큰술 넣는다.
- 다진 코리앤더(고수)잎과 쿨란트로[이 지역의 허브]를 넣는다.
- 국자로 반죽을 크게 뜬 다음, 뜨거운 옥수수유에 한 숟가락씩 작게 덜어서 튀긴다.

― 프로비덴시아 트라발, 산후안, 1996년

"아, 정말 예쁘죠! Aye, Que Bonita!" 그녀의 말마따나 요리는 정말 예뻤다. 허브와 야채의 붉은색과 초록색이 어우러진, 길이 2인치(약 5센티미터)의 호박색 덩어리는 갓 튀겨 윤기가 자르르 흘렀다.

브랑다드

'브랑다드 드 모뤼brandade de morue'가 프랑스의 남부 도시 님에서 처음 시작되었다고 믿는 사람들도 있지만, 사실 이 음식 하면 맨 먼저 떠오르는 지역은 바로 프로방스다. 이 요리의 원래 명칭은 '브랑라드branlade', 즉 '두들겨 만든 것'이라는 뜻이었다. 실제로 이 요리는 그렇게 만든다. 이 요리가 파리에 소개된 것은 프랑스 혁명 때였으며 그때 이후로 줄곧 파리에 남아 있었다. 1894년에 작가 알퐁스 도데는 오데옹 광장에 있는 카페 볼테르에 정기적으로 모여 '브랑다드 요리'를 먹는 모임을 시작했다.

소금절임대구가 비싸지자, 감자가 재료에 첨가되어 '브랑다드 드 모뤼 파르망티에brandade de morue parmentier'가 탄생했다. 앙투안 오귀스트 파르망티에는 18세기에 프랑스 군대에서 감자를 대중화시킨 장교였는데, 그때 이후로 그의 이름은 '감자가 들어간 요리'를 가리키게 되었다. 1886년 브랑다드는 프랑스 군에 징집된 병사들의 식단에서 공식적인 위치를 차지하게 되었다. 소금절임대구의 가격이 점점 비싸지면서 브랑다드에 들어 있는 감자의 양도 점점 늘어났다.

때로는 이 요리 자체가 생선을 약간 곁들인 으깬 감자 요리처럼 보이기도 했다. 미국인 새라 조지파 헤일은 1841년에 간행된 《훌륭한 주부The Good Housekeeper》에서 이렇게 말했다. "감자를 마음껏 곁들일 수만 있다면 소금에 절인 대구도 저렴한 식품이 될 수 있다." 원래의 브랑다드에는 감자가 전혀 들어 있지 않았다.

다음 조리법은 19세기의 위대한 프로방스 요리사 J.-B. 르불이 만든 것으로 껍질을 이용하기 때문에 특히 맛이 좋다.

모뤼 앙 브랑다드Morue en Brandade

품질 좋은 소금절임대구를 이용하되, 물에 너무 오래 담그지 말고 비늘을 잘 벗겨낸다. 위에 설명한 것처럼 조리해서(깨끗한 물에 12시간 동안 담가놓았다가 비늘을 벗기고 깍둑썰기 한다. 솥에 넣고 재료가 잠기도록 물을 부은 다음, 불에 올리고 표면에 찌꺼기가 뜨면 걷어낸다) 물기를 뺀다. 뼈는 꼼꼼히 발라내지만 껍질은 내버려 두어야 하는데, 이는 요리의 성공 여부가 껍질에 상당 부분 달려 있기 때문이다. 잘 손질한 생선 조각은 솥에 넣어 한쪽에 넣고, 그 옆에서 우유를 넣은 작은 솥과 기름을 넣은 또 다른 작은 솥을 적당히 따뜻해지게 가열해서 생선이 들어 있는 솥까지 덩달아 열을 받게 한다. 이 상태에서 소금절임대구에 기름을 한 순갈 넣은 다음, 나무 숟가락으로 재료를 솥 가장자리에 대고 짓이기면서 가끔 한 번씩 기름과 우유를 조금씩 번갈아 가면서 집어넣고, 나무 숟가락으로 계속 재료를 짓이겨 준다. 솥 안의 재료가 크림처럼 걸쭉해지고 더 이상은

건더기를 찾아볼 수 없게되면 마침내 브랑다드가 완성된 것
이다.

— J.-B. 르불, 《프로방스 요리책La Cuisinière Provençale》, 마르세유, 1910년

 심지어 저자는 송로버섯, 레몬즙, 백후추, 그리고 육두구나 마늘
갈아 놓은 것을 더 넣을 수 있다고 말하면서 다음과 같은 경고로 마
무리했다. "만일 우리가 당신의 건강 관리사였다면 이 요리를 적당
히 즐기라고 조언했을 것이다."

바스크어로 말하는 대구

세계에서 최고도로 발달한 소금절임대구 요리는 바로 에스파냐 바스크 지방의 조리법이다. 19세기까지만 해도 소금절임대구는 전적으로 가난한 사람들의 식품이었으며 대개는 잘게 부수어서 스튜에 넣어 먹었다. PYSBE가 1936년에 펴낸 소금절임대구 조리법 모음집을 보면 스튜 조리법에 가장 많은 지면이 할애되어 있다. 이런 구식의 소금절임대구 요리는 바스크 지방의 여러 식당에서 여전히 찾아볼 수 있지만 바칼라오에서도 비교적 덜 비싼 부위(이를 '데스미가도 desmigado(다듬은 부위)'라고 한다)를 구입해서 집에서 만들어 먹는 경우도 여전히 있다. 가장 값비싼 부위는 혀와 로모lomo, 즉 커다란 대구의 머리 근처에서 떼어 낸 특별한 부위를 저민 살이다.

사과주를 곁들인 요리

소금절임대구 오믈렛과 출레타chuleta(조개에 소금을 뿌리고 구워서 만드는 스테이크)는 양쪽 모두 바스크의 사과주 양조장에서 만들어 낸 새로운 요리다. 양쪽 모두 원래의 발상은 갈증을 유발하는 뭔가 짭짤

한 것을 제공하려는 의도였다. 기푸스코아 지방의 산세바스티안에서는 사과주 양조장, 즉 시드레리아*sidrerias*가 겨우 1월부터 4월까지만 문을 연다. 그 기간 동안 각 양조장에서는 자기네 시음장에 최대한 많은 사람을 끌어들이려 노력하는데, 그래야만 4월에 가서 나무통에 발효시킨 사과주를 병에 담았을 때 손님들이 생길 것이기 때문이다. 양조장을 찾은 손님들은 높은 식탁 앞에 선 채로 요리를 대접받는다. 그러면 소금 때문에 갈증을 느낀 나머지 시음장으로 가서 사과주 견본을 한 잔 마시고, 다시 돌아와 요리를 약간 더 먹고 또다시 사과주 견본을 좀 더 마시는 것이다.

사과주 시음장에는 높이가 10피트(약 3미터)에 달하는 나무통이 있다. 거기에 구멍을 하나 뚫으면 손님들은 시음장 한가운데 서 있다가 위로 곧게 뻗은 모양의 커다란 유리잔을 들어 구멍에서 뿜어져 나오는 사과주를 받는다. 유리잔은 수직으로 들고 있어야만 사과주가 잔의 바닥이 아니라 옆면에 떨어지면서 거품이 적게 생긴다. 손님들은 그 상태로 유리잔을 나무통 쪽으로 가져가다가 잔이 가득 차면 위로 들어올리고, 그러면 사과주 줄기는 그 뒤에 있던 다음 시음자의 잔 속으로 떨어지는 것이다. 이때 바닥에 흘리는 사과주의 양은 놀라우리만치 적은데, 어쩌면 이것이야말로 이 음료에 알코올 성분이 적다는 사실을 보여 주는 증거인지도 모른다.

다음에 나오는 조리법은 산세바스티안 교외의 나무가 우거진 산지에 자리 잡은 한 시드레리아에서 얻은 것이다. 이 오믈렛에서는 소금절임대구 맛이 훌륭하게 나는데, 전통적으로 이 요리에 사용하는 부위보다 더 나은 부위를 사용하면 아마 맛이 훨씬 더 좋아질 수도 있을 것이다.

> 로모는 36시간 동안 물에 담가 더 이상 아무런 맛도 나지 않을 정도로 담가 둔다. 다진 양파와 파슬리 약간을 올리브유에 살짝 볶는다. 물에 담가 놓았다가 물기를 제거한 소금절임대구를 넣는다. 계란 몇 개에 물을 약간 넣어 휘저었다가 넣는다. 이 요리를 잘 만드는 비결은 이 모든 과정을 매우 재빨리 해치워야 한다는 것이다.
> — 나티 산초, 시드레리아 젤라이아의 요리사, 1996년

바칼라오 알라 비스카이나

19세기에는 로모라는 특별한 부위를 이용한 우아한 소금절임대구 요리가 창안되었는데, 이 요리는 항상 생선의 껍질을 남겨 놓은 채 요리한 다음 소스를 뿌려서 식탁에 내놓는다. 그중에서도 특히 세 가지 종류가 두각을 나타냈고 이는 지금도 마찬가지다. 첫째는 '바칼라오 알라 비스카이나bacalao a la Vizcaína'이고 둘째는 '바칼라오 알 필 필bacalao al pil pil'이며 셋째는 '바칼라오 클룹 라네로bacalao club ranero'다. 생선에 곁들이는 붉은색, 노란색, 오렌지색 소스의 아름다움이야말로 이 요리의 매력 중 하나다.

바이올린 연주회의 기본 레퍼토리와 마찬가지로, 뛰어난 바스크 요리사들은 이런 요리의 기본 조리법에서 크게 벗어나지 않는 한편 반드시 각자의 실력을 어느 정도 보여 주어야만 한다. 그러다 보니 생선을 물에 담그는 것과 같은 사소한 이슈를 놓고도 열띤 토론이

벌어지곤 한다. 예를 들어 빌바오 소재 구리아의 혜나로 필다인이 제안한 것처럼 38시간이 적당한가, 아니면 산세바스티안 소재 카사 니콜라스의 후안 호세 카스티요가 권한 것처럼 48시간이 적당한가? 필다인은 물에 담근 생선을 냉장고에 넣어 둔다. 카스티요는 때때로 생선을 광천수에 담그는데, 수돗물에서 염소(鹽素)의 맛이 느껴지기 때문이라고 한다.

그 우아함에도 불구하고 이 요리들은 원래 가장 초라한 장소에서 등장한 것이었다. 에스파냐 내전 이전에 비스카야에 있는 작은 바스크 마을 아라칼도에서 술집을 운영하던 한 여성이 있었다. 1930년대의 저렴한 마을 식당이 흔히 그랬듯이, 아라칼도에 있던 주점 역시 마을의 가난한 사람들에게 고전적인 소금절임대구 요리를 모조리 내놓았다. 그녀의 아들도 어머니를 도와 레퍼토리를 익혔는데, 오늘날 그는 '엘 레이 데 바칼라오^{el rey de bacalao}(소금절임대구의 왕)'라고 불린다. 빌바오의 상업 중심가에 자리한 그의 유명한 식당 레스타우란테 구리아는 그가 어머니에게서 터득한 세 가지 고전적인 요리를 맛볼 수 있는 궁극의 장소로 간주된다.

"재미있는 일이죠. 예전에만 해도 이건 가난한 사람들을 위한 음식이었거든요. 하지만 지금은 제가 만드는 요리 중에서도 최고급이 되었으니까요." 필다인의 말이다.

그는 자신이 알고 있는 조리법을 알려 주면서, 새로 들어온 요리사에게 소금절임대구 요리 만드는 법을 가르치는 데만 무려 1년이 걸렸다고 덧붙였다.

1888년 에스파냐에서 간행된 어느 서적을 보면 당시 전 세계에서 가장 유명한 에스파냐 요리 두 가지는 '파에야^{paella}'와 '바칼라오 알라 비스카이나'라고 주장한다. 이 주장은 그때로부터 100년 이상이 흐른 지금도 여전히 사실이다. 하지만 바칼라오 알라 비스카이나는 지금도 여전히 제대로 따라 하기가 거의 불가능한 요리로 간주된다. 여기 사용되는 소스의 재료는 통통하고 작은 피망인 코리체로^{choricero}인데, 길이가 3인치 정도까지 자라고 나면 익어서 붉게 변하고 말라버린다. 최근까지만 해도 코리체로는 오로지 비스카야 지방에서만 자라났고, 지금도 여전히 에스파냐 북부의 토착 작물로 남아 있다.

에스파냐어를 이용하는 카리브해에서는 쿠바인과 푸에르토리코인이 이 요리를 자기네 국민 요리로 간주하고 있지만, 이들의 요리는 본래의 요리와 전혀 닮지도 않았다. 이곳에서는 그 피망을 구할 수조차 없을 뿐 아니라 '서인도 제도급' 소금절임대구는 품질이 나빠서 잘게부숴 스튜를 만들어 종종 토마토와 감자를 곁들여 먹는 것이 고작이었기 때문이다.

6인분 조리법:

소금절임대구 12토막(개당 200그램) ┃ 비스카이나 소스 1리터 ┃ 마늘 4개
올리브유 1리터

소금절임대구를 약 36~44시간 동안 물에 담가 놓는다. 물은 8시간에 한 번씩 갈아 준다. 생선에서 소금기가 완전히 빠질 만큼 충분히 오래 담가 놓았는지는 물맛을 보고 판단한다. 충

분하다고 판단이 되면 소금절임대구를 물에서 건지고 물기를 제거한다. 비늘을 잘 벗기고 뼈를 제거한다.

속이 깊은 팬에 기름과 마늘 썬 것을 넣고 볶다가 마늘이 밝은 갈색으로 변하면 다시 꺼낸다. 소금절임대구는 껍질 붙은 쪽이 위로 오도록 팬에 집어넣고 약 5분간 익힌다. 살이 잘 익었다 싶으면 소금절임대구를 꺼내서 비스카이나 소스를 붓는다.

비스카이나 소스 1리터 제조법:

양파 붉은 것과 하얀 것 1킬로그램 | 코리체로 피망 두툼한 것 10개

햄 75그램 | 파슬리 2다발 | 올리브유 0.5리터 | 쇠고기 국물 1리터

버터 30그램 | 마늘 3개 | 흰 후추 간 것 | 소금

알루미늄 팬에 기름을 두른 다음 마늘을 넣고 볶는다. 마늘이 밝은 갈색으로 변하면 다진 양파와 햄과 파슬리를 넣고 센 불에 5분간 익힌다. 그런 다음 은근한 불에 30분간 익히면서 재료가 팬에 눌어붙지 않도록 국자로 저어 준다. 코리체로 피망을 갈라서 씨를 제거한 다음, 불에 올려서 미지근해진 물에 넣는다. 물이 끓기 시작하면 찬물을 약간 넣어서 천천히 끓게 한다. 이 과정을 네 번 반복한다. 피망에서 물기를 완전히 빼고 미리 조리한 재료에 첨가한다. 은근한 불에 5분간 조리하고, 기름과 파슬리를 빼고 쇠고기 국물과 흰 후추와 소금을 넣고 15분간 더 익힌다. 충분히 익었다 싶으면 믹서에 넣고 갈아서 체에 두 번 거른다. 소스를 다시 불에 올려 5분간 익히되 미리

버터를 둘러서 익히고, 소금과 후추를 넣어서 완성한다.

헤l ㅏ로 핀다이, 레스타우란테 구리아, 빌바오, 1996년

마지막으로 잡힌 큰 대구의 조리법

신선한 대구를 고르는 방법: "머리는 커야 한다. 꼬리는 작아
야 한다. 어깨는 두꺼워야 한다. 간은 크림 같은 흰색이어야
한다. 껍질은 깨끗하고 은빛이 돌면서 청동 같은 광택이 나야
한다."

| 영국 해군성, 《해군 요리 편람Manual of Naval Cookery》, 1921년 |

신선한 대구의 품질이 어떤지를 아는 사람들은 오로지 북대서양 연
안에 사는 사람들뿐이다. 신선한 냉동 대구와 비교하더라도 색깔을
제외하면 전혀 비슷하지도 않다. 신선한 대구로 요리를 하면 불편
하게도 살이 산산이 흩어져버리는데, 그것이야말로 샘 리에게서 생
선을 구입한 뉴올리언스의 손님이 물건을 마음에 들어 하지 않았던
이유였다. 바꿔 말하면 살이 부서지지 않는 대구는 신선하지 않다
는 이야기다. 파리의 요리사 알랭 상드랑에 따르면 신선한 대구는
"새하얗고 섬세하며 탄력 있는" 재료다. "오랜 조리를 차마 견디지
못한다. 대구는 조심해서 요리하지 않으면 살이 부서지고 우윳빛의

즙을 배출한다."

신선한 대구가 어떤지를 아는 사람이라면, 다시 말해 프랑스의 훌륭한 식당에서나 노동자 계급을 상대하는 영국의 생선 가게나 세인트존스의 부두 등에서 일하는 사람이라면 다음 세 가지 사실에 동의할 것이다. 첫째, 신속하면서도 부드럽게 조리해야 한다. 둘째, 단순하게 조리해야 한다. 셋째, 다른 무엇보다도 조각이 두툼해야 한다. 오로지 커다란 조각만이 제대로 조리될 수 있다.

리옹 지역에서 명성을 얻은 요리사 폴 보쿠스는 감자와 양파를 곁들인 신선한 대구의 단순한 조리법을 시작했다. "대구는 가운데 부분에서 길이 30센티미터로 길게 자른 조각을 이용한다." 생선의 가운데 부분은 물론 가장 두꺼운 부분이다. 보쿠스는 길이 3피트(약 1미터)짜리 대구의 가운데 토막을 최고로 치는데, 이는 신선한 대구가 어떤지를 아는 사람이라면 누구나 원하는 부위다. 하지만 이런 부위를 얻기는 점점 더 힘들어지고 있다.

알렉상드르 뒤마는 대구를 고를 때의 요령을 다음과 같이 소개한다. "오스텐트*에서, 또는 도버 해협에서 온 잘생긴 점박이 대구를 고른다. (…) 가장 좋은 놈은 하얀 껍질에 노란 점이 박혀 있다." 아울러 그는 다음과 같은 조리법도 소개한다.

빵가루 묻힌 대구

대구는 5~6조각으로 잘라 소금, 후추, 파슬리, 샬럿, 마늘, 타

------

* 벨기에의 항구 도시.

임, 월계수잎, 골파, 바질을 넣은 마리네이드에 담가 둔다. 재료는 모두 다지고, 레몬 두 개에서 짜낸 즙과 녹인 버터도 마리네이드에 넣고 빵가루를 묻혀 화덕에서 굽는다.

— 알렉상드르 뒤마, 《요리 대사전》, 1873년(사후 간행)

대구로 맺은 인연

노르웨이인의 공동체가 있는 곳이라면 어디든지 대구 클럽이 있기 마련이다. 뉴욕에도 한 곳이 있고, 미니애폴리스와 세인트폴 인근 지역에도 네 곳이 있다. 이 클럽들은 보통 남성 전용이다. 전직 미니애폴리스 주재 노르웨이 공사 뱌르네 그린뎀의 말에 따르면 트윈 시티즈^{Twin Cities}■에 있는 이런 클럽 네 곳 중 세 곳은 남성 전용이며 나머지 하나는 "더 자유로운" 곳이라고 한다. 비록 대구 클럽은 회원 전용이고 회원이 되려면 자리가 날 때까지 몇 년이나 기다려야 하지만, 각각의 클럽에는 회원 수가 최대 200명에 달한다. 대구 클럽에서는 한 달에 한 번씩 회원 100여 명 이상이 모여서 점심을 함께하는데, 이때의 요리는 항상 삶은 대구와 감자에 녹인 버터를 곁들인 것으로 애쿼비트■■와 '카블리^{kavli}'라는 납작한 빵이 함께 나온다. "그저 모이기 위해 모이느냐, 아니면 대구를 먹기 위해 모이느냐는 서로 전혀 다른 문제이지요. 여하간 그들은 항상 대구를 먹기

_____ 미국 미네소타 주의 대도시 미니애폴리스와 세인트폴이 강을 사이에 두고 나란히 있어서 붙은 이름이다.

══════ 브랜디의 일종.

위해서 모입니다." 그린뎀의 말이다.

트윈 시티즈에서노 가장 오래되고 폐쇄적인 클럽은 에디나 소재 인터로켄 컨트리클럽에 있는 '노르웨이 대구 클럽'이다. 이곳의 회원들은 대구를 삶는 정확한 방법에 대해 강연을 하긴 하지만 그렇다고 해서 실제로 물을 끓이지는 않으며 인터로켄의 부엌도 그저 조용하기만 할 뿐이다. "소금물을 만들어 끓인 다음, 생선을 넣고 뚜껑을 닫아 반 시간 동안 조리하는 겁니다. 1인당 1파운드씩은 돌아가도록 충분히 두툼한 생선으로 해야 하고요."

북부 어족의 마지막 놈

스텔라는 세인트존스의 부두에 자리 잡은 아늑하고 작은 유명한 레스토랑이다. 어느 날 이 식당에서는 기적적인 사건이 벌어졌으니, 바로 감시 어업단으로부터 크고 두툼한 대구 저민 살을 구입하여 이 유서 깊은 기본 요리를 단 하루 저녁 동안이나마 메뉴에 올릴 수 있었던 것이다. 하지만 이는 어디까지나 예고편, 즉 뉴펀들랜드인이 그리워하는 것을 상기시키려는 행위였을 뿐이다. 스텔라는 뉴펀들랜드의 전통에도 아랑곳하지 않고 돼지비계를 사용하지 않았다. 그 재료가 건강에 좋지 않다는, 충분히 이해할 만한 우려 때문이었다.

프라이팬에 튀긴 대구

신선한 대구 저민 살 4개 | 계란 2개와 우유 0.25컵을 섞은 것 | 파프리카 1작은술과 후추 0.25작은술 및 파슬리 1작은술과 섞은 밀가루 1컵

생선을 계란 섞은 것에 넣었다가 밀가루 섞은 것에 버무린다.
팬을 뜨겁게 가열한다. 식물성 기름을 넣고 튀긴다. 기름은 아
주 뜨거워야하며 생선을 집어넣자마자 뒤집어야 한다.

— 매리 손힐, 스텔라 식당, 세인트존스, 1996년

대구

이 책을 쓰는 과정에서 대서양에 인접한 여러 지역에 사는 분들에게 큰 신세를 졌다. 산세바스티안의 호세 후안 카스티요, 레이캬비크 소재 아우르니 마그누손 연구소의 하들프레뒤르 외르든 에이릭손, 뉴욕의 릴리언 곤잘레스, 뉴욕 소재 스칸디나비아 관광청의 에이나르 구스타 브손, 포르토프랭스의 외르겐 레트, 뉴욕의 루이스 메나시, 코펜하겐의 데이비드 S. 밀러, 산후안의 로시타 마레로, 랭카스터대학교의 질리언 파슨스, 런던의 크리스틴 투미, 랭카스터대학교의 존 월턴, 파리의 모니크 제르둔에게 감사드린다. 아울러 리사 클라우스너에게도 특별히 감사드린다.

각자의 시간과 상당한 시간을 너그러이 선사한, 그리고 귀중한 조언을 수도 없이 해준 데니스 마틴과 린다 퍼니에게 큰 신세를 졌다. 여러모로 지원과 인도를 아끼지 않은 샬럿 시디에게도 감사를 드린다.

이 책이 나오게 된 데는 딱 알맞은 편집자와 출판인을 만나게 되었다는 놀라운 행운이 큰 몫을 했다. 우정과 신뢰와 격려, 뛰어난 일처리 능력을 보여준 낸시 밀러에게, 그리고 대부분의 저자들이 오로지 꿈에서만 만나볼 수 있는 출판인 조지 깁슨에게 깊은 감사를 전한다.

출판사로부터 10년 만의 재출간 소식을 전달받고 보니 기묘한 우연의 일치라는 생각이 들었다. 불과 며칠 전 인터넷에서 누군가가 마크 쿨란스키의 신작에 대해서 언급한 게시물을 보고, 아쉽게도 이미 절판된 《대구》를 재간행할 방법이 없을지 궁금하던 차였다.

번역 과정에서 크게 고생한 책일수록 애착도 깊어지게 마련인데, 《대구》야말로 어종과 어구의 명칭에서부터 역사와 지리를 망라한 각종 용어 때문에 작업 내내 고민이 깊었던 책이었다. 특히 고풍스러운 영어로 적힌 각종 요리법을 해독하느라 유난히 애먹은 일을 잊을 수 없다.

머지않아 러디어드 키플링의 《용감한 선장들》까지 번역하게 된 것도 이 책 덕분이다. 《대구》의 제2부 앞에 인용된 그 소설의 한 대목이 유난히 흥미로워서였는데, 쿨란스키도 자세히 서술한 그랜드뱅크스 대구 어업을 소재로 한 성장 소설이니 관심 있는 독자의 일독을 권한다.

오랜만에 《대구》를 다시 꺼내 역자 후기를 살피니 눈에 띄는 구절이 몇 가지 있었다. 우선 10년 전의 그랜드뱅크스 조업 제한 조치 근황에 대한 언급이 있기에 현재 상황을 알아보니, 마침 출판사에서 연락받은 그날부로 일부 구역에서 조업이 재개되었다는 뉴스가 나온다.

비록 그랜드뱅크스 전체에 대한 조업 제한 조치가 완전히 해제된 것까지는 아니지만, 대구 개체수가 이전보다 조금이나마 회복되었다는 소식은 반가울 수밖에 없다. 물론 마크 쿨란스키가 흥미진진하게 서술한 대구 어업의 황금기에는 전혀 비견할 바가 되지 못하겠지만 말이다.

또 지난번 역자 후기에서는 양차 세계대전 때와도 유사하게 전면 조업 중단으로 어족 자원의 회복 기회를 주는 일이 가능할지에 대해서도 언급했었다. 쓰면서도 솔직히 말이 안 된다고 생각했던 제안이었는데, 수년 전 코로나 대유행 시절에는 유사한 일이 실제로 있기도 했다.

특히 인도의 한 도시에서 공장 가동 중단으로 대기가 맑아지며 200킬로미터 밖의 히말라야산맥이 수십 년 만에 모습을 드러낸 사진은 큰 화제였다. 인간이 얼마나 환경에 해악을 끼치는지, 아울러 인간이 어떻게 환경을 회복시킬 수 있는지를 극적으로 보여 준 사례가 아닐까.

기후 변화와 환경 위기와 자원 고갈에 대한 경고는 이 책의 원서가 간행된 1997년에도 이미 있었지만, 최근 수년 사이 기록적인 폭염과 폭우를 겪으며 비로소 그 영향을 많은 사람들이 실감하게 되지 않았나 싶다. 어쩌면 지금이야말로 뭔가 결단을 내려야 할 때가 아닐까.

한때 세계를 주름잡았으나 자칫 사라질 뻔했던 한 어종의 역사는 앞으로 우리가 어떻게 행동하는지에 따라서 영영 잃어버릴 수도 있는 많은 소중한 것들을 상징하는 셈이다. 세월이 흘러도 여전히 생각할 거리를 많이 던져 주는 이 책이 다시 한번 많은 독자와 만나길 바란다.

대구

참고문헌

역사 일반

Auden, W. H., and Louis MacNeice. *Letters from Iceland.* London: Faber and Faber, 1967.

Babson, John J. *History of the Town of Gloucester, Cape Ann.* Introduction by Joseph E. Garland. Gloucester: Peter Smith, 1972.

Boorstin, Daniel J. *The Americans.* 3 vols. Vol. 1, *The Colonial Experience.* Vol. 2, *The National Experience.* Vol. 3, *The Democratic Experience.* New York: Random House, 1958, 1965, 1973.

Davant, Jean-Louis. *Historie du Peuple Basque.* Bayonne: Elkor, 1996.

Draper, Theodore. *A Struggle for Power: The American Revolution.* New York: Times, 1996.

Fabre-Vassas, Claudine. *The Singular Beast: Jews, Christians, and the Pigs,* trans. Carol Volk. New York: Columbia University Press, 1997.

Felt, Joseph B. *Annals of Salem.* Vol. 1 Boston: W. and S. B. Ives, 1945.

Huxley, Thomas Henry. *Man's Place in Nature and Other Essays.* London: J. M. Dent and Sons, 1906.

Lukas, J. Anthony. *Common Ground: A Turbulent Decade in the Lives of Three American Families.* New York: Knopf, 1985.

Massachusetts House of Representatives, compiled by a committee of the House. *A History of the Emblem of the Codfish in the Hall of the House of Representatives.* Boston: Wright and Potter Printing, 1895.

Miller, William Lee. *Arguing About Slavery: The Great Battle in the United States Congress.* New York: Knopf, 1995.

Morison, Samuel Eliot. *The Great Explorers: The European Discovery of America.* New York: Oxford University Press, 1978.

Nugent, Maria. *Lady Nugent's Journal: Jamaica One Hundred and Thirty Years Ago.* Edited by Frank Cundall. London: West India Committee, 1934.

Perley, Sidney. *The History of Salem Massachusetts.* Salem: published by the author, 1924.

Smith, Adam. *An Inquiry into the Nature and Causes of the Wealth of Nations.* Edited by Edwin Cannon. New York: Modern Library, 1937. First published in 1776; 애덤 스미스, 《국부론》, 김

수행 옮김, 비봉출판사, 2007.

Thoreau, Henry David. *Cape Cod.* New York: Penguin, 1987; First published in 1865. 핸리 데이비드 소로, 《케이프코드》, 김병순 옮김, 싱긋, 2021

물고기와 어업

Binkley, Marian. *Voices from Off Shore: Narratives of Risk and Danger in the Nova Scotia Deep-Sea Fishery.* St. John's: Iser, 1994.

Blades, Kent. Net Destruction: *The Death of Atlantic Canada's Fisheries.* Halifax: Nimbus, 1995.

Butler, James Davie, "Codfish: Its Place in American History." Transactions of the Wisconsin Academy of Sciences, Arts, and Letters, vol. 11, 1897.

Chantraine, Pol. *The Last Cod Fish: Life and Death of the Newfoundland Way of Life.* Toronto: Robert Davies, 1994.

Clement, Wallace. *The Struggle to Organize: Resistance in Canada's Fishery.* Toronto: McClelland and Stewart, 1986.

Collins, Captain J. W. *Howard Blackburn's Fearful Experience of a Gloucester Halibut Fisherman, Astray in a Dory in a Gale off the Newfoundland Coast in Midwinter.* Gloucester: Ten Pound Island, 1987.

Convenant, René. *Galériens des Brumes: Sur les voiliers Terre-neuvas.* St.-Malo: L'Ancre de Marine, 1988.

Doel, Priscilla. *Port O'Call: Memories of the Portuguese White Fleet in St. John's, Newfoundland.* St. John's: Iser, 1992.

Earle, Liz. *Cod Liver Oil.* London: Boxtree, 1995.

Garland, Joseph E. *Gloucester on the Wind: America's Greatest Fishing Port in the Days of Sail.* Dover, N.H.: Arcadia, 1995.

Grzimek's. *Animal Life Encyclopedia.* Vol. 4, Fishes I. New York: Van Nostrand Reinhold, 1973.

Homans, J. Smith, and J. Smith Homans, Jr., ed. *Cyclopedia of Commerce and Commercial Navigation.* New York: Harper and Brothers, 1858.

Innis, Harold A. *The Cod Fisheries: The History of an International Economy.* New Haven: Yale University Press, 1940.

Jentoft, Svein. *Dangling Lines: The Fisheries Crisis and the Future of Coastal Communities: The Norwegian Experience.* St. John's: Iser, 1993.

대구

Joncas, L. Z. *The Fisheries of Canada.* Ottawa: Office of the Ministry of Agriculture, 1885.

Jónsson, J. "Fisheries off Iceland, 1600-1900." *ICES Marine Science Symposium,* 198 (1994): 3-16.

Kipling, Rudyard. *Captain Courageous.* Pleasantville, N.Y.: Reader's Digest, 1994; 러디어드 키플링, 《용감한 선장들》, 박중서 옮김, 찰리북, 2018

Martin, Cabot. *No Fish and Our Lives: Some Survival Notes for Newfoundland.* St. John's: Creative Publishers, 1992.

McCloskey, William. *Fish Decks: Seafarers of the North Atlantic.* New York: Paragon, 1990.

Melville, Herman. *Moby Dick or The Whale.* New York: Random House, 1930. First Published in 1851; 허먼 멜빌, 《모비 딕》, 김석희 옮김, 작가정신, 2011.

Ministry of Agriculture and Fisheries. *Fishery Investigations,* series 2, vol. 7, no. 7. London, 1923.

Montgomery, Doris. *The Gaspé Coast in Focus.* New York: E. P. Dutton, 1940.

Parsons, Gillian A. *The Influence of Thomas Henry Huxley on the Nineteenth-Century English Sea Fisheries.* Lancaster: University of Lancaster, 1994.

———. "Property, Profit, Politics, and Pollution: Conflicts in Estuarine Fisheries Management, 1800-1915." Doctoral dissertation, University of Lancaster, 1996.

Pierce, Wesley George. *Goin' Fishin': The Story of the Deep-Sea Fishermen of New England.* Salem: Marine Research Society, 1934.

Ryan, Shannon. *Fish out of Water: The Newfoundland Saltfish Trade,* 1814-1914. St. John's: Breakwater, 1986.

Storey, Norman. *What Price Cod? A Tugmaster's View of the Cod Wars.* North Humberside: Hutton Press, 1992.

Taggart, C. T.; J. Anderson; C. Bishop; E. Colbourne; J. Hutchings; G. Lilly; J. Morgan

E. Murphy; R. Myers; G. Rose; and P. Shelton. "Overview of Cod Stocks, Biology, and Environment in the Northwest Atlantic Region of Newfoundland, with Emphasis on Northern Cod." *ICES Marine Science Symposium* 198 (1994): 140-57.

Thór, Jón Th. *British Trawlers and Iceland, 1919-1976.* Göteborg, Sweden: University of Göteborg, 1995.

Yvon, R. P. *Avec les pecheurs de Terre-Neuve et du Groenland.* St.-Malo: L'Ancre de Marine, 1993.

식품의 역사와 인류학

Allen, Brigid. Food: *An Oxford Anthology*. Oxford: Oxford University Press, 1994.

Artusi, Pellegrino. *The Art of Eating Well*. Translated by Kyle M. Phillips III. New York: Random House, 1996.

Brereton, Georgina E., and Janet M. Ferrier, ed. *Le Mesnagier de Paris*. Paris: Le Livre de Poche, 1994.

Brillat-Savarin, Jean Anthelme. *Physiologie du goût*. Paris: Flammarion, 1982. First published in 1825; 장 앙텔므 브리야사바랭, 《미식예찬》, 홍서연 옮김, 르네상스, 2004.

Capel, José Carlos. *Manual del pescado*. San Sebastián: R and B, 1995.

Collins, John. *Salt and Fishery, Discourse Thereof*. London, 1682.

Couderc, Philippe. *Les Plats qui ont fait La France: De l'andouillette au vol-auvent*. Paris: Julliard, 1995.

Davidson, Alan. *North Atlantic Seafood*. London: Macmillan, 1979.

De Andrade, Margarette. *Brazilian Cookery: Traditional and Modern*. Rio de Janeiro: A Casa do Livro Eldorado, 1985.

de la Falaise, Maxime. *Seven Centuries of English Cooking: A Collection of Recipes*. Edited by Arabella Boxer. New York: Grove Press, 1973.

Dumas, Alexandre. *Le Grand Dictionnaire de cuisine*. Vol. 3, Poissons. Payré: Édit France, 1995. First published in 1873.

Hieatt, Constance B., ed. *An Ordinance of Pottage: An Edition of the Fifteenth Century Culinary Recipes in Yale University's Ms Beinecke 163*. London: Prospect, 1988.

Hope, Annette. *A Caledonian Feast*. London: Grafton, 1989.

McClane, A. J. *The Encyclopedia of Fish Cookery*. New York: Henry Holt, 1977.

McGee, Harold. *On Food and Cooking: The Science and Lore of the Kitchen*. New York: Scribner's, 1984; 해롤드 맥기, 《음식과 요리》, 이희건 외 옮김, 백년후, 2011.

Montagne, Prosper. *Larousse gastronomique*. Paris: Larousse, 1938.

Oliver, Sandra L. *Saltwater Foodways: New Englanders and Their Food, at Sea and Ashore, in the Nineteenth Century*. Mystic, Conn.: Mystic Seaport Museum, 1995.

Otaegui, Carmen. *El Bacalao: Joya de nuestra cocina*. Bilbao: BBK, 1993.

Pizer, Vernon. *Eat the Grapes Downward: An Uninhibited Romp through the Surprising World of*

Food. New York: Dodd, Mead, 1983.

Riley, Gillian. *Renaissance Recipes.* London: New England Editions, 1993.

Root, Waverley. *Food.* New York: Simon and Schuster, 1980.

Root, Waverley, and Richard de Rochemont. *Eating in America: A History.* New York: William Morrow, 1976.

Scully, Terence, ed. *The Viandier of Taillevent.* Ottawa: University of Ottawa Press, 1988.

Sloat, Caroline, ed. *Old Sturbridge Village Cookbook.* Old Saybrook, Conn.: Globe Pequot Press, 1984.

Tannahill, Reay. *Food in History.* New York: Stein and Day, 1973; 레이 태너힐, 《음식의 역사》, 손경희 옮김, 우물이있는집, 2006.

Thorne, John, with Matt Lewis Thorne. *Serious Pig: An American Cook in Search of His Roots.* New York: North Point Press, 1996.

Toussaint-Samat, Maguelonne. *History of Food.* Translated by Anthea Bell, Oxford: Blackwell, 1992; 마귈론 투생-사마, 《먹거리의 역사》 전2권, 이덕환 옮김, 까치, 2002.

Trager, James. *The Food Chronology: A Food Lover's Compendium of Events and Anecdotes, from Prehistory to the Present.* New York: Henry Holt, 1995.

Visser, Margaret. *Much Depends on Dinner: The Extraordinary History and Mythology, Allure and Obsessions, Perils and Taboos of an Ordinary Meal.* New York: Macmillan, 1986.

Wilson, C. Anne. *Food and Drink in Britain:* From the Stone Age to the 19th Century. Chicago: Academy Publishers, 1991.

대구

1판 1쇄 발행 2014년 2월 28일
2판 1쇄 인쇄 2024년 12월 4일
2판 1쇄 발행 2024년 12월 20일

지은이 마크 쿨란스키
옮긴이 박중서
감수 최재천

발행인 양원석 **편집장** 김건희 **책임편집** 서수빈
디자인 강경신디자인 **영업마케팅** 조아라, 박소정, 한혜원, 김유진, 원하경

펴낸 곳 ㈜알에이치코리아
주소 서울시 금천구 가산디지털2로 53, 20층(가산동, 한라시그마밸리)
편집문의 02-6443-8903 **도서문의** 02-6443-8800
홈페이지 http://rhk.co.kr
등록 2004년 1월 15일 제2-3726호

ISBN 978-89-255-7420-2 (03900)